社区矫正系列教材

社区矫正
基础理论

SHEQUJIAOZHENG
JICHU LILUN

编 著◎吴艳华 董 媛 王 敬

中国政法大学出版社

2023·北京

图书在版编目（ＣＩＰ）数据

社区矫正基础理论/吴艳华，董媛，王敬编著.—北京：中国政法大学出版社，2023.7
（2025.7重印）
ISBN 978-7-5764-0992-5

Ⅰ.①社… Ⅱ.①吴…②董…③王… Ⅲ.①社区－监督改造－研究－中国
Ⅳ.①D926.74

中国版本图书馆CIP数据核字(2023)第134305号

出　版　者　中国政法大学出版社
地　　　址　北京市海淀区西土城路 25 号
邮　　　箱　fadapress@163.com
网　　　址　http://www.cuplpress.com (网络实名：中国政法大学出版社)
电　　　话　010－58908435(第一编辑部) 58908334(邮购部)
承　　　印　北京鑫海金澳胶印有限公司
开　　　本　720mm × 960mm　1/16
印　　　张　16
字　　　数　253 千字
版　　　次　2023 年 7 月第 1 版
印　　　次　2025 年 7 月第 2 次印刷
印　　　数　4001~8000 册
定　　　价　49.00 元

　　进入新时代以来，我国社区矫正工作取得了举世瞩目的成绩，到 2019 年底，全国累计接收社区矫正对象 478 万人，解除 411 万人，每年列管 120 多万人，每年新接收 50 余万人，在册 70 多万人，重新犯罪率一直保持在 0.2% 的较低水平。社区矫正工作不仅取得了良好的法律效果和社会效果——为维护社会和谐稳定，推进平安中国、法治中国建设，促进司法文明进步发挥了重要作用，而且走上了科学立法、严格执法、公正司法的轨道。2019 年 12 月 28 日第十三届全国人民代表大会常务委员会第十五次会议通过了《中华人民共和国社区矫正法》（以下简称《社区矫正法》），国家主席习近平签署第四十号主席令公布，《社区矫正法》正式出台，自 2020 年 7 月 1 日起施行。

　　《社区矫正法》是我国第一部全面规范社区矫正工作的法律，标志着社区矫正工作进入了新的发展阶段。在完善中国特色社会主义刑事执行制度，推进国家治理体系和治理能力现代化方面发挥着重要作用。

　　《社区矫正法》的出台，充分体现了罪犯矫正综合治理的方针，在中国乃至全人类刑事执行法治史上具有里程碑式，甚至是划时代的意义。《社区矫正法》开启了我国社区矫正工作法治化的新时代，进一步确立了社区矫正制度的法律地位和基本框架，对于推动社区矫正工作的法治化、制度化、规范化具有十分重要的意义。

　　然而，"徒法不足以自行"，必须把《社区矫正法》贯彻、落实到司法行政工作实践中，才能充分发挥其法律保障的作用，才能促进社会治理工作迈上新的台阶。

　　为更好地贯彻、落实《社区矫正法》的实施，使社区矫正工作尽快走向专业化、职业化的发展道路，必须培养具有专业知识的人才。为此，河北司法警官职业学院联合河北省司法厅社区矫正管理局、河北省法学会社区矫正研究会、中央司法警官学院、湖南司法警官职业学院、安徽警官职业学院、新疆政法学院、河北省邯郸市司法局、河北省邯郸市磁县司法局、河北省邯郸市复兴区司法局、河北省邯郸市复兴区人民检察院、河北省邯郸市邯山区司法局、河北省沧州市东光县司法局、河北省沧州市沧县司法局、河北省保定市涞源县司法局等单位的专家、学者和实务工作者，共同编写了社区矫正系列教材：《社区矫正基础理论》《社区矫正监管执法实务》《社区矫正对象教育矫正》《社区矫正对象心理矫治》《社区矫正文书制作》《社区矫正信息化技术应用与维护》。该系列教材也是社区矫正专业的核心课程教材。

该系列教材以习近平新时代中国特色社会主义思想和习近平法治思想为指导，贯彻落实二十大报告精神，始终以"立德树人"为根本任务，对接社区矫正专业教学标准和《社区矫正法》《中华人民共和国社区矫正法实施办法》，采取校行（企）双元合作开发的模式，在撰写之前进行了大量的调研、论证工作，注重教材的实用性、可操作性，并为我国社区矫正工作培养高素质复合型法律人才而服务。

该系列教材既可作为学历教育的教材使用，又可作为基层社区矫正工作人员培训的教材使用，还可作为自学辅导用书。

该系列教材在编写过程中得到了实务部门和中国政法大学出版社的大力支持和帮助，对于他们提出的宝贵的意见和建议，在此诚挚地表示感谢！

在教材编写过程中，由于时间仓促和编者水平有限，难免出现各种疏漏和不足，敬请各位同仁批评指正。

系列教材总主编：吴贵玉、李明宝

系列教材执行总主编：吴艳华

编审委员会成员：

吴贵玉（河北司法警官职业学院党委副书记、院长；河北省法学会社区矫正研究会会长）

王淑光（河北省司法厅社区矫正管理局局长）

李明宝（河北司法警官职业学院党委委员、教务处处长、教授）

次江华、李曼（河北省司法厅社区矫正管理局副局长）

吴艳华（河北司法警官职业学院科研处副处长、二级教授）

张凯（中央司法警官学院矫正教育系副主任、副教授、博士）

王敬（河北司法警官职业学院刑事执行系综合实训科副科长、副教授）

焦晓强（河北司法警官职业学院教务处教务秘书、讲师）

刘倍贝（河北司法警官职业学院科研处科研管理科副科长、讲师）

刘燕（河北司法警官职业学院刑事执行系刑事执行教研室副主任、讲师）

董媛（河北司法警官职业学院刑事执行系教学秘书、讲师）

张淼（河北司法警官职业学院刑事执行系讲师）

编　者

2023 年 5 月 30 日

前　言

　　社区矫正制度诞生于 19 世纪 30 年代的欧美国家，因其彰显了刑罚的文明化、人道化，而在世界范围内受到了广泛的欢迎，得到了大力的推广。到目前为止，世界上很多国家的社区矫正人数都远远超过了监禁矫正的人数。随着我国经济社会的发展，我国的刑事司法政策也由"惩办与宽大相结合"变成了"宽严相济"。为贯彻"宽严相济"的刑事司法政策，我国进行了大刀阔斧的司法体制机制改革。在这样的背景下，社区矫正这种非监禁刑事执行制度应运而生。其作为一种非监禁刑事执行制度，是行刑社会化、刑罚经济化和个别化等现代刑罚理论深入发展的结果，也是我国刑事执行制度的理念日益法治化、文明化、人性化和社会化的产物。

　　2020 年 7 月 1 日施行的《中华人民共和国社区矫正法》和《中华人民共和国社区矫正法实施办法》，是贯彻落实党的十九届四中全会提出的加强系统治理、依法治理、综合治理、源头治理和坚持依法治国、依法执政、依法行政要求的体现，推动了社区矫正的顺利发展，使社区矫正工作进入到了法治化、规范化的新时代，对建设中国特色社会主义法治体系，具有划时代的意义。

　　党的二十大报告再次明确指出：要"坚持全面依法治国，推进法治中国建设。全面依法治国是国家治理的一场深刻革命，关系党执政兴国，关系人民幸福安康，关系党和国家长治久安。必须更好发挥法治固根本、稳预期、利长远的保障作用，在法治轨道上全面建设社会主义现代化国家。我们要坚持走中国特色社会主义法治道路，建设中国特色社会主义法治体系、建设社会主义法治国家，围绕保障和促进社会公平正义，坚持依法治国、依法执政、依法行政共同推进，坚持法治国家、法治政府、法治社会一体建设，全面推进科学立法、严格执法、公正司法、全民守法，全民推进国家各方面工作法治化。""加快建设法治社会。""推进多层次多领域依法治理，提升社会治理法治化水平。"为培养学习者"依法治国"和"尊法学法守法用法"的理念，也为了更好地发挥理论指导实践的作用，我们组织编写了《社区矫正基础理论》这本教材，以作为政法类院校学历教育和实务部门工作人员的培训教材使用。

《社区矫正基础理论》是社区矫正专业的专业核心课程，是学习社区矫正实务课程前必须学习的课程，是为后续学习《社区矫正监管执法实务》《社区矫正对象教育矫正》《社区矫正对象心理矫治》等课程打基础的。

该教材以习近平新时代中国特色社会主义思想、习近平法治思想和二十大报告精神为指导，将依法治国的理念和社会主义核心价值观贯穿始终，贯彻落实"立德树人"根本任务，牢记"为党育人、为国育才"的初心使命，为培养社区矫正岗位急需的对党忠诚、履职尽责、勇于担当、善于奉献的法律人才而服务。

在撰写过程中，编写组始终以《中华人民共和国社区矫正法》《中华人民共和国社区矫正法实施办法》等法律规范性文件和司法实践的需要为准则，对教材的内容进行了系统地编排、规划、设计，确保教材的规范性、通用性，希望能够为社区矫正工作人员提供理论上的支持和实践上的指导，以便推动我国社区矫正工作健康有序地发展。

本教材是校行（企）合作开发的，在撰写之前，到基层进行了大量调研，实务部门的专家和一线工作人员给予了中肯的意见和建议，在此真诚地表示感谢。

因时间仓促，编写成员水平的限制，在撰写教材内容时虽经过了反复斟酌、纠错、修改，但难免会有疏漏，敬请各位读者指正。

撰写分工（以撰写章节先后为序）

吴艳华（河北司法警官职业学院教授）：第一章、第五章

王　敬（河北司法警官职业学院副教授）：第二章、第三章、第九章

董　媛（河北司法警官职业学院讲师）：第四章、第六章、第七章、第八章

参与编写的实务部门的专家

河北省法学会社区矫正研究会会长：吴贵玉

河北省司法厅社区矫正管理局局长：王淑光

河北省司法厅社区矫正管理局干部：刘刚

邯郸市复兴区司法局副局长：李志刚

邯郸市司法局社区矫正科：李丽

编　者

2022 年 10 月 25 日

目 录

第一章

社区矫正概述

学习目标

知识目标：掌握社区矫正的概念、特征、原则与任务；掌握社区矫正领导体制与工作机制及其工作流程；了解社区矫正的功能与目的。

能力目标：具备深入思考和探究学习能力；具备掌握基本理论知识和基本政策的能力；具备创新能力。

素质目标：具备爱岗、敬业、忠诚的良好品质；增强法律意识和社会责任感；具备创造性开展工作的意识。

知识树

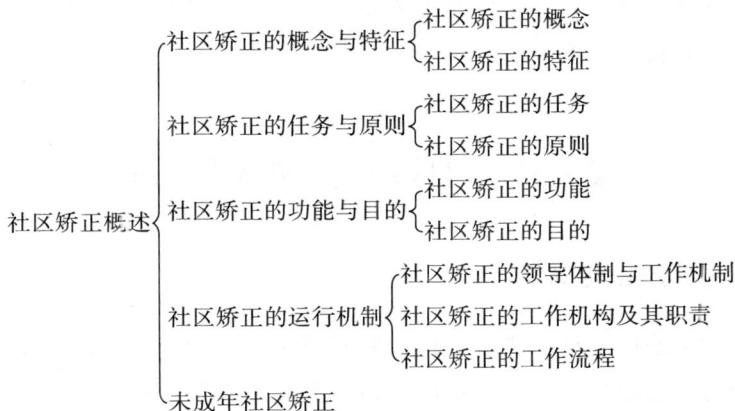

```
                                  ┌ 社区矫正的概念
              社区矫正的概念与特征 ┤
                                  └ 社区矫正的特征

                                  ┌ 社区矫正的任务
              社区矫正的任务与原则 ┤
                                  └ 社区矫正的原则

                                  ┌ 社区矫正的功能
社区矫正概述   社区矫正的功能与目的 ┤
                                  └ 社区矫正的目的

                                  ┌ 社区矫正的领导体制与工作机制
              社区矫正的运行机制   ┤ 社区矫正的工作机构及其职责
                                  └ 社区矫正的工作流程

              未成年社区矫正
```

案例 1-1

孙某，因犯危险驾驶罪于 2021 年 3 月 15 日被 A 市人民法院判处拘役 3 个月，并处罚金人民币 3000 元。因孙某患有严重的高血压并伴有多项靶器官受损，人民法院经鉴定后依法决定对孙某暂予监外执行。根据《中华人民共和国刑事诉讼法》第 269 条的规定，依法对其实行社区矫正，由社区矫正机构负责执行。

什么是社区矫正？社区矫正的性质和特征是什么？社区矫正由哪个部门执行，主要任务是什么？社区矫正的运行机制是怎样的，在执行期间需要遵循哪些原则？这就是本章所要解决的问题。

社区矫正制度诞生于 19 世纪 30 年代的欧美国家，尤其是在美国 20 世纪 60 年代末和 70 年代曾一度获得了美国公民的广泛支持，在回归社会理论的指导下，在一些主管委员会的倡导和联邦资金的支持下，社区矫正几乎在美国的每个州都得到了迅速发展。随后，社区矫正制度在世界很多国家被作为社区刑事执行制度，并以法律的形式确立下来。目前，在世界上很多国家社区矫正的罪犯人数远远超过监禁矫正的罪犯人数。如，加拿大社区矫正罪犯人数是监禁矫正罪犯人数的 80%、英国是 70%、美国是 68%、澳大利亚在社区实施项目的罪犯达到了监禁罪犯数量的 2 倍。我国社区矫正工作到目前为止只有将近 20 年的历史，但是发展很快，已经成为我国刑事执行制度的重要组成部分。

社区矫正在完善中国特色社会主义刑事执行制度、推进国家治理体系和治理能力现代化水平方面发挥着重要作用，在我国司法体制和工作机制的改革中作出了积极的贡献。

第一节　社区矫正的概念与特征

一、社区矫正的概念

社区矫正是指将符合法定条件的罪犯置于社区内，为保障刑事判决、刑事裁定和暂予监外执行决定的正确执行，提高教育矫正质量，促进社区矫正对象顺利融入社会，预防和减少犯罪的一种非监禁刑事执行制度。

　　对符合条件的罪犯，依法实行社区矫正，有利于化解消极因素，缓和社会矛盾，从而达到预防和减少犯罪，维护社会稳定的目的。社区矫正执行刑事判决、刑事裁定和暂予监外执行决定，是在党中央和国务院正确领导下，立足于我国基本国情发展起来的具有中国特色的非监禁刑事执行制度，是推进国家治理体系和治理能力现代化的一项重要制度。我国的社区矫正工作经历了 2003 年开始试点、2005 年扩大试点、2009 年全面试行、2014 年以后全面推进的几个阶段。至 2019 年开展 16 年来，社区矫正工作从无到有、经过试点试行、由点到面、从小到大，直至在全国全面推进，全国累计接收社区矫正对象 478 万，累计解除 411 万人，每年列管 120 多万人，为维护社会和谐稳定，推进平安中国、法治中国建设，促进司法文明进步发挥了重要作用。[1]

　　社区矫正作为一种非监禁刑事执行制度，是行刑社会化、刑罚经济化和个别化等现代刑罚理论深入发展的结果，也是我国刑事执行制度的理念日益法治化、文明化、人性化和社会化的产物。社区矫正通过对矫正对象进行监督管理、教育帮扶，促使其在开放的环境下顺利回归社会，对于控制和预防犯罪具有重要意义。

　　我们要"坚持全面依法治国，推进法治中国建设"，让社区矫正各方面工作都在法治化轨道上运行。通过"弘扬社会主义法治精神，传承中华优秀传统法律文化"，引导"全体人民做社会主义法治的忠实崇尚者、自觉遵守者、坚定捍卫者。"

二、社区矫正的特征

　　结合国内社区矫正工作的实践，社区矫正特征可以概括为以下几个方面：

1. 刑事制裁性

　　这是社区矫正的本质特征。社区矫正是对罪行轻微或经过一定刑期执行后不需要继续在监狱服刑的罪犯实行的非监禁刑事执行方式。虽然适用社区矫正的罪犯在开放的社区环境中接受教育矫正，但其罪犯的本质特征并没有

---

　　〔1〕　姜爱东："《社区矫正法》具有里程碑意义"，载《人民调解》2020 年第 2 期。

因此而发生任何改变。这从对社区矫正对象某些权利和人身自由的一系列限制性规定中体现出来。明确了社区矫正的这一本质特征，对做好社区矫正工作是非常重要的。

2. 社区执行的开放性

这是社区矫正区别于罪犯在监狱和看守所等监禁场所执行刑罚的主要特征。社区矫正是在社区内对矫正对象进行监督管理、教育帮扶，社区的开放性不同于传统的刑罚执行机关的封闭性，罪犯不需要与社会隔离，他们仍然可以生活在自己熟悉的环境中，享有较大的自由度。虽然其人身自由会受到一定程度的限制，但其工作和日常生活不会由于被矫正而受到严重干扰。这种开放式的矫正有利于矫正对象与社会的融合，有效避免了监禁矫正带来的罪犯"监狱人格"的形成，能更好地促使他们顺利回归社会。

3. 社区参与性

这是社区矫正的重要特征。社区矫正的社区参与性主要体现在两个方面：一方面，社区矫正工作需要社区资源的参与。社区矫正需要对社区矫正对象进行全方位的监督管理和教育帮扶，社区矫正对象拥有相对的自由。在这种情况下，仅仅依靠少数专职工作人员根本无法完成对处于松散状态下的社区矫正对象的监督管理和教育帮扶，必须充分利用各种社会资源，依靠社区基层组织和社区民众的协作配合，依靠社会工作者、社会志愿者、被害人及社区矫正对象家属的积极参与，才能有效地落实社区矫正方案。另一方面，只有得到社区居民的广泛认同和理解，社区矫正对象才会充分融入社区生活之中，社区矫正的任务才可能保质保量地完成。

4. 适用范围的特定性

社区矫正的适用范围是：被判处管制、被宣告缓刑、被暂予监外执行、被裁定假释这四种罪犯。这四类人员都要经过评估确定没有再犯罪的危险，对所居住的社区也没有重大的不良影响才能适用社区矫正，这是国家对社区矫正的刚性规定，不得随意扩大或缩小适用范围。适用范围的特定性，要求我们在社区矫正工作中，一定要认真贯彻落实宽严相济的刑事政策，不能扩大适用范围失之于宽，也不能缩小适用范围失之于严。

5. 社会管理的创新性

社区矫正虽然是一种刑事执行制度，但更多体现的是对社区矫正对象的监督管理和教育帮扶，目的是促进社区矫正对象顺利融入社会，预防和减少犯罪，是对特殊人群的一种全新的社会管理模式，所以，社区矫正是一种社会管理模式的创新。

社区矫正的特征既体现了"严格执法、公正司法"的理念，更体现了"以人民为中心"理念，同时还体现了"创新驱动发展"的战略思想。

第二节　社区矫正的任务与原则

一、社区矫正的任务

从《联合国非拘禁措施最低限度标准规则》（东京规则）的规定要求来看，社区矫正的任务有三个方面：一是依法对非拘禁措施加以监督执行；二是针对个案予以行为矫正；三是向罪犯提供心理、社会和物质方面的援助，并使他们有机会与社区加强联系，从而促使他们重返社会。[1]从《社区矫正法》[2]第1条和第2条的规定来看，社区矫正的任务有三个方面：一是保障刑事判决、刑事裁定和暂予监外执行决定的正确执行；二是对社区矫正对象的监督管理；三是对社区矫正对象的教育帮扶。据此，社区矫正的任务主要有：

1. 正确执行刑事判决、刑事裁定和暂予监外执行决定

这是社区矫正最重要的任务。将符合法定条件的管制、缓刑、假释和暂予监外执行的罪犯放在社区内进行矫正，一个最重要的任务就是完成对他们的刑事判决、刑事裁定和暂予监外执行决定的正确执行，并通过对他们的监督管理和教育帮扶，促进其顺利融入社会，预防和减少犯罪。

2. 监督管理

社区矫正刑事执行的本质属性决定了对社区矫正对象进行监督管理的工

---

〔1〕　程味秋、〔加〕杨诚、杨宇冠编：《联合国人权公约和刑事司法文献汇编》，中国法制出版社2000年版，第278页。

〔2〕　即《中华人民共和国社区矫正法》。为表述方便，本书中涉及我国法律文件需使用简称时，省去"中华人民共和国"字样，后文不再赘述。

作任务。根据社区矫正对象的犯罪类型、矫正阶段、再犯罪风险等情况，探索分类管理、个别化矫正手段；严格依法执行对社区矫正的报到、会客、请销假、迁居等各项监督管理措施；健全完善社区矫正对象考核奖惩制度，探索建立日常考核与司法奖惩的衔接机制；创新监督管理方式方法，提高社区矫正工作的科技含量。依法运用通讯联络、信息化核查、电子定位等现代科技手段加强监督管理，避免发生脱管、漏管，防止重新违法犯罪。

3. 教育帮扶

这是帮助社区矫正对象成为守法公民的重要举措。社区矫正机构要不断完善教育帮扶的措施方法，对社区矫正对象进行思想、法治、社会道德等教育，增强其法治观念，提高其道德素质和悔罪意识；根据社区矫正对象的个人特长，组织其参加公益活动，修复社会关系，培养社会责任感；加强心理矫正工作，采取多种形式对社区矫正对象进行心理健康教育，提供心理咨询、心理治疗和心理危机干预，促使其顺利融入社会和回归社会；社区矫正机构要整合社会资源，协调有关部门和单位，依靠基层组织和社会力量，开展丰富多样的帮扶活动，为社区矫正对象提供就业技能培训和就业指导，帮助其解决基本生活保障等方面的困难和问题，帮助其顺利回归社会，成为守法公民。

社区矫正的任务是"坚决维护国家安全，防范化解重大风险"的重要保证，是完善社会治理体系的重要体现。

二、社区矫正的原则

社区矫正的原则是指社区矫正工作所应遵循的基本准则，社区矫正工作原则为社区矫正工作提供了基本准则，是社区矫正工作的行动指南。社区矫正工作应当坚持以下几项基本原则：

1. 坚持党的绝对领导，确保社区矫正工作正确方向的原则

坚持党的领导是我国宪法确定的一项基本原则。近年来，中国共产党相继提出了"依法治国，建设社会主义法治国家"的治国施政理念和"构建社会主义和谐社会"的社会治理目标，确立了指导我国政法工作的社会主义法治理念，明确要求"实施宽严相济的刑事政策，改革未成年人司法制度，积

极推行社区矫正"。因此，党的政策和国家法律在本质上是一致的。社区矫正工作必须坚持党的领导，认真贯彻中央关于司法体制和工作机制改革的决策部署，开拓创新与依法规范并重，积极推进社区矫正工作健康开展，确保社区矫正工作的正确方向。在 2020 年 7 月 1 日施行的《社区矫正法实施办法》第 2 条中也明确规定了："社区矫正工作坚持党的绝对领导，实行党委政府统一领导、司法行政机关组织实施、相关部门密切配合、社会力量广泛参与、检察机关法律监督的领导体制和工作机制。"

"中国特色社会主义最本质的特征是中国共产党领导，中国特色社会主义制度的最大优势是中国共产党领导，党是最高政治领导力量"，也是保证我们各项事业从一个胜利走向另一个胜利的法宝。社区矫正工作必须坚持党的绝对领导，才能确保社区矫正工作的正确方向和健康发展。

2. 坚持监督管理与教育帮扶相结合的原则

《社区矫正法》第 3 条明确规定："社区矫正工作坚持监督管理与教育帮扶相结合……"第 4 条第 1 款规定："社区矫正对象应当依法接受社区矫正，服从监督管理。"

监督管理主要是监督社区矫正对象遵守法律、行政法规，履行判决、裁定、暂予监外执行决定等法律文书确定的义务，履行司法行政部门关于报到、会客、外出、迁居、保外就医等监督管理规定，落实针对社区矫正对象的矫正方案，了解掌握社区矫正对象的活动情况和行为表现等。

教育帮扶主要是指社区矫正机构，教育、人力资源社会保障等部门，有关人民团体、居民委员会、村民委员会，以及企事业单位、社会组织、志愿者等社会力量对社区矫正对象开展的教育、心理辅导，职业技能培训、就业指导，社会关系改善等教育帮扶活动。[1]

开展社区矫正工作，主要是根据现有法律的规定，对社区矫正对象进行必要和适度的监督管理，并有针对性地开展教育帮扶，这两项工作是社区矫正工作的核心内容。开展社区矫正工作要做到监督管理和教育帮扶相结合，两者都不可偏废。一般来说，监督管理是教育帮扶的前提和保障，社区矫正

---

〔1〕　王爱立主编：《中华人民共和国社区矫正法解读》，中国法制出版社 2020 年版，第 19～20 页。

对象只有服从监督管理，切实遵守法律、行政法规，履行判决、裁定、暂予监外执行决定等法律文书确定的义务，履行司法行政部门关于报告、会客、外出、迁居、保外就医等监督管理规定，才能顺利地度过社区矫正考验期，最终得以解除社区矫正。

而教育帮扶是做好社区矫正工作的核心和重中之重。根据社区矫正对象的需要，开展有针对性的教育、心理辅导，社会关系改善等教育帮扶活动，能够帮助社区矫正对象改善现有状态，增强法治观念，提高道德素质；帮助社区矫正对象依法获得社会救助，获得就业岗位和职业技能培训，可以帮助其解决所遇到的困难，恢复正常的工作和生活，顺利融入社会。[1]

社区矫正机构通过监督管理活动，加强了对社区矫正对象的有效管理和控制，防止其再次违法犯罪而危害社会，为构建安全稳定的社区矫正工作环境提供了制度保障，确保了教育帮扶等工作的顺利进行。但若社区矫正工作一味地强调监管和服从，则无法调动社区矫正对象自身的矫正动力，甚至会使其产生抵触、对抗情绪，大大增加矫正工作的难度。只有通过教育帮扶工作，社区矫正对象才会消除疑虑和偏见，安心接受矫正，真心悔过。教育帮扶是实现社区矫正对象再社会化的重要手段。加强教育帮扶工作，会使社区矫正对象逐渐形成符合社会规范的价值体系和行为准则，提高社区矫正对象适应社会生活的能力，最终促使其顺利回归社会，成为守法公民。

这一原则充分体现了"全面推进严格规范公正文明执法"的理念，体现了"以人民为中心"的思想。既对社区矫正对象加强了监督与管理，又充分体现了人道主义精神，维护了社会的和谐与稳定。

3. 坚持专门机关与社会力量相结合的原则

《社区矫正法》第3条规定："社区矫正工作坚持……专门机关与社会力量相结合……"第8条规定："国务院司法行政部门主管全国的社区矫正工作。县级以上地方人民政府司法行政部门主管本行政区域内的社区矫正工作。人民法院、人民检察院、公安机关和其他部门依照各自职责，依法做好社区矫正工作……"第9条第1款规定："县级以上地方人民政府根据需要设置社

---

〔1〕 王爱立主编：《中华人民共和国社区矫正法解读》，中国法制出版社2020年版，第24页。

区矫正机构，负责社区矫正工作的具体实施……"第 2 款规定："司法所根据社区矫正机构的委托，承担社区矫正相关工作。"第 12 条规定："居民委员会、村民委员会依法协助社区矫正机构做好社区矫正工作。社区矫正对象的监护人、家庭成员，所在单位或者就读学校应当协助社区矫正机构做好社区矫正工作。"第 13 条规定："国家鼓励、支持企业事业单位、社会组织、志愿者等社会力量依法参与社区矫正工作。"这些法条明确规定了开展社区矫正工作的国家专门机关和社会力量的范围、人员。第 35、37、39、40、42、43、55、56 条明确规定了对社区矫正对象开展教育帮扶的社会力量的范围和人员。

社区矫正是在开放的社会环境下，在不影响矫正对象正常工作、生活的前提下开展的监督管理和教育帮扶活动。社区矫正工作须在各级党委、政府的统一领导下，各个专门机关分工负责、相互支持、协调配合。同时，在财政、民政、人社等相关部门以及社会力量的积极支持和广泛参与下，才能实现社区矫正的目的。必须充分利用社会力量，整合社会资源，鼓励群众和社会方方面面的力量和资源参与到社区矫正工作中来。只有将专门机关与社会力量有机结合，才能发挥各自的特长和优势，相互补充，形成整体合力，实现社区矫正工作的目标。

社区矫正是刑事执行体系的一部分，公检法司和有关部门必须依法行使职权，保证国家刑事法律的正确执行，保障社区矫正工作的有序开展。同时，社区矫正工作采取社会化的方式进行，还应当充分调动社会各方面力量积极参与。这既是提高国家治理体系和治理能力现代化水平的必然要求，也是落实党的二十大报告精神"健全共建共治共享的社会治理制度，提升社会治理效能"的必然要求。

4. 坚持分类管理与个别化矫正相结合的原则

《社区矫正法》第 3 条规定："社区矫正工作……采取分类管理、个别化矫正，有针对性地消除社区矫正对象可能重新犯罪的因素，帮助其成为守法公民。"

分类管理是对不同类型、不同情况的社区矫正对象采取有针对性的方法和措施进行管理的活动。具体可按以下步骤进行：首先，根据社区矫正对象人身危险性的不同划分不同的管理等级，采取不同的管理措施；其次，对不同类型的社区矫正对象采取不同的管理措施。分类管理能够增强管理工作的针对性，提高社区矫正管理的效果；同时，也是提高矫正质量的重要途径。分类管理的内容和方式必然要求对社区矫正对象进行个别化矫正。社区矫正对象的犯罪情况、文化基础、家庭情况、周围环境甚至存在的问题和困难千差万别，对其进行矫正的难易程度也有所差别，这就要求社区矫正机构根据每个社区矫正对象的不同情况开展有针对性的个别化矫正活动。为取得实效，应对社区矫正对象进行个案评估，全面了解其具体情况，并为其制定恰当的个性化矫正方案，确定适合的个案矫正小组，从而开展有效的个案矫正工作。

这一原则是"把马克思主义基本原理同中国具体实际相结合"的具体体现，是马克思主义中国化时代化的具体体现。"我们必须坚持解放思想、实事求是、与时俱进，一切从实际出发。"

在社区矫正工作中，只有采取分类管理和个别化矫正相结合的方法，才能真正做到有的放矢，对症下药，最终取得良好的矫正效果，实现社区矫正工作的目标。

5. 坚持依法管理与尊重和保障人权相统一的原则

《社区矫正法》第4条第2款规定："社区矫正工作应当依法进行，尊重和保障人权。社区矫正对象依法享有的人身权利、财产权利和其他权利不受侵犯，在就业、就学和享受社会保障等方面不受歧视。"

第一，"社区矫正工作应当依法进行"，要求社区矫正有关部门和工作人员开展社区矫正工作，必须严格履行职责，按照《刑法》《刑事诉讼法》和《社区矫正法》等法律的有关规定进行。

第二，"尊重和保障人权"要求社区矫正有关部门和工作人员在工作中注重保障社区矫正对象的权利、不得随意侵犯社区矫正对象的合法权益。社区矫正对象虽然是罪犯，但国家是给予其改过自新的机会的，希望能通过社区矫正，化消极因素为积极因素，促进其顺利融入社会，在社区矫正过程中应当尊重和保障社区矫正对象的人权。《社区矫正法》第34条第1款规定："开展社区矫正工作，应当保障社区矫正对象的合法权益。社区矫正的措施和方法应当避免对社区矫正对象的正常工作和生活造成不必要的影响；非依法律规定，不得限制或者变相限制社区矫正对象的人身自由。"第26条第2款规定："社区矫正机构开展实地查访等工作时，应当保护社区矫正对象的身份信息和个人隐私"。第54条第1款规定："社区矫正机构工作人员和其他依法参与社区矫正工作的人员对履行职责过程中获得的未成年人身份信息应当予以保密。"这些规定，都是对"尊重和保障人权"内容的具体化规定。

第三，社区矫正对象依法享有的人身权利、财产权利和其他权利不受侵犯，在就业、就学和享受社会保障等方面不受歧视。这是从社区矫正对象的角度对其合法权益不受侵犯作出的进一步规定。

依法管理与保障社区矫正对象合法权益是相互联系、互相促进的。没有无义务的权利，也没有无权利的义务。

坚持依法管理与尊重和保障人权相统一，是"建设社会主义法治国家"的必然要求，也是推进社区矫正领域依法治理，提升社会治理法治化水平的必然要求。

第三节　社区矫正的功能与目的

一、社区矫正的功能

"实践没有止境，理论创新也没有止境"。社区矫正作为我国社会管理模式的改革与创新，在社会管理中发挥了积极的作用，这就是社区矫正的功能。它主要是通过对社区矫正对象进行监督管理与教育帮扶，完成刑事执行的任务，使之尽快融入社会，顺利回归社会。据此，社区矫正的功能主要有：

1. 刑罚替代功能

刑罚替代功能是指社区矫正替代监禁刑，对被判处管制、宣告缓刑、裁定假释和被决定暂予监外执行的罪犯在社区实行监督管理，从而避免了监禁刑带来的交叉感染、监狱人格、标签化和高成本化的不利后果。

（1）避免交叉感染。监狱内罪犯的相互影响，专业人士称"交叉感染"，指很多犯罪意识和犯罪技巧，像病毒一样在监狱内存在。这些犯罪意识和犯罪技巧，在监狱的不同罪犯之间互相传授。从世界范围看，在监狱内的交叉感染，出狱后融入社会困难是导致刑满释放人员再犯罪的重要原因。

社区矫正在开放的社区中服刑，不离开家庭、不离开社会，也不允许与其他罪犯有私下的交往、接触，这些都避免了他们之间的相互影响，自然也就不存在交叉感染问题。这对提高矫正质量、预防重新犯罪起到了重要的作用。

（2）避免监狱人格的形成。监狱人格亦称服刑者人格，是指由于长期服刑生活而造成的人格畸变。服刑者人格的主要特征是屈从、卑微、双重人格、缺乏活力与创造性。

①屈从。服刑者由于长期被强制监管改造，逐渐变得失去其原有个性，一切听命于他人，缺乏自己的独立见解；

②在生活细节上也不敢自作主张；

③双重人格。在管教干警面前是一副屈从、卑微的面孔，在私下却流露出内心的真实想法，甚至凌辱、欺侮比自己更弱小或处于困境的其他犯人；

④缺乏活力与创造性。监狱人格是长期服刑生活所造成的消极后果，它不利于罪犯的彻底改造，同时也将造成重返社会后的适应不良，在沸腾的社会生活和竞争机制面前举步维艰。[1]

监狱人格形成后，罪犯刑满释放后会出现难以适应社会的问题，造成其回归社会的困难，甚至会重新走上违法犯罪的道路。为避免此种情况的发生，随着刑罚的轻缓化、文明化的推进，用社区矫正代替监禁矫正，就可以很好地避免监狱人格的形成，更有利于罪犯尽快地融入社会、回归社会。

（3）避免标签化。标签理论形成于20世纪50年代的美国，20世纪60年代开始流行起来，到20世纪70年代它甚至成为美国社会学界研究越轨行为的占统治地位的理论。其主要代表人物是贝克尔（H. Becker）和莱默特（Edwin M. lement）。

标签理论是一系列试图说明人们在初次越轨或犯罪行为之后，为什么会继续进行越轨或犯罪行为，从而形成犯罪生涯的理论观点。[2]标签理论从行为解释角度来认识罪犯，认为人的行为并不取决于事物内在性质，而是取决于社会解释方式，即它们被称作什么以及由其名称所引起的含义；任何行为

---

[1]　"服刑者人格"，百度百科，https://baike.baidu.com/item/服刑者人格/22116569？fr = aladdin，最后访问时间：2022 年 8 月 22 日。

[2]　吴宗宪：《西方犯罪学史》（第四卷），中国人民公安大学出版社 2010 年版，第 1174 页。

本身都不是有罪的，而是社会把某些行为确定为犯罪行为，并给他们贴上犯罪的标签。[1]也就是说罪犯被贴上标签，源于社会的看法。与监禁矫正不同，社区矫正对象，特别是被判处管制、被宣告缓刑及暂予监外执行的罪犯，虽然同为罪犯，但由于其依然在社区生活，社会关系未曾中断，他们并没有像监禁矫正的罪犯那样，被贴上罪犯的标签，因而他们并没有受到标签化的影响，重新犯罪率也比较低。

（4）避免高成本化[2]。监狱的运作成本极高，社区矫正的运作不仅缓解了监狱人满为患、警力严重不足的现状，更是从刑罚经济的角度，降低了行刑成本，通过依托社会力量矫正罪犯，使其成为守法公民，成为当下替代监狱行刑的最广泛使用的刑罚执行方式。

2. 损害修复功能

损害修复源于恢复性司法理念。20 世纪 50 年代以后，非监禁刑发展迅猛，与传统的报应刑不同，非监禁刑倡导的是刑罚的宽和和谦抑。犯罪行为是非正义的，它不仅是简单地违反了法律，而且在大多数情况下也给被害人和社区造成了实际的损害，犯罪人与被害人、犯罪行为和社区的关系极为密切。因此，要伸张社会正义，就必须恢复犯罪行为对被害人和社区造成的损害。这就要求在处理犯罪人和犯罪行为的过程中，应当考虑被害人和社区的需要。[3]这就是恢复性司法兴起的缘由。

1990 年，美国学者凡尼斯在《恢复性司法》一文中，论述了恢复性司法的基本信念。主要有三个方面：①犯罪造成对被害人、犯罪人本身和社区的伤害；②不仅政府，而且被害人、犯罪人和社区都应当积极地参与到刑事司法过程中；③在促进正义的过程中，政府应当担负起维护秩序的责任，而社区应当担负起建立和平的责任。[4]

社区矫正的设置完全符合恢复性司法的基本理念，特别是因犯罪对被害人及其亲属以及社会所造成的伤害，通过社区矫正来进行修复，是促使其顺

---

〔1〕　许章润主编：《犯罪学》，法律出版社 2016 年版，第 34 页。
〔2〕　连春亮主编：《社区矫正理论与实务》，法律出版社 2020 年版，第 12 页。
〔3〕　吴宗宪：《吴宗宪文集》，中国法制出版社 2015 年版，第 496 页。
〔4〕　吴宗宪：《吴宗宪文集》，中国法制出版社 2015 年版，第 500 页。

利回归社会，最大限度降低重新犯罪率的最佳方案。

3. 塑造功能

社区矫正的塑造功能主要是指通过矫正活动的连续实施，促进社区矫正对象公民人格的最终塑造。社区矫正对象虽然触犯了国家刑律，实施了犯罪行为，但他们作为人的基本属性并不因此而完全泯灭，仍不同程度地具有人的善良、责任、尊严、荣誉、对成功与成就的追求等基本属性。一方面，要通过对社区矫正对象进行道德情操和行为规范的引导，克服因矫正而导致的消极服从、自信心和进取心丧失的不良人格倾向，培养其良好的道德情感和行为习惯，实现与他人正常的交流而不再违法犯罪。另一方面，通过系统的文化教育、职业技术教育和劳动实践教育等，让社区矫正对象能够自食其力、适应实际社会生活。总之，在社区矫正对象不脱离生活环境的基础上进行社区矫正的过程中，对其人格和能力进行重新塑造、培养，使其具备合格的社会责任能力，最终顺利回归社会。

4. 预防犯罪功能

无论是《社区矫正法》，还是《社区矫正法实施办法》都规定了对社区矫正对象的表扬、减刑的奖励措施和训诫、警告、给予治安管理处罚、撤销缓刑、撤销假释、暂予监外执行收监执行的惩罚措施。奖励措施是为了激励社区矫正对象积极改造，争取早日回归社会，同时对党和政府抱有一颗感恩之心，积极回报社会；而惩罚措施则是为了避免其重新走上违法犯罪的道路，以维护社会秩序，保障社会的安全。对社区矫正对象而言，这是一种特殊预防；对普通民众而言，对社区矫正对象的奖励和惩罚，也起到教育和警示的作用，从而预防其走上犯罪的道路，这是一般预防。所以，社区矫正具有预防犯罪的功能。

二、社区矫正的目的

社区矫正的目的或目标，是指国家创制社区矫正这一非监禁刑事执行制度所希望达到的结果。社区矫正的目的是预先设定的，它从根本上制约着社区矫正的性质、功能与效应。

将社区矫正制度引入中国是希望社区矫正制度能够达到"解决监狱拥挤状

况，降低监狱行刑成本并改善监狱行刑的实际效果；增进罪犯与社区的联系，避免监禁执行方式对犯人心理和行为的负面影响，促进其最终回归社会"。[1] 为实现"中国式现代化"贡献自己的力量。

1. 直接目的

社区矫正的直接目的是恢复和发展罪犯的社会功能，完善其社会人格，使罪犯适应并顺利回归社会。监禁矫正在刑罚执行方面具有监控性和隔离性等独特优势，但也难以避免存在着感染性和封闭性，经济型的执行方式与执行目的之间存在着很大的矛盾——罪犯监狱化与罪犯的再社会化以及封闭的监狱和开放的社会之间的矛盾，这些造成了罪犯被释放后很难顺利回归社会。社区矫正将罪犯置于开放的社区中而不是封闭的监狱里，不割断其与社会之间的联系，使其能够较好地跟上社会的节奏，从而能够保持比较完善的社会人属性并利用开放的社区生活重新培育罪犯完善的社会人格，最大可能地消除罪犯回归社会的心理障碍和行为障碍，加速其再社会化进程，使其在矫正结束后顺利回归社会。

2. 间接目的

社区矫正的间接目的是增强社区居民的法律意识和社会责任感，实现一般预防的目的。

首先，社区矫正对象在社会上接受矫正，在社区群众的监督下进行改造，具有"罪犯"和"社区居民"的双重身份，这种矫正模式能够使广大人民群众深切感知我国刑罚的严肃和关怀的双重属性，社区矫正本身就是生动的法制宣传教育活动，有利于增强社区群众的法治意识。其次，社区群众对矫正对象进行矫正监督的过程，本身就是在对社会和矫正对象承担一种义务和责任，这对每个社区群众社会责任感的提升都会有很大帮助。最后，社区矫正这种刑事执行方式虽然没有影响社区矫正对象的正常生活，但毕竟其身份依然是罪犯，其人身自由是受到一定限制的，这对其家人和社区群众来说，都会起到警示作用，使其不敢也不愿意触犯刑法，从而起到一般预防的作用。

---

〔1〕 司法部社区矫正制度研究课题组："改革和完善我国社区矫正制度之研究（上）"，载《中国司法》2003 年第 5 期。

3. 根本目的

社区矫正的根本目的是预防犯罪和减少犯罪，维护社会和谐稳定，实现构建社会主义和谐社会的社会治理目标。对此，《社区矫正法》第 1 条明确规定了立法目的是："为了推进和规范社区矫正工作……预防和减少犯罪，根据宪法，制定本法。"就是通过对罪犯适用社区矫正，消除其继续犯罪的可能，并通过社会力量的参与，矫正其不良心理及行为，将其矫正教育为守法公民，使其顺利回归社会。

第四节　社区矫正的运行机制

社区矫正运行机制是指社区矫正工作运作中职能部门内在机能及其运行方式的基本准则及相应制度，是职能部门运行过程中各内部环节以及各环节之间本质的内在的相互关联、相互制约的工作方式的总和。它是社区矫正工作得以正常运转的内在机理和程序性安排。

社区矫正工作是关系到社区安全、刑事执行、罪犯矫正、犯罪预防等诸多问题的一项复杂工程，为了更好地推动社区矫正工作的有效运行和良好发展，就必须建立一套科学、完整、合理、高效、灵活、协调的社区矫正工作机制系统。这是确保社区矫正工作依法、依规、准确落实国家刑事执行制度的关键。

我国自 2003 年开展社区矫正试点工作以来，经过多年的探索与实践，建立起了一套行之有效的运行机制，并在实践中不断予以完善。

一、社区矫正的领导体制与工作机制

"体制"是指国家机关、企事业单位在机制设置、领导隶属关系和管理权限划分等方面的体系、制度、方法、形式等的总称，是制度形之于外的具体表现和实施形式。

"机制"是从属于制度的。机制通过制度系统内部组成要素按照一定方式的相互作用实现其特定的功能，是一定体制所表现出来的功能和作用。体制和机制既相互区别又密切联系。

《社区矫正法实施办法》第2条对社区矫正工作的领导体制和工作机制予以明确规定：社区矫正工作坚持党的绝对领导，实行党委政府统一领导，司法行政机关组织实施，相关部门密切配合，社会力量广泛参与、检察机关法律监督的领导体制和工作机制。

该领导体制和工作机制，是社区矫正自2003年试点、2005年扩大试点、2009年全国全面试行乃至2014年在全国全面推进的实践经验的总结和不断健全完善的结果。

社区矫正的领导体制与工作机制充分体现了党的二十大报告所提出的"坚持和加强党的全面领导。坚决维护党中央权威和集中统一领导，把党的领导落实到党和国家事业各领域各方面各环节，使党始终成为风雨来袭时全体人民最可靠的主心骨，确保我国社会主义现代化建设正确方向，确保拥有团结奋斗的强大政治凝聚力、发展自信心，集聚起万众一心、共克时艰的磅礴力量"的精神，是顺利开展社区矫正工作的政治保障和力量源泉。

二、社区矫正的工作机构及其职责

社区矫正工作机构是指为了保证社区矫正工作的顺利进行，由国家设置的具有法定职责、配备一定数量的专门国家工作人员从事社区矫正工作的机构。

社区矫正的工作机构及其职责的确立，必须"坚持和发展马克思主义，必须同中国具体实际相结合"。要"坚持以马克思主义为指导，是要运用其科学的世界观和方法论解决中国的问题"。

党中央、国务院对社区矫正工作高度重视。2008年7月施行的《国务院办公厅关于印发司法部主要职责内设机构和人员编制规定的通知》（国办发〔2008〕64号）中明确规定司法部负有"指导管理社区矫正工作的职责"，即司法部负责指导全国的社区矫正工作。

2009年9月，最高人民法院、最高人民检察院、公安部、司法部（简称"两院两部"）《关于在全国试行社区矫正工作的意见》要求，"进一步加强社区矫正工作机构和队伍建设，不断完善社区矫正管理体制和工作机制……在各级司法行政机关建立专门的社区矫正工作机构，加强对社区矫正工作的指导管理……司法行政机关要切实履行指导管理社区矫正工作的职责，牵头组织有关单位和社区基层组织开展社区矫正工作。"

2012 年 1 月，中央机构编制委员会办公室《关于设立司法部社区矫正管理局的批复》（中央编办复字〔2012〕4 号）同意司法部设立社区矫正管理局。司法部社区矫正管理局的主要职责是：负责监督检查社区矫正法律法规和政策的执行工作；规定全国社区矫正工作发展规划、管理制度和相关政策并组织实施；监督管理对社区矫正对象的刑罚执行、管理教育和帮扶工作；指导开展社区矫正社会工作和志愿服务。相应地，省级、市级、县级司法行政机关履行对本行政区域内社区矫正工作的指导管理职责。截至 2018 年 12 月，全国各省（自治区、直辖市）和新疆生产建设兵团司法厅（局）都设立了社区矫正处（局），99% 的地（市、州）司法局和 98% 的县（市、区）司法局单独设立了社区矫正管理机构。依法履行指导管理社区矫正工作的职责。[1]

2020 年 7 月 1 日起施行的《社区矫正法》第 8 条明确规定："国务院司法行政部门主管全国的社区矫正工作。县级以上地方人民政府司法行政部门主管本行政区内域内的社区矫正工作。人民法院、人民检察院、公安机关和其他有关部门依照各自职责，依法做好社区矫正工作。人民检察院依法对社区矫正工作实行法律监督。地方人民政府根据需要设立社区矫正委员会，负责统筹协调和指导本行政区域内的社区矫正工作。"第 9 条规定："县级以上地方人民政府根据需要设置社区矫正机构，负责社区矫正工作的具体实施。社区矫正机构的设置和撤销，由县级以上地方人民政府司法行政部门提出意见，按照规定的权限和程序审批。司法所根据社区矫正机构的委托，承担社区矫正相关工作。"据此，社区矫正的工作机构分为主管机构、统筹协调和指导机构、具体实施机构。

1. 主管机构及其职责

国务院司法行政部门和县级以上地方人民政府司法行政部门为主管机构。国务院司法行政部门主管全国的社区矫正工作。县级以上地方人民政府司法行政部门主管本行政区域内的社区矫正工作。

---

〔1〕 数据来源于中华人民共和国司法部网站，http://www.moj.gov.cm/，最后访问时间：2018 年 2 月 26 日。

国务院司法行政部门是指司法部，根据司法部的机构设置，内设社区矫正管理局，具体负责指导管理全国的社区矫正工作。司法部作为全国社区矫正工作的主管部门，负有对全国范围内开展社区矫正工作的主管职责。具体职责包括：制定社区矫正工作的方针、政策和规范性文件；拟定社区矫正工作发展规划、管理制度；制定社区矫正对象需要遵守的有关报告、会客、外出、迁居、保外就医等监督管理规定；出台相关政策鼓励、支持社会力量参与社区矫正工作；推进高素质的社区矫正工作队伍建设；支持社区矫正机构提高信息化水平；监督检查社区矫正法律法规和政策的执行情况；指导各地方司法行政部门依法开展社区矫正工作等。

县级以上地方人民政府司法行政部门主要是指省、市、县三级地方人民政府的司法厅、司法局等部门。实践中，有的地方在省、市、县三级司法厅、司法局设社区矫正管理局（处）、科、股等，具体负责指导管理本行政区域内的社区矫正工作。县级以上地方人民政府司法行政部门（司法行政机关）作为本行政区域内的社区矫正主管部门，负责指导管理本行政区域内的社区矫正工作。[1]

根据《社区矫正法实施办法》第 4 条的规定，司法行政机关依法履行以下职责：①主管本行政区域内社区矫正工作；②对本行政区内域内设置和撤销社区矫正机构提出意见；③拟定社区矫正工作发展规划和管理制度，监督检查社区矫正法律法规和政策的执行情况；④推动社会力量参与社区矫正工作；⑤指导支持社区矫正机构提高信息化水平；⑥对在社区矫正工作中作出突出贡献的组织、个人，按照国家有关规定给予表彰、奖励；⑦协调推进高素质社区矫正工作队伍建设；⑧其他依法应当履行的职责。

2. 统筹协调和指导机构及其职责

地方人民政府根据需要设立的社区矫正委员会，负责统筹协调和指导本行政区域内的社区矫正工作。

司法行政机关向社区矫正委员会报告社区矫正工作开展情况，提请社区

---

〔1〕　王爱立主编：《中华人民共和国社区矫正法解读》，中国法制出版社 2020 年版，第 49 页。

矫正委员会协调解决社区矫正工作中的问题。[1]

可见，社区矫正委员会是社区矫正工作的统筹协调和指导机构。

社区矫正是一个系统工程，需要在各级党委政府的统一领导下开展工作，需要法院、检察院、公安和司法行政机关通力协作配合，需要财政、教育、卫生、民政、人力资源和社会保障等相关部门的积极支持，需要社会力量的广泛参与。为了能够协调各方面的力量共同做好社区矫正工作，《社区矫正法》第8条第3款规定"地方人民政府根据需要设立社区矫正委员会"。这里所说的"地方人民政府"是指地方各级人民政府，包括省、市、县、乡镇四级人民政府。"社区矫正委员会"是指由地方人民政府设立的社区矫正议事协调机构，负责统筹和指导本行政区域内的社区矫正工作。实践中，社区矫正委员会成员可以由以下部门和人员组成：本级人民政府或者有关方面负责人；法院、检察院、公安、司法行政、财政、教育、卫生、民政、人力资源和社会保障等部门。社区矫正委员会还可以根据需要，有工会、共青团、妇联等单位代表，在县、乡镇两级还可以邀请村民委员会、居民委员会或者有关社会组织代表、社会工作者等人员参加。

社区矫正委员会负责统筹协调和指导本行政区域内的社区矫正工作，包括加强对社区矫正工作的领导、督促、检查和指导；协调、研究解决社区矫正工作中的困难和问题等。由于社区矫正委员会一般由地方人民政府或有关负责人以及各有关方面的人员参加，能够有效解决各地实际工作中存在的问题，增强相关部门参与社区矫正工作的积极性和执行力度，对于促进社区矫正工作社会化、规范化具有重要意义。实践中，为加强对社区矫正工作的统筹协调和指导工作，社区矫正委员会一般通过召开联席会议，了解社区矫正工作的有关情况，及时研究解决社区矫正工作中的实际困难和重大问题，确保社区矫正工作的顺利开展。[2]

3. 具体实施机构及其职责

省、市两级社区矫正机构主要负责监督指导、跨区域执法的组织协调以

---

〔1〕《社区矫正法实施办法》第3条。

〔2〕 王爱立主编：《中华人民共和国社区矫正法解读》，中国法制出版社2020年版，第54～55页。

及与同级社区矫正决定机关对接的案件办理工作。[1]

县级以上地方人民政府根据需要设置的社区矫正机构，是负责社区矫正工作具体实施的执行机关。社区矫正日常工作由县级社区矫正机构具体承担。未设置县级社区矫正机构的，由上一级社区矫正机构具体承担。县级社区矫正机构可以委托司法所承担社区矫正相关工作。[2]《刑事诉讼法》第269条规定，社区矫正机构负责执行社区矫正。可见。社区矫正机构是社区矫正的执行机关，负责具体实施社区矫正。

根据《社区矫正法实施办法》第9条规定，社区矫正机构依法履行以下职责：①接受委托进行调查评估，提出评估意见；②接收社区矫正对象。核对法律文书、核实身份、办理接收登记，建立档案；③组织入矫和解矫宣告，办理入矫和解矫手续；④建立矫正小组，组织矫正小组开展工作，制定和落实矫正方案；⑤对社区矫正对象进行监督管理，实施考核奖惩；审批会客、外出、变更执行地等事项；了解掌握社区矫正对象的活动情况和行为表现；组织查找失去联系的社区矫正对象，查找后依情形作出处理；⑥提出治安管理处罚建议，提出减刑、撤销缓刑、撤销假释、收监执行等变更刑事执行建议，依法提请逮捕；⑦对社区矫正对象进行教育帮扶，开展法治道德等教育，协调有关方面开展职业技能培训、就业指导，组织公益活动等事项；⑧向有关机关通报社区矫正对象情况，送达法律文书；⑨对社区矫正工作人员开展管理、监督、培训，落实职业保障；⑩其他依法应当履行的职责。

《社区矫正法实施办法》第10条规定，司法所根据社区矫正机构的委托，承担社区矫正相关工作。

4.与社区矫正相关的机构及其职责

为了更好地开展社区矫正工作，人民法院、人民检察院、公安机关和其他有关部门依照各自职责，也要依法做好社区矫正工作。

（1）人民法院的职责。根据《社区矫正法实施办法》第5条规定，人民法院依法履行以下职责：①拟判处管制、宣告缓刑、决定暂予监外执行的，

〔1〕《社区矫正法实施办法》第9条第2款。
〔2〕《社区矫正法实施办法》第9条。

可以委托社区矫正机构或者有关社会组织对被告人或者罪犯的社会危险性和对所居住社区的影响，进行调查评估，提出意见，供决定社区矫正时参考；②对执行机关报请假释的，审查执行机关移送的罪犯假释后对所居住社区影响的调查评估意见；③核实并确定社区矫正执行地；④对被告人或者罪犯依法判处管制、宣告缓刑、裁定假释、决定暂予监外执行；⑤对社区矫正对象进行教育，及时通知并送达法律文书；⑥对符合撤销缓刑、撤销假释或者暂予监外执行收监执行条件的社区矫正对象，作出判决、裁定和决定；⑦对社区矫正机构提请逮捕的，及时作出是否逮捕的决定；⑧根据社区矫正机构提出的减刑建议作出裁定；⑨其他依法应当履行的职责。

（2）人民检察院的职责。根据《社区矫正法实施办法》第6条规定，人民检察院依法履行以下职责：①对社区矫正决定机关、社区矫正机构或者有关社会组织的调查评估活动实施法律监督；②对社区矫正决定机关判处管制、宣告缓刑、裁定假释、决定或者批准暂予监外执行活动实行法律监督；③对社区矫正法律文书及社区矫正对象交付执行活动实行法律监督；④对监督管理、教育帮扶社区矫正对象的活动实行法律监督；⑤对变更刑事执行、解除矫正和终止矫正的活动实行法律监督；⑥受理申诉、控告和举报，维护社区矫正对象的合法权益；⑦按照刑事诉讼法的规定，在对社区矫正实行法律监督中发现司法工作人员相关职务犯罪，可以立案侦查直接受理的案件；⑧其他依法应当履行的职责。

（3）公安机关的职责。根据《社区矫正法实施办法》第7条规定，公安机关依法履行以下职责：①对看守所留所服刑罪犯拟暂予监外执行的，可以委托开展调查评估；②对看守所留所服刑罪犯拟暂予监外执行的，核实并确定社区矫正执行地；对符合监外执行条件的，批准暂予监外执行；对符合收监执行条件的，作出收监执行的决定；③对看守所留所服刑罪犯批准暂予监外执行的，进行教育，及时通知并送达法律文书，依法将社区矫正对象交付执行；④对社区矫正对象予以治安管理处罚；到场处置经社区矫正机构制止无效，正在实施违反监督管理规定或违反人民法院禁止令等违法行为的社区矫正对象；协助社区矫正机构处置突发事件；⑤协助社区矫正机构查找失去联系的社区矫正对象；执行人民法院作出的逮捕决定；被裁定撤销缓刑、撤销假释和被决定收监执行的社区矫正对象逃跑的，予以追捕；⑥对裁定撤销缓刑、撤销假释，或者对人民法院、公安机关决定暂予监外执行收监的社区矫正对象，送交看守所或者监狱执行；⑦执行限制社区矫正对象出境的措施；⑧其他依法应当履行的职责。

（4）监狱管理机关的职责。根据《社区矫正法实施办法》第 8 条规定，监狱管理机关以及监狱依法履行以下职责：①对监狱关押罪犯拟提请假释的，应当委托进行调查评估；对监狱关押罪犯拟暂予监外执行的，可以委托进行调查评估；②对监狱关押罪犯拟暂予监外执行的，依法核实并确定社区矫正执行地；对符合暂予监外执行条件的，监狱管理机关作出暂予监外执行决定；③对监狱关押罪犯批准暂予监外执行的，进行教育，及时通知并送达法律文书；依法将社区矫正对象交付执行；④监狱管理机关对暂予监外执行罪犯决定收监执行的，原服刑或者接收其档案的监狱应当立即将罪犯收监执行；⑤其他依法应当履行的职责。

三、社区矫正的工作流程

党的二十大报告指出："我们要以科学的态度对待科学、以真理的精神追求真理""全面推进严格规范公正文明执法"。社区矫正工作必须有一个科学、规范、完善的工作流程，以保证其能够顺利开展。

社区矫正的工作流程是：拟适用社区矫正的调查评估——社区矫正对象的交付接收——社区矫正对象的监督管理（考核奖惩、日常矫正）——社区矫正对象的教育帮扶（心理矫正、个案矫正、社会适应性帮扶）——社区矫正对象的解除与终止（期满解除、终止）——社区矫正与安置帮教工作的衔接。整个工作流程中还贯穿着对社区矫正对象的危险评估工作。

1. 拟适用社区矫正的调查评估

拟适用社区矫正的调查评估工作，是社区矫正工作的前移，目的是实现社区矫正机构与社区矫正决定机关的无缝对接，避免因衔接不畅而导致脱管、漏管问题的发生，同时也是为了提高社区矫正适用的准确性，以增加社区的安全性，避免因社区矫正对象的到来而给社区带来不良影响与不安定因素，所以在拟适用非监禁刑的被告人或罪犯进入社区矫正前，由社区矫正决定机关委托社区矫正机构或者有关社会组织对其进行拟适用社区矫正的调查评估，并将调查评估的情况作为是否适用社区矫正的参考依据。

《社区矫正法》第18条规定，社区矫正决定机关根据需要，可以委托社区矫正机构或者有关社会组织对被告人或者罪犯的社会危险性和对所居住社区的影响，进行调查评估，提出意见，供决定社区矫正时参考。居民委员会、村民委员会等组织应当提供必要的协助。

2.社区矫正对象的交付接收

社区矫正对象的交付接收是社区矫正对象真正进入社区矫正的第一个工作流程，也是十分重要的一个工作流程。只有准确无误地完成了接收工作，社区矫正对象才能顺利地进入社区矫正，社区矫正机构也才可能对其开展监督管理、教育帮扶等工作。

3.社区矫正对象的监督管理

社区矫正对象的监督管理是社区矫正的第二个工作流程，也是最能体现社区矫正刑事执行性质的一个工作流程。社区矫正机构通过监督管理完成对社区矫正对象的刑事执行任务，预防他们重新走上违法犯罪的道路。尤其是对被判处管制、被宣告缓刑的社区矫正对象发出禁止令的，社区矫正机构更应该对其加强监督管理工作。根据社区矫正对象人身危险性的不同，社区矫正机构对其采取不同的监督管理措施。监督管理主要通过日常的监督管理、考核奖惩等工作环节来完成。

4.社区矫正对象的教育帮扶

对社区矫正对象的教育帮扶是社区矫正的第三个工作流程，通过完成对社区矫正对象的认罪服法教育、思想道德教育、人生观、世界观、价值观教育，文化知识教育，心理健康教育、刑事政策教育等，以转变其错误的或偏执的认知，消除其心理问题或心理障碍，改变其不良行为习惯，提高适应社会的能力，从而帮助其顺利回归社会。教育矫正包括日常教育矫正、心理矫正、个案矫正等。通过帮扶解决社区矫正对象的困难，使其尽快融入社会，顺利完成矫正。

5.社区矫正的解除与终止

社区矫正的解除与终止是社区矫正工作的第四个工作流程，也是最后一个工作流程。当社区矫正对象矫正期满时，社区矫正机构就必须为其办理解除矫正的手续。当社区矫正对象出现矫正终止的条件时，社区矫正机构也必须按程序终止其社区矫正。

6. 社区矫正与安置帮教工作的衔接

社区矫正与安置帮教工作的衔接，是社区矫正工作的向后延伸，目的是巩固社区矫正成果，遵免或预防解除矫正的社区矫正对象因生活困难或其他因素的影响而再次走上违法犯罪的道路。所以，在社区矫正对象办理解除矫正手续后，立即将其交付安置帮教部门，继续对其开展帮助，实现社区矫正与安置帮教的无缝对接。从实践中看，这种做法取得了较好的法律效果和社会效果。

在社区矫正的整个工作流程中，从始至终贯穿着一个必不可少的工作环节，那就是对即将或已经进入社区矫正的被告人或罪犯所开展的危险评估工作。通过危险评估，可以提前预测被告人或罪犯的人身危险性或再犯可能性，从而为拟适用非监禁刑的被告人或罪犯进入社区矫正提供参考依据，为已经进入社区矫正的人员制定有针对性的监督管理、教育帮扶措施提供依据，也为解除矫正后是否成为安置帮教的重点关注对象提供依据。

第五节　未成年社区矫正

对未成年人开展社区矫正不仅避免了犯罪标签的负面效应，减少了狱内交叉感染，还可以为未成年犯创造一个宽松的环境以矫正其犯罪心理和行为恶习，使未成年犯在与社会的密切接触中，不再排斥社会、仇视社会，这对于预防未成年人重新犯罪，使其顺利回归社会具有重要的作用。

党的二十大报告指出："以良法促进发展、保障善治。"未成年人是祖国的希望和未来，必须"加强和改进未成年人思想道德建设。"对未成年犯适用社区矫正，要充分体现"教育、感化、挽救"的方针。

为了进一步落实对未成年犯罪人的保护，加大社区矫正的落实，2017 年 1 月 1 日施行的我国《最高人民法院关于办理减刑、假释案件具体应用法律的规定》第 26 条规定，犯罪时未满 18 周岁的罪犯适用假释时可以依法从宽掌握。

由于未成年社区矫正对象在个性特征、认识特征、情感特征、意志特征等方面具有不同于成年人的特点，从保护未成年人的角度出发，对进入社区矫正的未成年犯必须予以特别的规定，以保证未成年人社区矫正的顺利开展。

我国对未成年罪犯的教育矫正历来贯彻教育、感化、挽救的工作方针，坚持教育为主、惩罚为辅的工作理念。加强对未成年社区矫正对象的教育帮扶，促使其顺利融入社会，已经成为社会各界的共识，得到了政府和社会的重视。许多地方把对未成年犯的社区矫正工作列为重点项目，搭建起专门的工作平台，采用"1+3+1+1"模式推动这项工作的开展，即由社区矫正专职工作者，关心下一代工作委员会、共青团、教育部门，未成年社区矫正对象的家庭及亲友，其他热心社区矫正事业的部门单位和个人，共同组成教育帮扶组织，对未成年社区矫正对象进行教育矫正。如北京市司法局将加强对未成年社区矫正对象的管理服务作为一项重要课题，积极发挥矫正帮教协调委作用，公、检、法、司、民政、共青团、教育等多个部门齐抓共管，有效促进未成年社区矫正对象健康成长和融入社会。浙江省由省综治办、省法院、省检察院、省公安厅、省司法厅和团省委等10家单位在全省启动实施了以未成年人社区矫正工作为重点的"社区矫正阳光志愿者行动"，省、市、县三级成立了"社区矫正阳光志愿者"总队、支队和大队，共同做好未成年人社区矫正工作。广州市在当地党委、政府的支持下，由司法局牵头，建立了未成年人社区矫正工作平台——尚善矫正中心，除了政府多部门合作外，广泛引进社会力量，提高对未成年社区矫正对象的教育矫正质量，取得了良好的效果。从总体上看，为未成年社区矫正对象提供特色服务和全新关怀，成为各地做好未成年人社区矫正工作的重要内容。

《社区矫正法》第七章用专章对未成年社区矫正作了特别规定。

《社区矫正法》第52条规定："社区矫正机构应当根据未成年社区矫正对象的年龄、心理特点、发育需要、成长经历、犯罪原因、家庭监护教育条件等情况，采取针对性的矫正措施。社区矫正机构为未成年社区矫正对象确定矫正小组，应当吸收熟悉未成年人身心特点的人员参加。对未成年人的社区矫正，应当与成年人分别进行。"

第 53 条规定："未成年社区矫正对象的监护人应当履行监护责任，承担抚养、管教等义务。监护人怠于履行监护职责的，社区矫正机构应当督促、教育其履行监护责任。监护人拒不履行监护职责的，通知有关部门依法作出处理。"

第 54 条规定："社区矫正机构工作人员和其他依法参与社区矫正工作的人员对履行职责过程中获得的未成年人身份信息应当予以保密。除司法机关办案需要或者有关单位根据国家规定查询外，未成年社区矫正对象的档案信息不得提供给任何单位或者个人。依法进行查询的单位，应当对获得的信息予以保密。"

第 55 条规定："对未完成义务教育的未成年社区矫正对象，社区矫正机构应当通知并配合教育部门为其完成义务教育提供条件。未成年社区矫正对象的监护人应当依法保证其按时入学接受并完成义务教育。年满十六周岁的社区矫正对象有就业意愿的，社区矫正机构可以协调有关部门和单位为其提供职业技能培训，给予就业指导和帮助。"

第 56 条规定："共产主义青年团、妇女联合会、未成年人保护组织应当依法协助社区矫正机构做好未成年人社区矫正工作。国家鼓励其他未成年人相关社会组织参与未成年人社区矫正工作，依法给予政策支持。"

第 57 条规定："未成年社区矫正对象在复学、升学、就业等方面依法享有与其他未成年人同等的权利，任何单位和个人不得歧视。有歧视行为的，应当由教育、人力资源和社会保障等部门依法作出处理。"

第 58 条规定："未成年社区矫正对象在社区矫正期间年满十八周岁的，继续按照未成年人社区矫正有关规定执行。"

《社区矫正法实施办法》第 55 条规定，"社区矫正机构、受委托的司法所应当根据未成年社区矫正对象的年龄、心理特点、发育需要、成长经历、犯罪原因、家庭监护教育条件等情况，制定适应未成年人特点的矫正方案，采取有益于其身心健康发展、融入正常社会生活的矫正措施。

社区矫正机构、司法所对未成年社区矫正对象的相关信息应当保密。对未成年社区矫正对象的考核奖惩和宣告不公开进行。对未成年社区矫正对象进行宣告或者处罚时，应通知其监护人到场。

社区矫正机构、司法所应当选任熟悉未成年人身心特点，具有法律、教育、心理等专业知识的人员负责未成年人社区矫正工作，并通过加强培训、管理，提高专业化水平。"

贯彻落实好《社区矫正法》对未成年人社区矫正工作的要求，要注意把握以下几个方面：

（1）在适用社区矫正前的调查评估过程中，注意从有利于未成年人接受矫正、有利于其成长的角度，作出调查评估报告。

（2）社区矫正机构要会同有关学校、单位、未成年社区矫正对象家庭建立监督帮教小组，共同关心帮助未成年社区矫正对象。

（3）要注重加强对其思想道德、法制教育，增强其法制观念，树立正确的人生目标。

（4）要注重运用适合未成年人特点的方式方法实施教育矫正。

（5）要注重对其心理健康教育，特别要发挥心理矫正的积极作用。

（6）要提高对其帮扶措施的针对性和有效性，尤其是要充分运用好有关政策，协调解决其就学、就业方面的问题。

（7）要注意培养、设置专门人员从事未成年人社区矫正工作，提高管理教育水平。

（8）要贯彻落实刑事诉讼法、未成年人保护法、预防未成年人犯罪法的有关要求。

在实践中，各地结合未成年人的心理和生理特点，探索专门适合未成年矫正对象的方法和策略。比如针对参与社区矫正的未成年人，山东省潍坊市奎文区人民检察院采取了"一室一课一志愿"立体全方位的帮扶模式。"一室"是该院设立的"未检工作室"。该院由本院有爱心、了解未成年人心理特点、具有一定未成年人案件办理经验的干警组成"未检工作小组"，并专门开辟了一间办公室，将其设为"未检工作室"，由"专人专室"办理涉及未成年人的刑事案件及相关工作。该工作室将积极探索"捕、诉、防"三位一体的办案模式，除审查批捕、审查起诉本辖区未成年人刑事案件以外，还将探索未成年人权益保护的新途径，切实保障未成年犯罪嫌疑人、被告人及未成年被害人、证人及监外执行未成年服刑人员的合法权益。"一课"是该院的检察干警们专门为未成年人开设的"普法课堂"。检察干警们从最基本的法律知识讲起，帮助他们提高自身的法律意识，及时解答他们法律方面的各种疑惑。普法课堂会根据未成年人的不同情况，对于在校未成年人，干警们会定期组织安排到学校、社区等固定地点授课，并组织谈心会，及时了解未成年人的心理动态及生活困难，力所能及地帮助他们。针对已经触犯刑法、参与社区矫正的未成年人，干警们则会到家中看望，了解情况，普及法律知识，尽量减轻参与社区矫正未成年人的心理负担。对于已经成年、改过自新的，则会尽量为他们介绍合适的工作，或推荐他们参加合适的培训，使他们尽快重新融入社会。"一志愿"是指该院与团区委、区关工委、区文明办、区教育局、区司法局等部门，联合制定出台了《关于在未成年刑事案件中试行帮教志愿者制度的意见》，招募帮教志愿者，从思想引导、心理疏导、法律服务、文化教育、就业导航、困难帮扶等方面，切实维护刑事诉讼中未成年人的合法权益，整合社会力量共同参与涉案未成年人的司法保护和帮教工作。帮教志愿者们通过在刑事诉讼过程中及时对未成年人进行心理疏导与法律援助；案后对未成年人进行回访观护，跟踪帮教；配合检察机关，采取讲课、报告、座谈会等形式，到学校街道等未成年人较为集中的地方进行法制宣传等方式参与刑事案件涉案未成年人的帮扶工作。

在未成年社区矫正工作中，除了一些政策支持外，还要注意做好以下几个方面：

（1）做好个别化矫正。通过上门走访未成年矫正对象的亲人、邻居，查阅相关案卷等方式，了解掌握未成年社区矫正对象的犯罪原因、心理特点及性格特点，量身制订有针对性的详细矫正帮教方案，做到有"案"可依，有"法"可循。如河北省邢台市司法局与团市委合作，采取政府购买服务的方式，依托社会组织，在全市范围内，对未成年矫正对象开展了"彩虹计划"的个别化矫正工作，取得了非常好的效果。

（2）实施分类别管理。根据未成年社区矫正对象自身特点制定科学合理的矫正方案，把未成年矫正对象与成年矫正对象区分管理，单独开展社区服务和教育学习。及时了解矫正对象的工作学习及生活情况，分析其思想动态。

（3）调动社会力量。邀请社区民警、社区治安员对未成年社区矫正对象以正面教育感化的方式，进行家庭走访。引导他们主动认清自身问题，切实分清善恶，自觉遵守法律法规，服从管理。

（4）加强心理矫正。针对未成年社区矫正对象思想不够成熟、情绪不稳定、自尊心强等特点，及时开展心理辅导，对他们的优点进步及时予以表扬和鼓励，对其缺点和错误作出善意提醒和有效制止，从而帮助其树立正确的世界观、人生观、价值观。

（5）加强对未成年人的隐私保护。在开展社区矫正日常管理工作中，注重保护未成年社区矫正对象的个人隐私和名誉，不泄露相关信息，让未成年矫正对象融入正常的生活、学习和工作中。

（6）做好关爱督促。对于家庭困难的未成年社区矫正对象，与民政部门联合制定帮助计划，定期上门走访慰问，帮助其解决生活和家庭中的问题。对就业有困难的未成年人，积极联系劳动部门，组织其参加相关技能培训，提高就业能力。对就学困难的未成年人，积极与其亲人和教育部门联系，为他们顺利上学提供帮助。

【课堂活动 1 -1】

案例 1 -2

赵某，男，1982 年 10 月出生，户籍地为四川省宜宾市屏山县某乡，居住地为四川省宜宾市屏山县屏山镇某村。2015 年 4 月，赵某因犯故意伤害罪被浙江省温州市瓯海区人民法院判处有期徒刑 5 年 3 个月，后于 2019 年 2 月，被浙江省杭州市中级人民法院裁定准予假释。2019 年 3 月 15 日，赵某到屏山县司法局社区矫正机构报到，接受社区矫正，矫正期限自 2019 年 3 月 7 日至 2020 年 3 月 6 日。屏山县社区矫正机构接收赵某后，委托屏山司法所对赵某开展具体的监督管理与教育帮扶工作。

请根据该案例以及所学内容，讨论以下问题：

1. 为社区矫正对象赵某执行社区矫正的机关是哪个机关？

2. 在实施社区矫正期间，如果有社区矫正执行机关解决不了的或难以协调的问题，应该上报哪个部门？

3. 赵某在监狱服刑期间，因改造表现好而被假释，请问由哪个机关提出假释的建议，由哪个机关裁定假释？

　　4. 社区矫正工作由哪个部门负责法律监督？

【课堂活动 1 - 2】

　　请讨论：

　　1. 社区矫正工作为什么要坚持党的领导？

　　2. 对未成年社区矫正对象应如何开展社区矫正工作？

【思考题】

　　1. 社区矫正机构与司法局应该是一种什么关系？

　　2. 社区矫正与监禁矫正相比有哪些优势？

拓展　学习

国外未成年人社区矫正制度[1]

　　目前，世界上大多数国家都已开展未成年人社区矫正，并取得了巨大成功：

　　1. 英国。根据未成年人社区矫正工作的特点，设立了全国未成年人司法委员会，该委员会属于非政府组织，由负责缓刑的公务员、警察、教师和卫生部门的人员组成，主要工作是负责未成年犯社区矫正的适用、沟通和协调。该委员会工作人员由当地具有一定知识和相应社会地位的人员组成。在英国获得这种工作职位是一种荣誉的象征，因此愿意从事此项工作的人员为数不少，其中值得一提的是英国的社区矫正职员有一半以上是大学生。

　　2. 德国。一些民间协会和社会义工也往往接受委托协助进行青少年教育矫正工作。他们对青少年提供一些社会性课程和训练计划，教育其如何自我帮助、自我调节、自我发展及与他人建立良好的合作关系等。如黑森州哈瑙家庭和青年人帮助协会就是这样一个民间社团，由于他们工作绩效显著，市

─────────────

〔1〕　张建明、吴艳华主编：《社区矫正实务》，中国政法大学出版社 2021 年版，第 76 页。

政府按照每个少年犯 800 欧元的标准对其进行补助。

3. 澳大利亚。青少年犯罪预防与矫正研究一：澳大利亚关于青少年犯罪的立法。澳大利亚是联邦制国家，分为 6 个州和 2 个地区。在刑事司法程序中，针对儿童的主要立法有：1987 年《儿童法》和 1997 年《少年罪犯法》。1997 年《少年罪犯法》的实施是 20 世纪澳大利亚少年司法重大的发展。它建立了一个在可能的情况下，用警告、训诫和司法会议的方式，将少年罪犯从正式的司法程序中转移的方案。根据澳大利亚《刑事诉讼法》第六节的规定，在法律面前，儿童享有和成人平等的权利和自由。在做出影响他们的决定的过程中，他们有权参与并发表意见；儿童应为他们的行为承担责任，但鉴于他们的依赖性和尚未成熟，他们需要指导和帮助；对儿童犯罪判处的惩罚不应大于对犯同样罪行的成人的惩罚，并且可取的是，犯罪儿童为其行为负责，在可能的情况下，为其行为做出赔偿。澳大利亚《少年罪犯法》第七节和第八节规定的主要原则，确保对被指控犯罪的儿童处以最低限制形式的制裁；被指控犯罪的儿童有权被告知获得法律咨询的权利，并且有机会得到咨询；若存在处理该事件的适当替代方法，可不对儿童提起刑事诉讼；认为家长对儿童发展负有主要责任（包括在司法程序中），并且对可能被卷入的犯罪、取得的进展、对其采取的行动，受害者有知情权。[1]

澳大利亚青少年犯罪预防与矫正研究二：警察在青少年犯罪预防与矫正中的作用。在澳大利亚，对青少年犯罪进行预防通常由警察负责。主要是：①加强与学校合作，防止学生逃课。②到学校举办预防犯罪的讲座。③编写预防青少年犯罪的宣传资料和教材。④不定期地组织不同社区的青少年进行思想、生活交流。专司青少年保护的警官，一年中必须有 1/4 的时间去学校、社区进行法制宣传、辅导教育和联系工作。此外，对轻微犯罪的青少年，警察可以单独对其进行实体处理，以此作为在轻微犯罪青少年进入刑事诉讼程序前的转移处理的方法。这是针对青少年心理、生理发展的特点，考虑到如何更好地对青少年罪犯重新犯罪的预防而采取的策略。根据 1997 年的《少年

---

〔1〕 ［澳］马克·玛瑞恩："澳大利亚少年司法系统和新南威尔士州少年司法的新趋势"，载《青少年犯罪问题》2009 年第 4 期。

罪犯法》的规定：①对在街头犯罪的青少年，警察可以口头警告。②对犯轻罪的青少年罪犯，警察可以给予严重警告。实施该处罚时，应通知其家长一起来警察局，首先，让青少年罪犯自己讲述犯罪的经过；其次，让其讲述犯罪时有无考虑过事后会给家长造成什么影响；再次，若有被害人的，则要求其必须给被害人写封道歉信，以求得被害人的谅解；最后，要求其讲明今后如何改正，使自己的行为变得好起来。③对初犯重罪的青少年罪犯，警察可以将其移交州青少年犯罪协商会处理。依据1998年推行的青少年犯罪法律，对于被控较轻罪名的未成年罪犯，警方可能取代法庭，向未成年罪犯发出警告、告诫或要求其出席少年犯司法审判会。警告适用于轻微的罪行。假如未成年人遭受警告，警方将不会记录其名字并不留案底。告诫通常在涉嫌犯罪的未成年人被捕后一段时间内在警署内进行。当他们承认犯罪时，他们可能会被告诫，案件就不会再交由法庭处理。在告诫程序进行时家长一般可以在场。告诫是一个严肃的程序，但当告诫程序完毕后，该未成年人不会遭受其他处理。[1]

澳大利亚青少年犯罪预防与矫正研究三：儿童法院在青少年犯罪预防与矫正中的作用。在澳大利亚的刑事司法中有两套平行运行的司法系统，即针对青少年犯罪的司法系统和成年人犯罪的司法系统。涉及青少年的犯罪在澳大利亚一般是由儿童法院审理的。但是，儿童法院也可将其认为某些严重的青少年犯罪案件移交普通法院审理。澳大利亚每个州都有单独的儿童法院。儿童法院一般分为家庭分院和刑事分院。家庭分院受理以下申请：为处于危险情况下的儿童和青少年的保护和照管申请相应的命令。刑事分院主要审理不满18周岁的青少年的犯罪。这就需要地方法官在处理未成年人事务方面有专业的技能，同时也需要将未成年犯罪人与成年刑事犯罪者分开。儿童法院在实现新南威尔士州少年司法的各项目标方面发挥了核心作用，其审判权限延伸至严重和复杂的案件。儿童法院比地方法院或地区法院的权限更广泛。地区法院通常处理成年犯罪，然而，有时严重的儿童刑事案件会在地区法院或最高法院审理。关于普通法院审理青少年犯罪案件的情形，澳大利亚学者

---

〔1〕 叶青、王超："试论澳大利亚少年刑事司法的最新发展——兼与我国少年刑事司法之比较"，载《青少年犯罪问题》2001年第6期。

指出：在某些情况下，一个儿童法院法官可以决定将此案提交地区法院。通常在这种案例中，该未成年人有过多种犯罪记录，法官认为对该犯罪者合适的惩罚已经超出了儿童法庭的量刑范围（通常是 2 年或 2 年以下的羁押或"控制令"）。由此可见，作为对青少年罪犯进行矫正与重新犯罪预防的前置程序，澳大利亚在司法程序的入口上就根据青少年的特点做了分流处理，这样可以切实避免将青少年投入普通刑事程序给青少年身心健康造成的负面影响，这也更有利于针对青少年犯罪的特点对青少年罪犯进行教育矫正与犯罪预防。[1]

4. 俄罗斯。自 20 世纪 90 年代以来，俄罗斯制定了一系列刑事法律制度，形成了以《俄罗斯刑事执行法典》为中心，辅之以配套法规的社区矫正法治体系。据 2012 年 10 月统计，俄罗斯有 2459 个社区矫正执行机关担负着对占所有罪犯 2/5，共计 47.14 万被判处非监禁刑的罪犯进行管理和矫正工作。俄罗斯的社区矫正制度有以下特点：

（1）垂直管理体制及其经费保障机制

俄罗斯社区矫正的管理机关包括：既直属联邦总统领导又隶属于联邦政府的司法部刑罚执行总局下设的非监禁刑罚执行司；各联邦主体下设的非监禁刑罚执行管理处，对辖区内的社区矫正工作进行统一管理和协调；其社区矫正的执行机关是由隶属于上级社区矫正管理机构的刑事执行监察机关，专门负责包括社区矫正在内的非监禁刑罚执行的具体事务。俄罗斯垂直管理的社区矫正组织管理体制背后是与之相适应的经费保障机制，即与监禁刑经费一样，由俄罗斯司法部刑事执行总局保障社区矫正管理和执行机关的工作经费。

（2）社区矫正机关主导、社会共同参与

社区矫正机关依法定职权在对社区罪犯的组织管理、刑事执行工作中发挥着主导作用。相关政府机构和社会组织，则依照法律规定的职责要求共同参与社区矫正工作。如地方政府依照法定职责要为限制自由刑的执行提供相应的便利条件。罪犯居住地的相关组织、工作单位依法定职责就罪犯遵守相

---

〔1〕［澳］马克·玛瑞恩："澳大利亚少年司法系统和新南威尔士州少年司法的新趋势"，载《青少年犯罪问题》2009 年第 4 期。

应自由限制的状况进行监督并向社区矫正机关及时报告相关异常情况，而后由社区矫正机关依法对相应状况及时做出处置。

（3）独具特色的社区矫正管理队伍

社区矫正执法人员在大多数国家属于普通公职人员序列。而在俄罗斯，包括社区矫正机关在内的整个刑事执行机关工作人员都属于警察序列，而且授予军衔。社区矫正管理人员享有警察待遇及其相应的职权。

（4）刑罚替代转处机制

《俄罗斯刑事执行法典》中，既设立了剥夺自由刑与较轻刑罚之间的替代转处，如表现良好的被处刑人员在实际履行法定部分的刑期后，可以提出申请以较轻刑罚类别替代其未履行完毕的部分刑罚；又设立了限制自由刑与剥夺自由刑的转处，如对蓄意违反管制规定的人以拘役刑甚至短期有期徒刑来替代。对破坏行刑程序或蓄意逃避义务性劳动刑、罚金刑、矫正性劳动刑的罪犯，社区矫正机关可以向法院提请变更为其他更重的刑罚类别。刑罚替代转处机制的建立，既激励表现良好的罪犯积极矫正，又有力保证了社区矫正刑罚执行的强制性和权威性。

俄罗斯的刑罚替代转处机制对我国社区矫正实践有借鉴意义，如针对实践中存在的管制犯不履行法定义务，无法像缓刑、假释犯那样有收监执行作为"杀手锏"，依据现有法律规定，管制罪犯被治安拘留期满或者被采取刑事强制措施后被释放或者被免于起诉的，没有任何后续的惩戒措施，非常不利于对管制罪犯的监管。我们认为，可以借鉴俄罗斯的刑罚替代转处机制，即如果恶意逃避法律制裁、拒不履行有关义务，可以撤销管制易科拘役的处罚，使管制的执行保持必要的张力，督促管制犯积极遵守和履行法定的规则和义务，保证行刑效果。[1]

---

〔1〕　肖乾利、熊启然：《社区矫正基本问题研究》，法律出版社 2022 年版，第 51～53 页。

第二章

社区矫正的历史演变

知识目标：掌握社区矫正历史演变的相关知识。

能力目标：具备贯彻"以人为本"的人道主义精神和"宽严相济"的刑事司法政策的能力。

素质目标：爱党爱国情怀、勇于担当、善于创新的改革意识和工作态度。

知识树

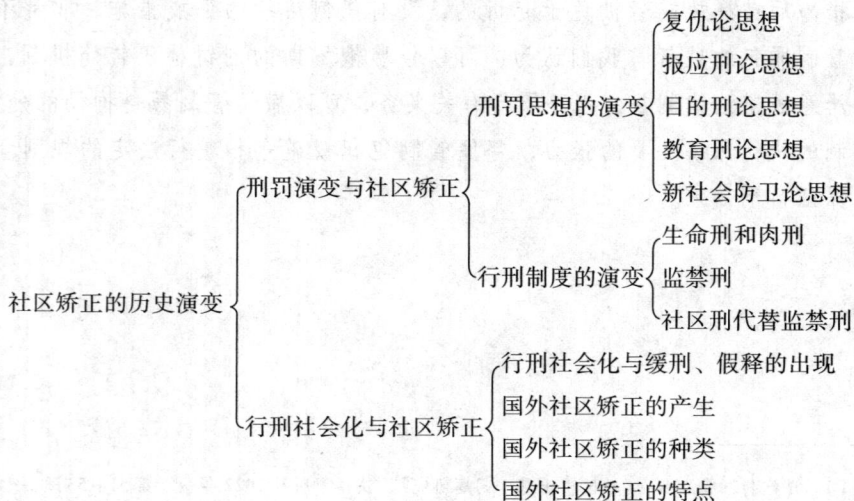

社区矫正的历史演变 ｛ 中国社区矫正的历史 ｛ 社区矫正的萌芽／社区矫正产生的背景／社区矫正的探索与实践

🔍 **案例 2-1**

2017 年 11 月 1 日凌晨，张某酒后开车回家途中撞上一辆停在路边的人力三轮车，致三轮车主擦伤。经查，张某血液中酒精含量为 139 毫克/100 毫升，属醉酒驾驶，负事故全部责任，应承担刑事责任。浙江省瑞安市人民检察院审查案件后认为：张某犯罪情节轻微，且在肇事后立即将三轮车主送往医院治疗，主动赔偿经济损失，认罪、悔罪态度好。根据最高人民法院 2017 年 5 月下发的相关文件，以及浙江省高级人民法院、浙江省人民检察院和浙江省公安厅印发的《关于办理"醉驾"案件的会议纪要》，在张某自愿完成 30 小时社会服务后，检察院对其作出不起诉决定。[1]

完成一定时限的社会服务，并在服务期间能遵纪守法，认罪悔罪，检察院可以对其作出不起诉的决定，这种做法源于西方国家的社区矫正制度。这种制度，是世界各国不断进行刑罚制度改革的产物，它倡导矫正帮助犯罪人比报应惩罚犯罪人具有更重要的价值理念；它主张量刑过程中犯罪人因素比犯罪本身更应受到注意的重要思想。由于社区矫正制度内涵丰富，形式多样，作用彰显，意义深远，因此，目前社区矫正制度在世界范围内得到广泛采用，并被称为刑罚制度中的革命性创新。社区矫正制度的产生和发展，是人类漫长的历史长河中犯罪与刑罚之间关系不断演变的结果。

自 2003 年我国社区矫正试点以来，社区矫正制度发展迅速，2019 年 12 月 28 日全国人民代表大会常务委员会通过《社区矫正法》，该法自 2020 年 7 月 1 日起施行，这对于推进和规范社区矫正工作，保障刑事判决、刑事裁定和暂予监外执行决定的正确执行，提高教育矫正质量，促进社区矫正对象顺利融入社会，预防和减少犯罪，具有重要意义。

---

〔1〕 彭波："嫌疑人完成 30 小时社区服务后，浙江瑞安市检察院作出不起诉决定：醉驾，敬公益能否免刑？"，载《人民日报》2017 年 12 月 11 日，第 11 版。

第一节 刑罚演变与社区矫正

二十大报告指出："坚持和发展马克思主义，必须同中华优秀传统文化相结合。……我们必须坚定历史自信、文化自信，坚持古为今用、推陈出新，把马克思主义思想精髓同中华优秀传统文化精华贯通起来、同人民群众日用而不觉的共同价值观念融通起来，不断赋予科学理论鲜明的中国特色，不断夯实马克思主义中国化时代化的历史基础和群众基础，让马克思主义在中国牢牢扎根"。习近平法治思想的刑事法治理论是扎根于中国特色社会主义刑事法治建设实践之上，传承中华优秀传统刑事法律文化，借鉴国外刑事法治有益成果而形成的现代法治之果，是马克思主义法治理论中国化在刑事法治领域的最新成果，有着贯通古今、融汇中外的鲜明特色，彰显出时代的伟力。[1] 习近平总书记深刻指出："法治的精髓和要旨对于各国国家治理和社会治理具有普遍意义，我们要学习借鉴世界上优秀的法治文明成果"。[2] 世界各国为人类法治文明的发展做出了自己的贡献，法治文明往往是相互影响和传承的。习近平总书记高度关注世界各国的法律制度、法治理论、法治经验及其借鉴问题，要求我们在弘扬中华民族优秀传统法律文化和坚持中国特色社会主义法治道路的基础上，积极吸收借鉴世界各国的优秀法治文明成果。具体到社区矫正制度上，要立足基本国情，坚持中国特色社会主义根本政治制度、坚持党的全面领导下，吸收借鉴世界刑罚思想和行刑制度的演变过程，博采众长、贯通中外的走适合中国国情、体现自己特色的中国社区矫正发展道路。

一、刑罚思想的演变

（一）复仇论思想

复仇思想是伴随人类历史发展轨迹所形成的一种朴素的"价值观"，在中

---

〔1〕 胡云腾："习近平法治思想的刑事法治理论及其指导下的新实践"，载《法制与社会发展》2022 年 5 期。

〔2〕 习近平："加快建设社会主义法治国家"，载《求是》2015 年第 1 期。

国古代体现为"杀父之仇，不共戴天"。在早期的人类社会，人们普遍通过"私力"的方式来解决冲突，这是争端和纠纷最初的解决途径。在复仇发展的历史上，大体经历了血族复仇、血亲复仇、同态复仇等几个阶段。

1. 血族复仇

血族复仇是反抗外来侵犯最原始的形式，起源并存在于社会生产力水平极度低下的原始社会时代。当时个人只有依靠氏族集体才能维持生存，凡是伤害了个人的，就是伤害了整个氏族。血族复仇是无节制的、原始本能的自救行动，往往会导致氏族之间无限制的残暴厮杀，甚至造成整个氏族的灭绝。

2. 血亲复仇

随着人类群体组织的演进，原始部族的群婚制，逐渐向对偶婚制过渡，家族的意义凸显出来，血亲复仇也随之出现了。它是复仇主体受人类扩种本能的驱动，基于血缘关系的一种报复性行为。血亲复仇的存在更多的是基于一种文化心理的需要。一旦家庭成员被杀害，复仇变成了人们必不可少的精神需要。

3. 同态复仇

随着朴素公正意识的产生，同态复仇模式随之出现，也称为对等复仇，其也是一种暴力解决纠纷的私力救济途径，强调复仇的对等性。如古巴比伦的《汉谟拉比法典》规定，对伤害他人眼睛、折断他人骨头、击落他人牙齿的自由民，应分别处以伤害其眼、折断其骨、击落其齿的刑罚。伤眼、折骨与击齿作为刑罚，是对犯罪的同态报复，即"以血还血，以牙还牙"，但它只是一种原则，体现了刑罚的"对等性"。

（二）报应刑论思想

报应思想是人类古老的观念和社会行为准则。报应刑论就是运用报应思想来证明刑罚适用正当性的一种理论。报应刑论主张，犯罪的人对社会有一种应当偿付之债。犯罪是对犯罪人科刑的唯一原因，刑罚是犯罪的当然结果，刑罚应以其人之道还治其人之身。报应既是国家行使刑罚权的依据，也是刑罚的目的。刑罚就是对犯罪的报应。[1]报应观念在其发展过程中，经历了神

---

〔1〕　魏平雄等总主编：《中国预防犯罪通鉴》（上卷），人民法院出版社1998年版，第1179页。

意报应、道义报应与法律报应三种形态，由此构成报应理论。

1. 神意报应

神意报应是万事皆求诸神的古代社会的产物。在古代社会，人们将法律规范与自然规律相等同，并对之作出一种超自然的解释，在因果条件的基础上形成了神意报应的观念。神意报应的特点是以神意作为刑罚权的根据，由此论证刑罚的正当性。人们认为神的旨意就是报应的理由，犯罪是违反神的命令或上天的旨意，国家对犯罪人适用刑罚是秉承神意给以报应。在经过启蒙运动、资产阶级革命和政教分离运动的胜利以后，加上科学的日益发达，神意报应思想迅速瓦解，不再占据重要地位。

2. 道义报应

道义报应论为德国著名哲学家康德所主张。康德认为，人受道德法则的支配。道德法则就是自身权利不受侵害，也不侵害他人的权利。犯罪人侵犯了他人的权利，违背了道德法则，因而应受惩罚。只有经过刑罚的报应，才能恢复道德秩序。

康德的道义报应论为刑罚的内在正当性提供了理由，是一种对刑罚公正性的道德论证。其将刑罚的根据植根于现实生活之中，用道德谴责理论来解释刑罚的存在，确立犯罪的道义责任，正确揭示了道德与刑罚的关系，尤其是将其应受谴责性作为刑罚启动的前提，为罪责自负，防止刑及无辜，奠定了坚实的理论基础。

3. 法律报应

法律报应刑论由德国著名哲学家黑格尔所主张，也称等价报应论。黑格尔从法的特殊运动的视角论证了刑法的正当性。他认为，犯罪是最严重的不法，是对法的否定，而刑罚则是对这种否定的否定。这一否定之否定的过程，表现了刑罚同法律自身的调和，通过对犯罪的扬弃，法律自身又恢复了原状。黑格尔在康德的同害报复论基础上，提出刑罚应具有"适应侵害价值的相等性"，即通过犯罪和刑罚之间价值的弥补，表现在刑法上就是刑罚与具体犯罪在特定环境和时间中的特定价值，与犯罪对社会造成的危害程度是一致的。

（三）目的刑论思想

以功利主义和预防思想为基础，形成了与报应刑相对立的理论——目的刑论，目的刑论主张通过刑罚来预防犯罪、保卫社会，而不是追求抽象的社会正义理念。它认为刑罚的正当性不在于惩罚本身，而在于其所服务的目的，即预防犯罪。"为了没有犯罪而科处刑罚"是目的刑论的经典表述。目的刑论的代表人物有贝卡利亚、边沁、费尔巴哈、李斯特等。根据刑罚目的的不同，可将刑罚的目的分为一般预防和特殊预防。

一般预防就是通过刑罚的威慑和执行，预防社会上一般人实施犯罪。强调对社会秩序的保护。以贝卡利亚、边沁、费尔巴哈为代表的刑事古典学派持此主张。目的刑主义主张一般预防，把刑罚作为最重要的减少和消灭犯罪的对策。

特殊预防就是预防被科处刑罚的人再度犯罪。以龙勃罗梭、菲利、李斯特等为代表。它让人们对刑罚功能有了更科学的认识：刑罚不是万能的，不是对付犯罪的唯一方法。特殊预防论促成了人们对刑罚目的的科学认识，刑罚的真正目的应当是矫正或剥夺犯罪能力以维护社会秩序，报应和威慑是不人道的，并且无法真正实现刑罚的根本目的；还促进了刑罚的轻缓和对犯罪人的人道化、个别化处遇；并将教育、矫正理念导入到一向以恶害报应与肉体折磨为特征的行刑实践中，强调刑罚个别化、行刑处遇人道化和科学化。因此，在刑事执行中就需要建立各种适应社会化的训练和帮助项目，由此催生了许多现代刑罚制度，如累进处遇制度、缓刑制度、假释制度、保安处分制度以及不定期刑制度，这也为社区矫正制度的产生创造了有利条件。

（四）教育刑论思想

正如李斯特所言："刑罚的使命，在使犯罪人再为社会有用之一分子。"教育刑论思想即根源于此，其理论依据是："犯罪是个人原因和社会原因的产物，犯罪人是社会创造出来的病人，社会负有责任去治疗这些犯罪人。"教育刑理念强调特别预防，主张通过教育使犯罪人得到改造而复归社会，认为刑罚不是对已然之罪的报应，而是对未然之罪的防范，目的是使犯罪人将来不再犯罪。教育刑的集大成者是李斯特，他认为：传统的刑罚已经不合时宜，为了与新的目的刑论相一致，需要里里外外地重新解构传统刑罚以迎合教育刑的需要，即为了获得行刑中的教育效果，就应该依照教育的规律区别对待受刑人，并运用多样的教育手段达到使受刑人改恶从善、不致再犯的目的。

在这一理念下，刑罚的中心由行为转向行为人，科刑时根据犯罪人的不同情况实行个别化处遇。教育刑理念以行为人的危险性格作为科刑标准，容易导致主观擅断，容易为司法专横者所利用而成为侵犯人权的工具。

（五）新社会防卫论思想

"社会防卫"最早由实证主义学派代表人物菲利（Ferri）于 19 世纪末提出。二战后，在战争时期被忽视的对人的尊严的保护和对个人的尊重，引起人们的普遍关注。意大利学者格拉马蒂卡主张以"社会防卫法"取代"刑法"；要求废除犯罪、责任、刑罚等刑法基本概念，而以"反社会性""反社会性的指标及其程度"等概念来代替；认为社会防卫的终极目的是使反社会的人适应社会秩序，复归社会，而不是对他的行为加以制裁。[1]法国学者安塞尔不赞成格拉马蒂卡的观点，提出新社会防卫论与之抗衡，主张根据健全的刑事政策修改刑法，使社会防卫运动统一到刑法之中，用以保障复归社会者的自由和权利，同时主张改革现有刑罚制度，把刑罚和保安处分合并为刑事制裁的统一体系，根据具体情况选择使用刑罚或保安处分。其从刑事政策的高度，全面、系统地阐述了行刑社会化思想，使这一思想融入民主、人道和法治的现代精神，主张尽量避免使用剥夺自由刑，应当将监禁刑从正式、常用、普遍适用的刑罚方法，变成一种例外的刑罚方法，即只有在极其严重和极其少量的情况下才适用监禁刑。在新社会防卫论的影响下，非犯罪化和非刑罚化以及由此引申出来的社区矫正和行刑社会化思想，成为刑罚发展的国际性潮流。没有围墙、犯人可以自由活动的"开放式监狱"，以及让犯罪人在正常上班时间照常在社会上工作、只在周末返回监狱的"周末监狱"等半自由的监禁制度，在不少国家得以推行。假释也得到更加广泛的适用。这都为社区矫正的迅速发展，提供了肥沃的理论和实践土壤。

二、行刑制度的演变

（一）生命刑和肉刑

在人类社会的早期，刑罚制度的最大特色就是野蛮残酷。刑罚脱胎于原

---

〔1〕 马克昌主编：《近代西方刑法学说史略》，中国检察出版社 1996 年版，第 305 页。

始社会的复仇习俗，以报应刑为主。在中世纪及以前的刑罚体系中，死刑与肉刑具有举足轻重的地位，大量犯罪人都被处以死刑或肉刑，自由刑和劳役刑较少适用。中国古代的刑罚，与欧洲启蒙时代以前的刑罚一样，具体表现为死刑以及制造过度痛苦和公开运用于肉体的羞辱仪式。比如在我国夏商周时期，以墨、劓、剕、宫、大辟为主的奴隶制五刑，均属于残害人的肌肤肢体，使人终身残疾或致死的酷刑。在我国封建社会的鼎盛时期唐朝，刑罚体制进行了改革，真正走上了一条逐渐减轻刑罚的道路，并最终确立笞、杖、徒、流、死为主的封建制五刑。

在这个阶段，刑罚的基本内容就是剥夺人的生命和对人施以肉刑，并且在刑法中规定了种类繁多、极其残忍的死刑和肉刑的行刑方式。随着文艺复兴时期人们对人道、平等、自由等价值的追求，对肉刑、死刑残酷性质的认识的加深，更是由于资本主义发展时期对劳动力的需求，自由刑（监禁刑）很快就成为刑罚体系的中心。大约在 16 世纪，以自由刑为核心的刑罚体系，代替了以生命刑、肉刑为核心的刑罚体系。[1]

（二）监禁刑

在西方资产阶级革命过程中，新兴资产阶级提出了"自由、平等、博爱"的人权思想，在刑罚上提出了罪刑法定、罪刑等价、刑罚人道的三大刑法基本原则，要求废除封建社会的残酷刑罚，建立以自由刑为中心的刑罚体系。自 18 世纪末兴起的世界范围内的监狱改革运动，使监禁刑广泛取代了当时在世界各国普遍存在的死刑、肉刑以及苦役刑等，成为主要的刑罚种类。欧洲在 18 世纪将监禁刑作为刑种之一，而美国大约在 19 世纪建立了以自由刑为中心的刑罚体系。以剥夺和限制人的自由为内容的自由刑取代了肉刑和生命刑成为刑罚体系的中心。在我国，1905 年，沈家本改订《大清律例》为《大清现行刑律》，删除落后与野蛮的刑罚，同时参考西方国家的法律，制定了《大清新刑律》。此刑律的出台，废除了各封建朝代一直沿用的酷刑，还将原有的刑罚改为死刑、无期徒刑、有期徒刑、拘留、罚金五种。自此以后，我国的刑罚与世界各国的刑罚种类大体划一。

---

〔1〕　王琪：《社区矫正研究》，知识产权出版社 2007 年版，第 33～34 页。

（三）社区刑代替监禁刑

随着监禁刑的广泛推广和使用，人们开始发现短期监禁刑存在很多弊端：短期监禁刑不具有威慑作用，也不具有改造功能，却能使犯罪人受到传染。监狱会损害犯罪人的心理、削弱犯罪人的人格、导致犯罪人释放后不能适应社会环境。监禁刑不符合人道精神，监禁不可能使犯罪人过守法的生活，也不可能减少犯罪率和重犯率。

短期监禁刑存在的诸多弊端，促使美国、欧盟和联合国等积极推动在"狱外"或"不用监狱"来矫正犯罪人，欧洲各国纷纷在实践和理论上创立和设计监禁刑的替代措施，联合国也号召各国积极推行监禁刑的替代措施。在刑事实证学派和社会防卫论的影响下，各国针对监禁刑进行了一系列的改革，大量适用非监禁刑，使其占据了主导地位。大约从20世纪六七十年代开始，刑事立法和司法实践中逐步采用缓刑、假释、社区矫正等非监禁刑措施。有统计数据显示，2000年时，世界上主要发达国家对罪犯适用缓刑和假释的比例达到全部被判处刑罚者的70%以上。

第二节　行刑社会化与社区矫正

二十大报告中指出："加强重点领域、新兴领域、涉外领域立法，统筹推进国内法治和涉外法治，以良法促进发展、保障善治"。我国社区矫正制度的构建必须坚持中国特色社会主义法治道路，形成符合社会发展要求、助推刑事司法公正的学科体系。要实现中国社区矫正的自主化、本土化，并不意味着要排斥国外合理的社区矫正实践成果，西方国家对社区矫正有着二百多年的规范发展历史，作为研究社区矫正的"后来者"，我们应充分认识到自身理论的先天不足，进而结合我国国情，有选择地接受国外社区矫正理论共识，仔细甄别国外社区矫正的运行体制和我国社区矫正语境的兼容性，借鉴其合理成分，从而构建具有中国特色社会主义社区矫正体系。

一、行刑社会化与缓刑、假释的出现

行刑社会化是指为了避免和克服监禁刑存在的某些弊端，使刑事执行服

务于犯罪人再社会化的目标，慎用监禁刑，尽量使犯罪人在社会上得到教育矫正。同时，对于罪行较重、有必要进行监禁的犯罪人，应使其尽可能多地接触社会，并使社会最大限度地参与到犯罪人矫正中来，从而使刑事执行与社会发展保持同步，为犯罪人顺利回归社会创造条件。首先被广泛适用的监禁刑的替代刑措施是罚金刑，随后缓刑、假释等也陆续在世界各国被广泛运用。

假释是对在监狱或者看守所服刑的罪犯有条件释放的一种刑罚适用方法。关于假释的起源，学界有不同的看法，人们较普遍地认为其产生于1790年英属殖民地澳大利亚新南威尔士州州长菲利普（conditional pardon）的大胆尝试。菲利普对因犯罪而从英国流放过来的罪犯，根据英国政府的授权，择其中表现好的，予以免除其刑期的一部分而采取提前释放的做法，令其回归社会。此办法一出台，监狱秩序迅速得以稳定，监管效果十分理想。英国废止流放制度后，假释制度先后被英国本土和爱尔兰采用，形成十分完备的"爱尔兰假释制度"，被西方各国所仿效。美国于1869年将爱尔兰的假释制度正式纳入法规中，制定了假释法。由此确立了近代的假释制度。

关于缓刑，国外学术界较广泛地认为，美国波士顿鞋匠约翰·奥古斯塔作为世界上第一个缓刑志愿者，自愿保释犯罪的酗酒者，保证在狱外帮助其改过自新，最终法官决定免除其刑罚。奥古斯塔帮助、教育了数千名流浪少年和成年人，他对现代缓刑制度的建立有着重要的贡献，被誉为"缓刑之父"，并为现代社区矫正制度开启了社会志愿者参与的先河。由于缓刑制度的人道性与高成功率，并且提供了一种不予监禁关押的利用社区力量帮助罪犯的崭新的矫正形式，因而受到世界各国司法界的普遍欢迎。迄今为止，缓刑制度几乎被世界上所有国家采用。假释、缓刑的实行为社区矫正提供了实践经验。

二、国外社区矫正的产生

社区矫正起源于西方国家，是西方监狱变革的替代措施之一。社区矫正的做法及若干矫正种类的起源，可以追溯到18世纪末关于假释、缓刑的先期实践探索。社区矫正的萌芽期是19世纪40年代至19世纪末期，此时的社区矫正仅是行刑实践探索的"矫正措施"。而社区矫正的前身在国外被称为"社区治疗",于 20 世纪 30 年代至 50 年代在欧美等国家兴起,它是对犯罪人在社区内进行矫正与医疗的一种方法,属于"医疗模式"的一种矫正形式,强调将罪犯视为病人,对其进行行为矫正和生理治疗。它包括身体治疗和心理治疗两个方面,然而这种矫治方法过多地强调犯罪人生物方面的原因和表现,忽视了社会方面的作用,不免失之片面,因此其对于减少重新犯罪的效果微乎其微,但却为后人积累了宝贵的经验和教训。

现代社区矫正观念源于二战结束之初对退伍军人的心理辅导,当时西方国家有许多老兵在退役后遭受社会不适应之困扰,为协助他们完成由军旅生活向社会生活的过渡,一些社会团体和志愿人员专为老兵提供各种心理咨询与治疗,成效显著,司法部门受此启发,主张将此种做法引入刑事司法体系。[1]此后社区矫正制度日趋完善,成为西方国家矫正罪犯的首选方案。

二战后,欧美国家犯罪日益增多,监狱人满为患,累犯现象普遍,监禁刑尤其是短期监禁刑暴露的问题日益严重,行刑社会化的潮流势不可挡。基于回归社会、预防犯罪、减少行刑成本、提高刑罚效益的理论与实践,现代意义的"社区矫正"概念便应运而生,社区矫正模式逐渐形成。

社区矫正的正式提法与制度的建构和兴盛是在 20 世纪的六七十年代,被国外理论界称为刑事执行的"回归社会模式"或"社区矫正模式",其宗旨在于避免罪犯因隔离监禁导致其对社会的不适应,能不剥夺自由刑的,应尽量不采用剥夺自由的惩治方法。它不仅要求在立法与司法上尽可能地减少传统自由刑的规定与适用,而且更强调在自由刑行刑过程中改变自由刑的本来面目,以社会和社区作为教育、矫正罪犯的背景与场所,减少刑罚执行的成本,争取最好的行刑效果。[2]

三、国外社区矫正的种类

西方发达国家的社区矫正(community correction)是一个内涵丰富、外延

---

〔1〕 冯卫国:《行刑社会化研究——开放社会中的刑罚趋向》,北京大学出版社 2003 年版,第178 页。

〔2〕 王顺安:"社区矫正理论研究",中国政法大学 2007 年博士学位论文。

广泛的概念。它不仅包括社区服务令，还包括更为丰富的内容，总体观之，西方发达国家的社区矫正制度包含以下内容：

①审前转处（pretrial diversion 或 conversion of preventive custody）。审前转处是指在法律禁止的行为发生以后、审判之前进行的，由检察官作出对犯罪嫌疑人适用转处项目的决定，只要符合条件的犯罪嫌疑人参加一个转处项目并成功地完成，法院将不再判处其监禁刑。

②缓刑（probation）。缓刑分为两种，一种称缓期宣告制，指法院经审判确定被告人的行为构成犯罪后，暂不作有罪宣告，而在一定期限内交有关机关对被告人进行监督考验，视被告人是否遵守所规定的条件再决定是否作有罪宣告；另一种称缓期执行制（suspended sentences of imprisonment），指法院经审判确定被告人的行为构成犯罪后，作有罪宣告且宣告刑罚，但附一定条件而不执行原判刑罚。

③假释（parole）。假释指犯罪人在其所判刑期届满以前有条件地被释放出狱，并在狱外服完余刑的行刑制度。假释犯在出狱后被置于有关机关的监督之下，如果违反监督条件，则撤销假释，重回监狱继续服刑。

④社区服务令。一般而言，社区服务令的适用对象是被判处 6 个月以下监禁的被告人，或者部分被判处缓刑的被告人，[1]判处社区服务令，必须征得被告人同意；社区服务的时间必须在社区服务令中明确规定，从 40 小时～240 小时不等。

⑤宵禁（curfew）。宵禁指限定犯罪人在宵禁令指定的时间段里，必须待在特定地方，如家中或学校，或者不得进入酒吧、舞厅等特定场所。

⑥工作释放（work release）。工作释放是指让即将释放出狱的犯罪人白天到监狱外工作，晚上回监狱过夜。这有利于犯罪人顺利过渡到自由的社会生活。

⑦家庭拘禁，也称电子拘禁。犯罪人不需要去监狱服刑，而是待在自己家中服刑。但服刑期间，犯罪人不得离家外出。犯罪人在家服刑时，其手腕

---

〔1〕 例如，在荷兰，被判处缓刑的被告人适用社区服务令，必须符合以下条件：被告人所判刑罚必须为部分缓刑和部分不能缓刑，而且不能缓刑部分的刑期为 6 个月以下监禁。

或脚腕上必须戴上自己取不下来的电子装置。这种电子装置可以向负责电子拘禁刑的监督执行的缓刑监督局发出讯号。如果服刑人离家外出，电子监测器会发出警报。服刑人未经监管人员同意擅自外出，法院可以撤销其电子拘禁，把他送入监狱服刑。[1]

另外，可以归入社区矫正措施的还有归假、监督释放、毒品治疗和检测、补偿被害人、行为监督、中间惩罚、特定资格和权利的限制和剥夺等多种措施和不同的管理方法。[2]

四、国外社区矫正的特点

1. 目的的明确性与措施的多样性

发达国家设立社区矫正制度的目的非常明确：保护社会的公共安全，帮助犯罪人重新返回社会，更加经济和有效地使用资金。此外，社区矫正所花费的各项费用远远低于监禁刑的直接成本。例如，在加拿大，从 2001 年至 2002 年，一个被监禁的囚犯平均花费 80 780 美元，而一个在社区中矫正的犯罪人平均仅花费 18678 美元。[3]在犯罪人矫正的人力资源和财政资源有限的前提下，社区矫正的低成本，也促使各国纷纷推行和扩大社区矫正的适用。正是因为社区矫正在效率和效用两方面都较好地符合刑罚执行的人道化、个别化、经济化、社会化宗旨，因此，各国社区矫正的措施从传统的缓刑、假释到创立社区服务令，从适用于已决犯扩大到未决犯，从判决宣告阶段延伸到审前程序，措施多样，灵活多变，具有差别性和针对性，并有继续扩大的趋势，这决定了社区矫正具有强大的生命力。

2. 实在的强制性与法度的严密性

虽然是将犯罪人放在监狱以外的社区执行刑罚，但是，每一项社区矫正

---

〔1〕 Peter J. P. Tak, *The Dutch Criminal Justice System*, Boom Juridische uitgevers, Weten Schappelijk Onderzoek en Documentatiecentrum 2003, p. 76. 马跃：《美国刑事司法制度》，中国政法大学出版社 2004 年版，第 373～375 页。

〔2〕 刘强主编：《各国（地区）社区矫正法规选编及评价》，中国人民公安大学出版社 2004 年版，第 107～129、184～187、266～268、319～320、423～425 页，等等。

〔3〕 刘强主编：《各国（地区）社区矫正法规选编及评价》，中国人民公安大学出版社 2004 年版，第 263 页。

措施都以违反规定将收监执行作为强制性的法律后盾，赋予了社区矫正各项措施以实在的强制性，促使犯罪人珍惜来之不易的假释或者强化其对自由的渴求和珍视。例如，各国规定的社区服务令的劳动数量有特定的法律限制，其执行期限也有严格时间限定，不得违反和逾越，否则要收监执行监禁刑。犯罪人被判处多长时间的社区劳动、应在多长期限内完成社区劳动、若未完成则应执行多长时间的监禁刑等，法官都会在判决书中一并详细进行规定和说明。这说明这些国家的法律对于社区服务令的规定详尽且具有良好的实际可操作性；法官的判决明确、细致、不留漏洞；哪个机关执行、哪个机关监督、服刑人不服监管机关的变更令如何申告，均有明确的实体法和程序法规定，从而进一步强化了社区服务令的强制性和不可逃避性，使之具有了刑罚本该具有的威慑力，同时为刑罚执行制度注入了适应现代刑罚理念和时代需要的巨大活力。这也是社区服务令在西方发达国家不断发展并盛行于其他国家的根本原因。

3. 监督的有效性与机构的专门性

发达国家在社区矫正的建构方面，设计了卓有成效的执行机构，分担管理、监督职责，并对违规予以惩处。美国明尼苏达州由州矫正局协调和指导社区矫正项目中的各方面机构和人员开展活动，还成立矫正咨询委员会，由来自警察、检察机关、法院、教育部门、矫正部门、少数民族、社会福利部门的人员以及市民代表共至少9名成员组成，负责制定地方综合计划并可获得州政府的财政补贴。英国社区矫正的执行机构主要是缓刑局，也包括青少年帮教委员会和地方社会服务部门的社会工作者。社区矫正机构是介于政府机关与民间组织的非政府组织，首要宗旨是为民众服务，其次是为政府服务。

发达国家对社区矫正的执行机关、监督机关、服刑人不服监管的申告程序，甚至预算如何编制、社会工作者的要求等，均有明确、细致的组织法、实体法和程序法规定。社区矫正的执行是严格的，社区矫正的监督是无法逃避的，不遵守社区矫正规定的后果是严厉的。所有这些规定都赋予并进而强化了社区矫正作为刑罚执行手段本该具有的威慑力，得到公众越来越多的支持和社区的积极配合，效果显著。

4. 谨慎试行、立法推行与社会参与

对于多数国家而言，社区矫正都是舶来物。但不管是首创国英国还是移植英国制度的其他国家，都进行了认真的理论和实践论证、谨慎的试行，并在一旦认准其益处之后，尽早形成立法规定，使之合法化、法定化，然后在实践中不断摸索、改革，对立法再补充、再修改、再完善。同时，调动社会公众的积极性，发动社会力量参与到社区矫正中来，克服了专门机构人员短缺和专门人才缺乏的困难，实现他们通过服务于犯罪人而服务于社会的目标。

第三节　中国社区矫正的历史

二十大报告中指出："坚持全面依法治国，推进法治中国建设""我们要坚持走中国特色社会主义法治道路，建设中国特色社会主义法治体系、建设社会主义法治国家……"。同时，习近平总书记指出："走什么样的法治道路、建设什么样的法治体系，是由一个国家的基本国情决定的"。[1] 我国近百年的法治历程，有成功也有曲折，它们共同汇聚成一段社会主义刑事政策从探索到确立再到全面推进的光辉历史，为实现经济快速发展和社会长期稳定两大奇迹提供了司法保证。贯彻落实党的二十大新部署新要求，就必须要把历史和实践贯通起来。推进法治建设，必须从我国实际出发，同推进国家治理体系和治理能力现代化相适应，要坚持法治为了人民、依靠人民、造福人民、保护人民，把体现人民利益、反映人民愿望、维护人民权益、增进人民福祉落实到依法治国全过程各方面，用法治保障人民安居乐业。社区矫正工作人员必须熟知中国法治进程，熟识我国社区矫正工作的先期探索和实践，从中探索出人民群众对民主、法治、公平、正义、安全等不断变化的新要求新期盼，推动解决社区矫正工作高质量发展中存在的短板和不足，把"努力让人民群众在每一个司法案件中感受到公平正义"等目标贯彻落实到社区矫正执法中。

---

〔1〕 习近平：《加快建设社会主义法治国家》（2014 年 10 月 23 日），载习近平：《论坚持全面依法治国》，中央文献出版社 2020 年版，第 110 页。

一、社区矫正的萌芽

在中国古代社会，法律制度常有"严刑峻法"之称。"缓刑"一词最早可以追溯到周朝，但它仅仅是凶荒年救灾的临时措施，而非刑罚裁量制度。集中国封建法律之大成的《大清律例》虽然也规定了类似"非监禁刑"的条款，但其大量适用"肉刑"和"赎刑"的做法与现代人道、文明的刑罚理念背道而驰。从清末到国民党执政时期，刑事立法不断吸收近代资本主义国家的刑罚理念，并通过尝试创办模范监狱，实施监外执行、缓刑、假释等制度。具有现代意义的缓刑、假释制度，最早出现在《大清新刑律》中。这一时期，在立法上留下了缓刑、假释等刑罚制度的丰富资料，但对社区矫正实践方面却欠缺系统的考证。

在抗日战争及解放战争时期，革命根据地监所工作中实行了回村执行、保外服役及战时假释的监外执行措施。如1931年《赣东北特区苏维埃暂行刑律》中规定，判处有期徒刑的犯罪分子，执行刑期1/2后，有后悔实据的，可以假释，但执行未满半年者，不在此限。晋察冀边区规定，判处5年以下徒刑，改悔有据，群众不反对者，可以采取回村服刑的办法。回村执行的罪犯，每月服劳役不超过10日，其服劳役日期与不服劳役日期，均以1日折算1日来计算剩余刑期。在解放战争时期，东北关东解放区监所，为了配合全区大生产运动，增加社会生产力量，改造犯人思想，对执行徒刑的罪犯，认为在监外执行对其改造收效更大的，经法院院长及首席检察官的批准，改为监外执行。

中国共产党于20世纪30年代至40年代革命根据地监所工作中实行的回村执行、保外服役及战时假释等监外执行措施，都体现了社区矫正的精神，可视为我国实行社区矫正的雏形。

二、社区矫正产生的背景

社区矫正是刑罚从肉刑到自由刑再到非监禁刑的演变的产物，体现了刑罚的文明和进步。任何一次刑罚方式的变革都与社会政治思想以及经济文化的发展密切相关，社区矫正的产生有着深厚的社会背景。

1. 社区矫正的提出反映了中国社会转型历史时期特定的时代要求

一方面，国家、社会和民众普遍要求对违法犯罪活动继续采取有效措施，保持适度的社会控制。另一方面，随着我国经济物质水平的迅速发展和提高，特别是随着建设社会主义和谐社会战略方针的提出，国家和民众对犯罪的容忍度进一步加强，社会的包容性极大提高。因此，对违法犯罪人员的处遇，思维和选择也趋向多元化，社会政策更加宽容和灵活。

2. 从刑罚的文明发展而言，刑罚的轻缓、民主和人道等，是无可更改的规律和趋势

从刑罚的文明发展而言，刑罚的轻缓、民主和人道等，是无可更改的规律和趋势。因此，剥夺自由的监禁刑比率的降低，早已成为世界各国普遍关注的问题和努力的目标。我国社会在经济快速发展的同时，如何建构和选择自己的司法制度，无疑是不可回避的问题。尽管由此并不必然导致社区矫正的产生，但在这种思考中，通过社区矫正工作试点和全面实行，探讨监狱外实施刑罚的路径，寻求以社区矫正措施代替监禁刑的可能性，不失为一种有益的尝试。

3. 物质和精神文明水平的提高

随着我国社会物质和精神文明水平的提高，人们的环境和成本意识迅猛提升。因此，在刑罚和刑事司法领域，如何有效控制刑罚资源和司法资源的使用，降低社会治理犯罪的制度成本和经济成本，日益成为人们关注的焦点。与此同时，世界各国社区矫正的实践也已经表明，社区矫正的经济成本大致相当于监禁成本的1/4到1/10，而其重新犯罪率，并不比监禁刑罚的重新犯罪率高。

4. 监狱人满为患

犯罪总量的持续攀升以及监禁刑的过度使用，造成监狱在押犯人数的持续增长。监狱拥挤给监狱管理、犯罪人改造带来了一系列的负面影响，也制约着监狱行刑效能的有效发挥。具体表现在：一是降低犯罪人的物质生活待遇。监狱爆满将造成监舍更加拥挤，犯罪人的活动空间相对缩小，可利用的生活设施相对减少，各项生活服务如饮食、卫生、医疗保健、文化娱乐等的标准有所下降，使得犯罪人的基本生活都受到了冲击。二是损害犯罪人的身

心健康。监狱拥挤会增加犯罪人心理紧张及压迫感，极有可能使原本就非舒适之处遇环境雪上加霜。其影响层面包括违规行为、暴行、心理压力、精神疾病、生理症状、自杀行为和死亡率等。三是降低监狱行刑效能。研究表明，监狱拥挤会增加管理的不确定性和不可预测性，影响管理目标的实现。监狱超押与高昂的监禁成本，成为推动我国社区矫正发展的最大动因。

三、社区矫正的探索与实践

1. 我国社区矫正的先期探索

我国司法实务部门对社区矫正的探索，要早于中央规定的全国试点时间。2000 年 9 月，上海市女子监狱对犯罪人开展了半监禁刑的探索，对于符合条件的犯罪人，允许其周一到周五回社会劳动，周末回监狱服刑。该制度试行之后，效果较好，犯罪人回到社会后均能自食其力，遵纪守法。这样做，不仅缓解了家庭和社会的矛盾，密切了邻里关系，也减少了监狱的开支。这是我国刑罚执行机关在司法实践中首次探索使用带有社区矫正性质的制度，是我国监狱行刑社会化的一种体现。

2000 年，北京市法院刑事审判工作座谈会强调，对农民被告人适用刑罚，既要严格遵循罪刑相适应的原则，又要充分考虑农民犯罪主体的特殊性；要依靠当地党委做好相关部门的工作，依法适用非监禁刑罚。同时指出，可以探索多种有效方式落实非监禁性的监管措施。此后，我国便开始扩大缓刑的适用。

2001 年 5 月，河北省石家庄市长安区人民检察院审查起诉部门向涉嫌盗窃的未成年犯罪嫌疑人黎某下达了一个特殊的法律文书——"社会服务令"，指令黎某到某居委会进行无薪社会服务，服务期限为两个月。"社会服务令"下达后，黎某被安排在远离居住地的长安区某居委会，以"社会志愿者"的身份进行无薪社会服务。2001 年 7 月 26 日，"社会服务令"期满，长安区人民检察院鉴于黎某在"社会服务令"期间重新树立了做人的自尊和对社会的责任感，确有悔改表现，对其作出了不起诉的决定。这是我国大陆地区的第一例"社会服务令"，被认为是开创了大陆地区社区矫正的先河。

2002 年初，司法部组成了社区矫正制度研究课题组，对国内外的经验和做法进行了大量深入研究，并于同年 8 月形成了《关于改革和完善我国社区矫正制度的研究报告》。该报告较为全面地介绍了国外社区矫正的发展情况，分析了我国非监禁刑罚制度现状以及存在的问题，对建立和完善我国的社区矫正制度提出了初步构想。

2003 年，江苏省南京市玄武区人民法院少年法庭也开始尝试对一些未成年被告人发出"社区服务令"。对未成年被告人暂缓判决或是在判处有期徒刑、拘役、宣告缓刑的同时发布"社区服务令"。其中，暂缓判决并发出"社区服务令"这种方式与长安区检察院的做法一样，都与国外作为短期自由刑替代措施的社区服务令制度相类似。

北京市对社区矫正工作的探索也较早。北京市高级人民法院先后在房山区和密云县进行了缓刑犯罪人监管帮教的试点工作，均取得了一定成效。2001 年 5 月，密云县人民法院正式成立了由主管院长任组长、刑庭庭长任副组长和副庭长、审判员、内勤参加的"监管帮教小组"，并确定几项公益活动供缓刑人员选择，同时还充分考虑到未成年人的特殊情况，确定了每年做两件以上好事的方案；制定了《成年缓刑人员守则》和《未成年缓刑人员守则》，增强回访工作力度。经考察，密云县人民法院 2001 年所判的 62 名缓刑人员，无一人严重违法或重新犯罪。北京市司法局 2002 年上半年开始组织专门力量对社区矫正工作进行调查研究，先后提交了一系列的可行性研究报告，得到了北京市委、市政府的高度重视。2002 年 8 月，密云县率先依托刑满释放、解除劳教人员安置帮教工作体系，进行了假释、监外执行犯罪人社区矫正的实践探索。

2003 年 3 月 17 日，北京市政法委书记办公会原则通过了《关于开展社区矫正试点工作的意见》，并于同年 4 月中旬由北京市委政法委和首都综治委联合予以印发。该意见对社区矫正工作的指导思想、适用范围、工作任务、矫正队伍、工作职责、工作制度和工作要求作了明确规定，成为北京市开展社区矫正工作的政策依据，为社区矫正试点工作的开展提供了可靠的保障。此后，社区矫正工作领导小组又通过了《北京市社区矫正工作实施细则（试行）》等一系列文件。为了使社区矫正更健康有序地启动与开展，北京市编写了《北京市社区矫正工作培训纲要》作为培训教材，分三期对抽调的监狱警察和司法助理员进行了业务培训，指导试点区（县）制定社区矫正工作的实施方案。

2. 我国社区矫正工作的实践

按照中央统一部署，2003 年 7 月，"两院两部"联合发文确定北京、天津、上海、江苏、浙江和山东 6 个省（市）作为全国首批社区矫正工作的试点省（市），社区矫正工作作为国家决策层面的一项司法体制和工作机制改革的重大举措正式启动。为进一步推动社区矫正试点工作的深入开展，2005 年 1 月 20 日，"两院两部"再次发文，决定将试点范围扩大到河北、内蒙古、黑龙江、安徽、湖北、湖南、广东、广西、海南、四川、贵州、重庆共 12 个省（区、市），试点地区由经济发达的东南沿海和大城市，扩展到中、西部地区和东北地区。至此，开展社区矫正的试点省（市）达到了 18 个。2009 年，在试点工作取得显著社会效果的基础上，"两院两部"及时下发一系列法律文件，决定在全国全面试行社区矫正工作。全国各省基本上都已开始开展社区矫正工作，且均制订了相关具体的工作流程、规划等。2013 年 11 月，党的十八届三中全会明确提出，要健全社区矫正制度。2014 年 4 月 21 日，习近平总书记作出重要指示，要求把社区矫正工作作为司法行政一项重点工作。2014 年 10 月，党的十八届四中全会进一步提出，要制定社区矫正法。同年，司法部会同最高人民法院、最高人民检察院、公安部联合召开全国社区矫正工作会议，部署全面推进社区矫正工作，社区矫正工作由此进入全面推进的新阶段。2019 年 12 月 28 日，第十三届全国人大常委会第十五次会议表决全票通过了《社区矫正法》，国家主席习近平签署 2019 年第 40 号令，《社区矫正法》自 2020 年 7 月 1 日起施行。《社区矫正法》分为总则，机构、人员和职责，决定和接收，监督管理，教育帮扶，解除和终止，未成年人社区矫正特别规定，法律责任，附则，共九章 63 条。这是我国首次就社区矫正工作进行专门立法，标志着社区矫正工作进入了全新的发展时期。

【课堂活动 2－1】

结合所学知识，请思考并讨论，在我国开展社区矫正工作有必要吗？其理论与实践的依据是什么？

【课堂活动2-2】

结合所学知识，请思考并讨论《社区矫正法》颁布实施的历史意义。

【问题思考】

1. 随着社会的发展，刑罚思想经历了哪些发展变化？
2. 我国社区矫正工作中存在哪些问题？

拓展 学习

监禁刑与社区矫正的差异

1892年，加拿大颁布第一部刑法典时，法官在刑事判决中严重依赖监禁刑，一些犯罪如谋杀与强奸可判死刑；一些轻微犯罪如偷窃可判罚金；鞭刑等肉刑可以是乱伦、猥亵等犯罪的附加刑。但今天加拿大的量刑方式已发生重大变化：加拿大于1976年废除了死刑，鞭刑与其他肉刑也已被废除。[1]1996年修订的加拿大刑法典要求法官在量刑时必须考虑以下两个原则：一是如果根据案情认为采用非剥夺自由性质的处罚措施是适当的，就不应剥夺犯罪人的自由；二是对所有犯罪人，都应首先考虑非拘禁措施，尤应对原住民犯罪人优先考虑非拘禁措施。如此而确立的量刑原则，正是30余年来社区矫正在加拿大发展的重要结果。

20世纪后期，加拿大因监狱人口增长，财政压力很大，1989年～1990年度比上一个年度增长了12%，1994年～1995年度更比上一个年度增长了22%。[2]监狱人口的迅速增加，使监狱的各项开支随之迅速增长，财政压力更为沉重。加拿大议会认为法庭判处了太多的犯人入狱。1988年一份给议会的报告指出："把犯人关进监狱对矫正犯罪人并没有什么效果，亦非一项有力的遏制措施，只是起到了暂时保护和有失平衡的报应的作用。如果说监禁只能在有限

---

〔1〕 [加] 格尔·密克恩："加拿大量刑中的非拘禁措施"，2006年9月向在山西太原举办的第六届中国律师论坛提交的论文。

〔2〕 "Deputy Solicitor General of Canada & Deputy Ministers and Heads of Corrections"，1996，引自John Howard Society Of Alberta："Community Correction"，1998，载 http://www. johnhoward. ab. ca/PUB/C29. htm，访问时间：2018年7月6日。

的时间内保护民众不受犯罪的侵害，那么，改造犯人就至关重要了。但监狱对矫正犯罪人一般没有什么实效，因为监狱犯人的累犯率较高。大多数犯罪人既不使用暴力也不危险，其行为不大可能因为在监狱服刑而得到矫正。另外，监狱人口的增长导致开支和管理方面都出现严重问题，还可能因而增加对社会的危险。况且，当今的科学技术足以监管在社区服刑的犯罪人。故采用监禁刑替代措施应成为必要的发展趋势。除非社区可能遭受危险，否则，犯人的矫正都应放在社区中进行。应限制监禁刑的使用。"[1]对过度监禁的关注，促使议会于1996 年在《刑法典》中增加了第二十三章，规定了附条件判处监禁这项重要的非拘禁措施。这项立法规定以及其他规定，为减少监狱人口数量作出了贡献。

以社区为基础矫正犯罪人，不仅令立法者关注，对刑事司法机构以及政府的政策制定者，也都产生了很大的吸引力。尽管推动拘禁替代性措施的发展在很大程度上是为了应对加拿大迅速增长的监狱人口数量，但与监狱监禁相比，社区矫正可以减少监狱建设与管理支出，不但会给政府提供降低开支的机会，还会给其政策罩上人道主义的光环。因此，加拿大的社区矫正得到了更广泛的实施，并被扩展到了很多犯罪群体。例如，1986 年 6 月公布实行的《C - 67 法》授权国家假释委员会把那些关押在监狱直至刑期结束的犯罪人转到中途之家居住，这些犯罪人中包括预谋实施严重暴力犯罪的犯罪人；1997 年 8 月颁布实行的《C - 55 法》创立了长期犯的概念，针对的是性犯罪人，在判处犯罪人至少 2 年的刑期后又增加了长达 10 年的社区监督期。

【表 2 - 1】表明以监狱监禁为主要内容的机构拘禁与社区矫正措施中的家庭拘禁之间存在重大差异。社区矫正具有主动性、积极性、团结性、隐私性，可以维系社会关系和家庭关系的稳定，可以使犯罪人继续工作。重视赔偿被害人、重视补偿社区，维护犯罪人的个人尊严，有助于解决犯罪人的病态心理或生理问题，可以降低犯罪人成为被害人的机率。[2]这些特征是社区

---

〔1〕　法官与检察长常务委员会题为"承担责任"的报告，在 *R. v. Gladue*［1999］1 *S. C. R.* 688 之中的第 56 段引用。转引自［加］格尔·密克恩："加拿大量刑中的非拘禁措施"，2006 年 9 月向在山西太原举办的第六届中国律师论坛提交的论文。

〔2〕　Julian V. Roberts, *The Virtual Prison—Community Custody and the Evolution of Imprisonment*, Cambridge University Press, 2004, p. 44.

矫正在加拿大及其他国家方兴未艾的重要原因。

【表2-1】监禁刑与社区矫正的差异

监禁刑	社区矫正
具有封闭的特性；犯人远离社会	具有团结的特性；犯人仍是社区的一部分
排斥家庭与伴侣：家庭成员只能根据机构的严格的时间安排探访犯罪人	以家庭为导向：家庭成员与伴侣在刑罚的监督与执行中起着重要作用
使犯罪人的社会关系与婚姻关系紧张并常常导致婚姻破裂	维系犯罪人的社会关系与婚姻关系
使犯罪人无法继续工作	可使犯罪人继续工作
重在惩罚，使赔偿被害人或社区以及其他恢复性行为无法进行	同时强调惩罚与恢复：赔偿被害人与社区服务是该处罚措施不可缺少的部分
具有被动性；监狱犯人需要遵守机构的规则与时间安排，服从机构的命令	具有更主动的特性；犯罪人可在被判处必须遵守的条件（如宵禁）限度内有自己的行动自由
监狱销蚀犯罪人的尊严，使其受到公众贬低与谴责	使得犯罪人在接受惩罚的同时保持个人尊严
监狱使犯罪人无法拥有隐私空间；他不得不与其他犯罪人共享每一天的一切	保有高度的隐私空间
具有集体性；监狱犯人并不都住单人牢房，有时住双人或三人牢房	具有个人性，其执行不需要其他犯罪人在场
监禁对犯罪人的自我发展几乎没有什么激励，也不大可能提供自我发展机会	为犯罪人学会生活技能提供很多机会
监禁与治疗无法兼容，或对治疗过程有妨碍	有助于治疗，并使犯罪人拥有广泛的社会联系
使犯罪人容易受到伤害或各种各样健康问题的威胁，安全与健康存在忧患	通过减少各种威胁因素而降低犯罪人成为被害人的机率
可见性：犯罪人被判入狱，其亲友、邻居等比较容易知晓	不可见性：在大多数情况下，犯罪人在家中服刑，法官的刑罚执行令甚至连其邻居都无法知晓

国（境）外社区矫正模式的类型[1]

从目前世界各国的社区矫正制度来看，结合社区矫正的发起方式、资金来源、目标设定等要素，大体上有三种主导模式可供选择：以社区自治主导的社会改造模式；以政府主导的行刑空间转换模式；以政府职能与社区优势相结合的复合主导模式。

（一）社区自治三导的社会改造模式

这一模式又称本源模式，本源模式的依据是社区矫正自产生就是以社区为主导的。社区矫正的创始人，目前公认的是美国马萨诸塞州波士顿市的鞋匠约翰·奥古斯塔。他是世界缓刑的创始人，他的缓刑尝试始于 1841 年。他首先向波士顿违警法院提出了愿意为犯罪的酗酒者承担法律责任，将酗酒者交由他管理，保证其能改变恶习；如果不能承诺，他情愿自己承担经济上的损失。法院认可了他的请求，对每个被保释者，法院收取奥古斯塔保释金 30 美元，并给予犯罪者 30 天的暂缓判决，将犯罪者交由奥古斯塔进行管理。1842 年至 1859 年间，他以个人身份一共保释、监督、管理过 1152 个男性和 794 个女性违法者以及 3000 个女孩。他千方百计为保释的犯罪者解决住房问题，帮助他们寻找工作。到期时，法官将犯罪者的监禁判决大都改为一般的罚款。在他最初保释和帮助的 1100 个犯罪者中，只有 1 人重新犯罪。在近 20 年中，奥古斯塔共花费了 24 万美元，主要用于交保释金和帮助犯罪人。资金来源主要是靠自己的生产经营和社会捐助。[2] 在当时，他的付出是笔巨大的开支且均由他本人承担，没有政府的任何介入，矫正的方式和内容完全是按照自己的善意和公德心而设置。若干年之后，他的行为才得到了社会和州政府的认可，促使了马萨诸塞州社区矫正法的出台，并被其他州相继效仿。由此可以看出，社区矫正自创始之初的本意是社区自治主导的社会改造，而非政府主导。因此，这一模式又叫社区主导型，其特点是政府仅以立法形式间接干预与规范社区矫正，至于具体的社区矫正工作则完全实行社区居民的自

〔1〕　连春亮主编：《社区矫正理论与实务》，法律出版社 2020 年版，第 142~145 页。
〔2〕　刘强：《美国社区矫正演变史研究——以犯罪刑罚控制为视角》，法律出版社 2009 年版，第 61~62 页。

主治理。以社区自治主导的社会改造模式的理论基础，主要是恢复性司法的理念，认为犯罪首先侵害的是被害人的权利，其次是社区的权利，最后才是国家的法律秩序。因此犯罪人的责任，不是被动地接受刑罚的处罚，而是积极地挽回因犯罪造成的不良后果，消除犯罪行为对被害人和社区的损害。这就要求在处理犯罪人和犯罪行为的过程中，应当考虑被害人和社区的需要。与此同时，恢复性司法认为，在犯罪发生后，除了犯罪人对自己的行为承担责任外，社区也应对处理犯罪负有责任。因为犯罪是社区关系不良的一种体现，社区成员应该对犯罪集体负责，每一个犯罪人身边的人都应该为犯罪人悔过自新提供力所能及的帮助和支持。如此一来，社区矫正就应当由社区主导。在社区自治的范围内，行为人同社会充分互动，顺利实现教育改造的目的。[1]

此种模式最为典型的案例是 1971 年由女犯罪心理学家米米·西尔博特与曾是假释犯的约翰·马勒联手，创建了美国旧金山迪兰西街矫正中心，没有政府投资，没有政府官员参与管理，采取完全自治的模式，却取得了巨大的成功。由此可见，社区矫正并不只是行为人"在社区内被矫正"，而应该是"由社区来矫正"。也就是说，社区矫正的路径选择应当是社区自治而非国家主导。

社区自治主导的社会改造模式要求在社区矫正的路径选择上，首先，要树立社区主导的思想，以社区代表社会同犯罪者来共同承担因犯罪所负的责任，坚决避免国家机关代表国家以行刑场所的转换而忽视社区的自我治理能力。其次，不是以承诺书或教育谈话等表面文章的方式，而是要通过社区矫正对象同社区之间互动，来实现社会对犯罪的正常反应，实现行为人对受损社会关系的弥补，最终实现社区矫正对象正常的重归社会之刑罚目的。确立了社区主导的社区矫正制度的路径选择，规范的设计就显得简单明了，即由最高权力机关以法律的形式来统一立法，从根本上消除不同规范的冲突与矛盾之处。

构建社区主导的社区矫正模式，有赖于良好的社区组织。社区是"具有

---

〔1〕 谭全万："主体或空间：论社区矫正的模式选择"，载《成都行政学院学报》2007 年第 3 期。

共同价值取向的同质人口组成的关系密切、出入相友、守望相助、富有人情味的社会关系和社会利益共同体"。"这种共同体不是人们有意识选择的结果，是顺其自然而形成的。这样的团体最终会由各种各样的人口组成，经由分工和契约并联系起来的建立在理性基础上的一种团体，又可称为社会"。滕尼斯的社区概念主要不是当前我国所认识的地域概念，突出的是共同体的精神意蕴，即其存在一个能将不同个体自谋出路黏合在一起的联结纽带，这一纽带的核心特征是存在广泛认同的默认一致。而在现代社会中出现的四种共同体形式：同业群体、社团、非营利组织以及网络社区，它们失去了传统共同体固定的地域边界，但获取了新的共同精神即现代性所孕育的共有利益和共享价值，包括民主、自由、平等、公民权利等。社区所具有的重要功能便是自我治理的能力，这也是我们主张社区主导社区矫正的基本依据。虽然社区居民自治已成为对新时期基层管理构架的一种制度性设计，但仍然没有摆脱街道乡村的地域限制。[1]

社区自治模式由于非政府组织、志愿者及一般公众的参与，形成了自下而上的状态，通过社区基层力量组织矫正活动。在资金来源上，大都来自于捐款、基金及会员会费等社会捐助；在发展目标上，更多的是关注国民福利、社区矫正对象的人权及社会改革；在参与方式上，强调唤起社会集体行动、依赖大众运动和使用大众媒体。政府对社区矫正发展的作用主要表现在提供制度规范，基本不涉及组织与计划方案；社区层面的组织及居民按照自治原则，处理矫正事务。[2]

在当今社会条件下，这一模式虽然能使社区功能得以发挥，社区优势得以体现，但是社区是自治性的，由于缺乏强制性使社区矫正作为刑事执行方式遭遇"尴尬"。

（二）以政府主导的行刑空间转换模式

这一模式又称政府主导型，特点是政府与社区紧密结合。政府对社区矫正的干预较为直接与具体，并在社区中设立专门的派出机构，社区矫正的官

---

〔1〕 谭全万："主体或空间：论社区矫正的模式选择"，载《成都行政学院学报》2007年第3期。

〔2〕 张鹏："英美社区矫正模式述评"，载刘强、姜爱东、朱久伟主编：《社区矫正理论与实务研究文集》，中国人民公安大学出版社2009年版，第425页。

办色彩浓厚，典型的如新加坡。[1]以国家机关主导的行刑空间转换模式的理论基础，主要是犯罪学的标签理论，即监狱制度造成行为人"监狱化"或形成"监狱人格"的消极结果。国家机关应当突破监狱的封闭环境，将行刑空间拓展到社区之中，以较好地培养行为人再适应社会的能力，从而实现防止再犯可能的目的。

这种模式的优势十分明显——能有效利用政府所掌握的巨大行政资源，自上而下地拓展社区矫正空间，利用行政手段构建社区矫正的机构体系，使社区矫正工作规范有序。但是其弊端也是显而易见的。首先，它违背"小政府、大社会"的理念，有国家权力过于深入地干预社区活动的嫌疑，与基层自治建设的努力相悖。其次，政府在矫正工作中主要以承诺书、考勤表、道德法律宣传等表面文章为结果评价指标，忽视或无力就行为人在具体的社区关系中的教育改造进行实质的工作，因而效果极为有限。芝加哥大学的沃克教授尖锐地指出："缓刑监督实际上是一个神话，监督仅仅停留在官僚机构的文件上，于是责任被推卸了。犯人每月与缓刑官见面一次，空泛地谈谈工作、毒品、酗酒以及犯罪等诸如此类的问题，然后由缓刑官上交一份报告，仅此而已。"[2]最后，这一模式主要以法规规章的形式来规范相关内容，但受制于各自的权限范围，必然造成法规规章之间的冲突。突出的是政府，必然造成强制性的扩大，变"由社区来矫正"为"在社区内的强制矫正"，难以体现社区矫正的本意。

政府主导的模式往往是自上而下的发动，在资金来源上，主要是来自国家税收；在发展目标上，旨在维护社会秩序与保持政治稳定；在参与方式上，较多地依靠立法、舆论和恢复性司法活动。[3]

（三）以政府职能与社区优势相结合的复合主导模式

这一模式又叫混合型，是政府职能与社区自治的混合或复合，表现为政

---

〔1〕 张鹏："英美社区矫正模式述评"，载刘强、姜爱东、朱久伟主编：《社区矫正理论与实务研究文集》，中国人民公安大学出版社 2009 年版，第 425～426 页。

〔2〕 谭全万："主体或空间：论社区矫正的模式选择"，载《成都行政学能学报》2007 年第 3 期。

〔3〕 张鹏："英美社区矫正模式述评"，载刘强、姜爱东、朱久伟主编：《社区矫正理论与实务研究文集》，中国人民公安大学出版社 2009 版，第 425～426 页。

府对社区矫正的干预较为宽松，政府主要负责社区矫正计划的整体设计、指导并提供经费支持。官办色彩与民间自治在社区发展中和谐共生、彼此交织，典型的如日本。[1] 从目前的社区矫正模式看，越来越多的国家已不再依赖某一单一模式，而逐步向社会的多元整合模式发展，已超越了单纯的政府主导模式或者社会自治模式，转而采用混合模式。

上述 3 种模式揭示了政府主导程度、居民参与程度以及行动方式这 3 个要素的关系。实际上，英美国家早期的社区矫正大多采用政府主导的发起方式，进而发展成为政府指导下的社区居民主动参与的共同行为；逐步从单一的危险特质模式向以社区为本、以案主为本、社会支持网络的多元整合模式发展。

．〔1〕　张鹏："英美社区矫正模式述评"，载刘强、姜爱东、朱久伟主编：《社区矫正理论与实务研究文集》，中国人民公安大学出版社 2009 版，第 425 页。

第三章

社区矫正的理论基础

知识目标：掌握社区矫正理论基础的相关知识。

能力目标：具备对社区矫正制度进行理论分析、探究能力。

素质目标：具备自主学习、深入思考的良好行为习惯。

知识树

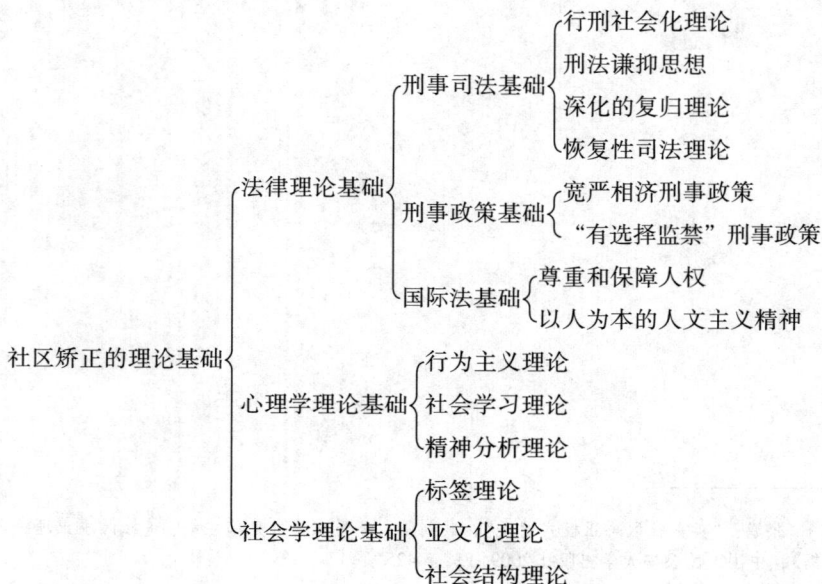

🔍 **案例 3 - 1**

一、社区矫正对象基本情况

社区矫正对象安某某，女，1978 年 4 月出生，高中文化，户籍地为 Q 省 X 市 D 区，居住地为 T 市 A 区。2021 年 11 月 10 日，安某某因犯故意伤害罪被 T 市 A 区人民法院判处有期徒刑 8 个月，缓刑 1 年，缓刑考验期自 2021 年 11 月 22 日起至 2022 年 11 月 21 日止。2021 年 11 月 22 日，安某某到 T 市 A 区社区矫正中心报到，由执行地司法所负责对其社区矫正期间日常管理。

二、对社区矫正对象依法实施教育帮扶情况

（一）开展集中教育和个别谈话教育

安某某初次到司法所报到，工作人员即与其开展个别谈话教育。经了解，安某某与丈夫韩某某婚后育有 2 个女儿，其丈夫一家传宗接代观念较强，导致其夫妻二人关系紧张。2015 年夫妻二人来 T 市打工，其丈夫与另一女人婚外情生下儿子后，夫妻关系恶化，并多次对安某某进行殴打。2021 年二人离婚后，安某某前往韩某某老家向其索要生活费时，与韩某某父亲发生口角并互殴。在互殴过程中，安某某用菜刀将韩某某父亲头部砍伤，同时，其左耳被韩某某父亲打伤导致失聪。对此，司法所教育其遇事要冷静，出现问题要通过法律途径维护自身合法权益。司法所每月组织安某某开展以《刑法》为主的教育活动，还定期组织《天津市文明行为促进条例》《社区矫正法》等专题集中教育，安某某都积极参加，通过教育学习，进一步增强了其在矫意识和法治观念。

（二）实施心理健康辅导

司法所通过与安某某谈话，发现其精神状态不佳、言语少，身体日渐消瘦，通过多次与其沟通，得知安某某因为左耳失聪，不愿与人交流，犯罪后情绪更加不振，经常自己一个人默默流泪。司法所联合心理咨询师决定与其"深入谈心"，找出问题根源。通过音乐疏导、沙盘游戏疗法缓解其心理压力，运用疏导矫治手段对其进行心理危机干预，使其释放心理压力，通过多次治疗，安某某接纳了"现在的自己"。

（三）开展职业技能培训情况

司法所通过首次谈话了解到，安某某跟丈夫韩某某结婚后，就在老家照

顾韩某某年迈的父母，在家种地，看孩子，没有一技之长。与韩某某来T市打工后，主要是在家照顾韩某某的生活，离婚的时候韩某某答应给其一部分钱作为离婚补偿，但离婚时并未兑现承诺，因此安某某生活比较拮据。安某某离婚后与其大女儿继续在T市A区租房居住，房东同情安某某的遭遇，对安某某非常照顾。

针对安某某的具体情况，司法所协调镇民政办、劳动办为无一技之长的安某某谋得免费学习美容美发的机会。安某某本人非常珍惜来之不易的学习机会，认真学习，积极参加所有培训课程，积极向老师请教，很快掌握了美容美发技能，并在一家美容院找到了工作，暂时解决了生活困难。

（四）开展就业指导帮助情况

安某某系外地人员，在T市A区朋友较少，同时其多年未外出工作，导致其消息闭塞，不能及时知悉就业信息，司法所协调镇劳动部门，为其提供就业信息，指导其就业。因其在美容院打工收入较低，2个月后，经过司法所联系推荐，安某某在A区某大型超市找到一份促销员的工作，月收入2000余元，工作和收入不但为安某某减轻了生活压力，也充实了她的生活。

（五）开展临时救助等情况

针对安某某的生活困难，司法所多次与镇民政办沟通，为其申请了临时救助金400元，同时，区司法局将其列为帮扶对象，在春节走访慰问活动中，为其送去米面油等生活用品，为其缓解了生活压力。

（六）矫正小组成员协助开展帮扶情况

司法所工作人员、居委会干部及其房东组成矫正小组，坚持监督管理与教育帮扶相结合，制定"思想上督一把、生活上扶一把、工作上帮一把"的"三个一"工作方法，多措并举共同做好对安某某的教育帮扶。矫正小组人员利用集中学习、不定期的家庭走访、谈心谈话，全面了解安某某的日常生活情况和思想状况，加强法律知识教育，逐渐消除其心理负担，使其正确认识所犯罪行，懂得用法律维护自身合法权益，并珍惜来之不易的社区矫正的机会。

（七）社会力量参与帮扶情况

安某某与韩某某离婚后，9岁的小女儿被判给韩某某抚养，韩某某将孩子送到老家寄宿学校，虽然衣食无忧，但少了生活上的关心、情感上的交流，孩子生病后，哭着给安某某打电话，再穷再苦也要跟妈妈一起生活。安某某多次找到韩某某想要回女儿的抚养权，但韩某某以安某某收入少、不能给女儿提供良好的生活学习环境为由，予以拒绝。安某某孤立无援的时候，找到司法所工作人员，流泪诉说。司法所工作人员引导其寻求法律援助，用云律来维护自身的合法权益。在法律援助律师的帮助下，经法院判决，安某某重新获得小女儿的抚养权。收到判决的第二天，安某某带着2个女儿，给司法所送来了锦旗，感谢司法所工作人员在其身处困境的情况下伸出援手，使得她母女三人能够生活在一起，她对未来又充满了憧憬。

三、案例评析

通过一系列的教育帮扶，安某某的脸上有了笑容，生活也变得积极乐观，能够对司法所工作人员敞开心扉，主动交流，对未来充满信心。本案中，司法所根据《社区矫正法》中有关教育帮扶的规定，以教育为基础，以引导、帮扶为手段，以转化为目标，制定针对性矫正方案。充分了解社区矫正对象家庭、生活、工作中存在的问题，引导社会力量共同进行帮扶，并调动社区矫正对象的积极性，提高其适应社会的能力；同时，对其进行法律知识的教育，引导其用法律的武器维护自身合法权益，最终促使其顺利回归，成为遵纪守法的公民。

在对社区矫正对象进行教育帮扶时，工作人员必须有扎实的法学理论基础，掌握与社区矫正有关的政策，才能把工作做好。

第一节　法律理论基础

二十大报告指出："实践没有止境，理论创新也没有止境。不断谱写马克思主义中国化时代化新篇章，是当代中国共产党人的庄严历史责任。继续推进实践基础上的理论创新，首先要把握好新时代中国特色社会主义思想的世界观和方法论，坚持好、运用好贯穿其中的立场观点方法"。贯彻落实党的二十大精神，深入开展马克思主义法治理论研究，构建中国特色社区矫正理论体系，必须坚持同中国具体实际相结合、同中华优秀传统文化相结合。深入开展新时代中国特色社区矫正制度研究，需要在守正中把稳舵盘、保持航向，在创新中把握时代、引领时代。我们要坚持马克思主义基本原理不动摇，总结吸取我国在社区矫正实践中积累的成功经验，探索社区矫正的法律理论基础，同时紧跟时代步伐，顺应实践发展，不断拓展认识的广度和深度，形成与时俱进的理论成果，来指导日新月异的司法实践。

一、刑事司法基础

（一）行刑社会化理论

第二次世界大战后兴起一种刑罚理论——行刑社会化，它强调在刑事司法领域，应把犯罪人与社会环境之间紧密地联系起来，犯罪人一旦在与社会完全隔离的环境中接受刑罚处罚，不仅会被打上监狱化的烙印，影响矫正效果，还会因长期脱离社会而缺乏社会适应能力，导致刑罚处罚结束后难以顺利融入社会。

所谓行刑社会化，是指为了避免和克服监禁刑存在的某些弊端，使刑事判决的执行服务于罪犯再社会化的目标，而应慎用监禁刑，使其在社会上得到教育改造；同时对于罪刑较重、有必要进行监禁的罪犯，应使其尽可能多地接触社会，并使社会最大限度地参与罪犯矫正工作。从而使刑事判决的执行与社会发展保持同步，为罪犯顺利回归社会创造有利条件。简单来说，行刑社会化就是对罪犯采取社会化的处遇模式，在不与社会完全隔离的情况下，调动社会力量参与这一过程，以实现罪犯再社会化的目标。而社区矫正作为一种开放性的处遇模式，适应了行刑社会化的要求，将罪犯置于社区中进行矫正，使其能够更多地接触社会，不与社会脱轨，同时充分利用社会资源，调动社会各方面的力量参与到罪犯矫正过程中，塑造罪犯正常的三观和健康的人格，促使其与社会发展保持同步，最终有利于其快速融入正常的社会生活中。行刑社会化理论为社区矫正提供了理论支撑。

（二）刑法谦抑思想

刑法的谦抑思想，也称谦抑主义、谦抑原则，是由日本学者平野龙一首先提出，主要是限制国家的刑罚权，防止因裁量犯罪和刑罚而任意侵犯公民的自由和权利。它是指立法者应当力求以最小的支出——少用甚至不用刑罚（而用其他刑罚替代措施），获取最大的社会效益——有效地预防和控制犯罪。刑罚谦抑性思想包含以下内容：一是刑法的补充性，即刑法是保护法益的最后手段，只有当其他法律不能充分保护法益时，才适用刑法进行保护；二是刑法的不完整性，即刑法不能介入国民生活的各个角落。三是刑法的宽容性，即使出现了犯罪行为，但如果从维护社会的见地去看缺乏处罚的必要性，就不能处罚。[1] 在众多对付犯罪的社会控制方法中，刑罚具有"最后的"意义，如果用非刑罚的方法即可有效预防和控制犯罪的话，就没必要采用刑罚的方法，刑罚是作为一种具有补充性和保障性的控制措施发挥作用并体现其价值。换言之，就是把刑罚作为最后手段来确定某种行为的可罚性。作为非监禁刑事执行措施，缓刑、假释等社区矫正制度采用非监禁的方式，表现了对刑罚适用的限制和行刑有效性的提高，少用或不用监禁刑可以获取最大的社会效益，即有效地控制犯罪，这无疑体现了刑法谦抑性精神。

（三）深化的复归理论

19世纪下半期和20世纪上半期是复归理论占据统治地位的时期。传统复归理论认为，所有罪犯都是可复归的，监狱不应是惩罚罪犯、剥夺罪犯能力的场所，而应是矫正罪犯的地方。但西方国家30%～40%的累犯比例证明监狱改造罪犯的现实效果与期望效果相距甚远。美国著名刑法学者查尔斯·罗在论及以监狱为主的机构性处遇的弊病时曾说："将一个人置于监狱加以训练，以期其被释放后能够顺利适应民主社会之生活，此举犹如将人送上月球以学习适应地球生活方式般之荒谬"。[2] 据此，在20世纪60年代以后，学者们经过不断反思传统的复归理论，新社会防卫论的代表人物马克·安塞尔提出了深化的复归理论。

深化的复归理论认为，犯罪是社会多种因素综合作用的产物，改造罪犯必须使其置于由多种社会关系构成的特定环境中，获得多方面社会实践的体

---

〔1〕　张明楷：《外国刑法纲要》，清华大学出版社1999年版，第8页。

〔2〕　[美]克莱门斯·巴持勒斯：《矫正导论》，孙晓雳等译，中国人民公安大学出版社1991年版，第22页。

验，在罪犯复归社会前后，只有充分调动社会一切积极因素，合力救助教育改造和防范犯罪分子，才能保证和巩固刑罚执行的效果，确保行刑目的的实现。[1]由此可见，从依靠社会力量教育改造、防范罪犯的角度来看，深化的复归理论促成了社区矫正的诞生，在社区矫正中利用社区资源来帮助罪犯复归社会，充分调动各种社会力量，利用各种社会资源为教育改造、救助罪犯服务，并能逐步使其重新参与社会、顺利地回归社会，成为合格守法的社会公民。

（四）恢复性司法理论

"恢复性司法"这一术语最早由美国巴尼特在 1977 年提出，兴起后成为一种潮流，备受国际社会的推崇。这一司法理念的创设是为了化解冲突而修复被犯罪人所破坏的社会关系。强调犯罪人与被害人、社区的关系修复，主张在犯罪人补偿其因犯罪对被害人和社会造成的伤害基础上，为犯罪人提供有利于其改造的各种条件。恢复性司法的核心内容包含社区矫正的诸多基础理念，它认为就犯罪本质而言，首先侵害的是被害人的权利，其次是侵害社区利益，最后才侵害了国家的法律秩序。[2]因此，对犯罪人的刑罚应更加关注犯罪人、被害人和社区三者之间关系的修复，政府负责维护秩序，犯罪人需要积极挽回因犯罪行为造成的不良影响，主动消除对被害人和社区的损害，弥补被害人受到的物质损失和精神伤害。社区及其成员应积极帮助犯罪人，为其悔过自新提供力所能及的帮助与支持。社区矫正制度设计符合恢复性司法的主张，通过社区矫正对象主动实施对社会、被害人有利的行为，既对被害人进行一定的弥补，又为社会作出有益贡献，还能塑造自己正面的社会形象，有利于其以健康心态回归社会、顺利地融入社会，起到预防重新犯罪的作用。

在 20 世纪 90 年代，此理论在欧美数十个国家得到发展和广泛应用，进一步促进了刑罚结构逐步走向轻缓化，对于缩减监狱行刑规模、扩展社区矫正的运用起到了重要的作用。不仅为社区矫正提供了理论基础，还全面关注

---

〔1〕 金碧华："社区矫正假释人员回归社会的障碍分析及破解策略"，载《犯罪研究》2020 年第 3 期。

〔2〕 参见张庆方："恢复性司法"，载陈兴良主编：《刑事法评论》（第 12 卷），中国政法大学出版社 2003 年版，第 433 ~ 496 页。

被害人的诉求，为被害人参与社区矫正提供了合法、合理的依据，拓宽了社区矫正的适用范围。

二、刑事政策基础

第二次世界大战后，世界各国的刑事政策朝着所谓"宽松的刑事政策"和"严厉的刑事政策"两个不同的方向发展，这种现象被称为刑事政策的两极化。也就是"轻轻重重"。"轻轻"就是对包括偶犯、初犯、过失犯罪等主观恶性不重的轻微犯罪的处理比以往更轻，即轻者更轻；"重重"就是对严重犯罪的处理比以往更重，即重者更重。

（一）宽严相济刑事政策

随着世界刑罚轻缓化的发展趋势以及我国政治、经济、社会、文化的发展，我国的刑事政策也发生了新的变化。主要体现在由过去的"惩办与宽大"相结合、注重"惩罚"的刑事政策调整为"宽严相济"、注重"宽缓"的刑事政策，这是我国刑事司法政策的重大变革。"宽严相济"的刑事政策在党的十六届六中全会通过的《中共中央关于构建社会主义和谐社会若干重大问题的决定》中第一次正式提出，是对我国犯罪防控工作的科学总结，是对以往刑事政策的丰富和发展，对刑事司法工作具有重要的指示性作用。

宽严相济的"宽"就是要坚持区别对待，应依法从宽的就要从宽处理。对情节轻微、主观恶性不大的犯罪人员，尽可能给他们改过自新的机会，依法从轻减轻处罚。主要有以下四种情形：

第一，依罪行从宽。即对于那些实施较轻微犯罪的犯罪人，处以较轻处罚。

第二，依犯罪人表现从宽。即所犯罪行虽然较重，但行为人具有坦白、自首或立功等法定或酌定情节的，法律上予以宽恕，在本应判处较重之刑的情况下判处较轻之刑。

第三，非犯罪化。即在侦查、起诉、审判阶段，对一些轻微的危害社会行为不以犯罪行为论处。

第四，非监禁化。是指虽被科处刑罚，但不在监狱等机构内执行，而在社区内执行。在以自由刑为核心的现代刑罚体系中，监禁是刑罚的主要形式。

非监禁化就是使更多犯罪人在监狱外服刑，引入矫正理念，通过重视对犯罪人的教育矫正，使他们尽快融入社会之中。

宽严相济的"严"，就是集中力量依法严厉打击严重刑事犯罪。对危害国家安全罪、黑社会性质组织犯罪、严重暴力犯罪以及严重影响人民群众安全的多发性犯罪从严打击，充分发挥刑罚的威慑力。

宽严相济的"济"，具有调剂、协调和结合三层含义。"宽严相济"刑事政策是我国构建和谐社会的必然要求，是社区矫正制度在中国得以建立并不断发展的最为重要的刑事政策背景。社区矫正是"宽严相济"刑事政策的具体贯彻和落实，对于体现宽缓的刑事政策、弥补现有短期自由刑的缺陷有积极的作用。

（二）"有选择监禁"刑事政策

"有选择监禁"刑事政策的主要内涵是：基于监禁刑仍是一种十分必要的刑罚措施，在打击犯罪中发挥着不可或缺的作用，同时监禁刑本身存在着许多缺陷和弊端，监狱并非矫正犯罪人的理想环境，因此，一方面应从总量上严格控制监禁刑的适用，适度控制监狱人口规模；另一方面，应当实现监禁刑资源的合理配置，监狱只应关押那些对社会危险性极大而有必要监禁的犯罪人，对那些不必要监禁或不需要继续监禁的犯罪人应尽可能放在社会上接受矫正。"有选择监禁"刑事政策推行的结果，一方面是监禁刑的适用势头得到遏制；另一方面是社区矫正的发展壮大，除了罚金、缓刑、假释等传统的非监禁刑措施外，新的制裁方法如劳动赔偿、社区服务等被大量地引进与适用。目前，美国、加拿大、英国、德国、法国、澳大利亚、新西兰、日本等发达国家和地区都已形成了以非监禁刑为中心的刑罚适用和执行模式。

三、国际法基础

（一）尊重和保障人权

人权是所有人与生俱来的权利，它不因种族、性别、性倾向、国籍、族裔、语言、宗教或任何其他身份地位而有所区别。人权包括生命和自由的权利，不受奴役和酷刑的权利，意见和言论自由的权利，获得工作和教育的权利以及其他更多权利。人人有权不受歧视地享受这些权利。人人生而自由，在尊严和权利上一律平等。[1] 人权理念的核心是人的生命与尊严，《联合国宪章》《世界人权宣言》和其他国际人权公约所确认的人权原则，是国际社会人权价值普遍性的表现。如今，反对酷刑和禁止残忍、不人道待遇日益成为国际社会关注的人权保护国际化的重要内容。从国际社会人权保障的角度来看社区矫正是国际社会对人权尊重程度日益提高的必然结果，是各个国家对人权保障的认可和支持。社区矫正能够避免监禁刑带来的弊端，是刑罚轻缓化的具体表现，表明了反对酷刑的立场，体现了对人权的尊重。

人权的标志是平等与无差异对待，平等是在一个特定的国家或领土内，无论权利的实现达到什么水平，都不加歧视地适用于居住在那里的每一个人。[2] 不能基于任何原因，如种族、宗教、肤色、性别、语言、政治、国籍、财产、出身或其他任何身份而对人加以区别、排斥或者限制，强调人与人之间的平等，在任何国家一切人都应该享有生命健康权、人身自由权等基本人权。社区矫正体现了尽可能不剥夺犯罪人人身自由权的要求，减少了因执行监禁刑给犯罪人带来的痛苦和消极影响，保障了在监狱服刑被部分或全部无形剥夺的某些权利，比如结婚权、离婚权、辩护权、继承权等，让犯罪人有机会更多地接触社会，维护其家庭的稳定，避免监狱化人格的出现，有利于其早日融入社会。

（二）以人为本的人文主义精神

人文精神是指蕴涵在人文社会科学学科中的对人类意义和价值的关怀，是在人类认识活动中形成的一系列价值观念和态度。[3] 人文精神的核心就是"以人为本"，把人放在最重要的位置，尊重人的价值，以人为尺度，追求善与美，重视人的精神在社会实践中的作用。概括地说，就是对人的尊严、价值、命运的维护、追求和关切，对人类遗留下来的各种精神文化现象的高度珍视，对一种全面发展的理想人格的肯定和塑造。社区矫正的制度设计充分体现了以人为本的人文主义精神：一是将社区矫正对象当做"人"来看待，

---

〔1〕　http://www.un.org/zh/aboutun/thisistheun/rights.shtml.

〔2〕　[美] 爱德华·劳森编：《人权百科全书》，汪浩、董云虎等译，四川人民出版社1997年版，第430页。

〔3〕　叶泽雄："论人文社会科学研究中的滞后性与超前性"，载《河北学刊》2002年第1期。

尊重其作为人的生存价值，实行人性化管理的同时对其进行人文关怀，维护其应享有的权利。二是将犯罪人放到社区中执行刑罚，尽可能地减少因执行监禁刑给犯罪人带来的痛苦和消极影响，针对不同犯罪人的具体情况来制定个别化的矫正方案，依托和借助社区的各种矫正资源和服务力量，使社区矫正对象更快地融入社会，实现再社会化的目标。

【课堂活动 3 – 1】

通过阅读【案例 3 – 1】，请思考对安某某实施社区矫正的过程体现了哪些刑事司法理论？

第二节　心理学理论基础

二十大报告指出："高质量发展是全面建设社会主义现代化国家的首要任务""全面建设社会主义现代化国家，必须坚持中国特色社会主义文化发展道路，增强文化自信""增强中华文明传播力影响力，坚守中华文化立场……推动中华文化更好走向世界"。社区矫正的高质量发展既需要吸收世界先进理论成果，借鉴西方心理学理论，更要把传统文化心理学的精髓加以挖掘、整理并继续进行创新发展，使中华优秀传统文化得到创造性转化。同时用本土化的西方心理学推动社区矫正心理学理论基础的研究，助力我国社区矫正工作的高质量发展，使社区矫正工作者在社会主义核心价值观引领下严格规范公正文明执法。

一、行为主义理论

行为主义理论又称学习理论，是现代心理学主要的学说流派之一。早期的行为主义是以巴甫洛夫、华生为代表。巴甫洛夫通过对动物条件作用形成过程的研究，为学习理论奠定了科学的基础。美国心理学家华生把巴甫洛夫的原则应用于心理学，并使其成为心理学的主流。中期的行为主义是以赫尔和格斯里为代表，提出了驱力还原理论和临近学习理论，从本质上揭示了人的行为是如何产生、如何反映心理状态和意识的；后期的行为主义是以斯金纳为代表，主要通过强化的手段揭示行为是外部环境塑造而成，儿童的发展是由其所处的环境与教育决定的。

众所周知，巴甫洛夫的经典条件反射是对特定信号做出特定的行为反应，而操作条件反射则是要求学会某种特定的操作。心理学家斯金纳将动物放到特制的箱子里，动物在里面可以自由活动，当它无意中压了杠杆时，会得到食物作为奖励，此后动物就会更经常地挤压杠杆，通过一定时间的训练，动物就会习得按压杠杆获取食物这一行为操作。斯金纳由此得出结论，可以采取操作条件反射的方法对被试对象进行训练，达到使其掌握某种操作的目的。①强化与负强化。个体为什么能学会某种行为或者避免另一种行为呢？究其原因是行为后的奖赏与惩罚作为强化物，使某种行为固定下来并反复出现，奖赏是给予喜欢的刺激，比如食物、微笑、表扬或注意等属于正强化；取消惩罚以引发所希望的行为，属于负强化，比如通过去除某些不好的、不愉快的刺激使反应得到增强。例如，社区矫正对象为了避免受到社区矫正工作人员的批评而认真遵守相关规定，社区矫正工作人员的批评就是负强化。通过对强化物进行适当的安排，可使某种行为出现或不出现不同的强化，进而塑造不同的行为。②惩罚。惩罚与负强化不同，惩罚不是为了增强而是试图去除某些行为反应，当发生了某些不好的行为后，给予不愉快的刺激，这就是惩罚。但是惩罚可能不一定有效，也可能会带来一定的负面结果。惩罚往往是将不良行为压抑下去，但没有教导出新的行为；次惩罚容易使人产生怀恨心理，对惩罚者心怀不满并常常表现出攻击行为。

斯金纳的操作条件理论在实践中主要应用于行为矫正。对不良行为给予惩罚或不予注意，对好的行为给予奖励，坏的行为就会逐渐消退，而好的行为就会渐渐保留。其强化与惩罚的作用和原则有助于塑造社区矫正对象良好的行为习惯以及矫正其不良行为。当矫正对象表现出好的行为时，要及时给予强化加以肯定，强化应以表扬、微笑等精神性奖励为主，少用物质性奖励，以免使矫正对象养成为了获得外在奖赏而自我矫治的习惯。注意了解矫正对象行为的真正目的，避免将对其行为的惩罚变成对其行为的强化，以致社区矫正对象的不良行为得以继续保持。

综上，行为主义理论和相关的行为矫正方法，对于社区矫正工作相关运用有着非常深远的影响，尤其是在社区矫正对象行为习惯养成方面，行为主义能够起到很好的作用，针对不同的情况进行合理分析，然后灵活运用行为主义相关理论和方法，对社区矫正对象的行为进行训练和矫治，从而培养其养成良好的行为习惯。

二、社会学习理论

社会学习理论是与犯罪学关系最为密切的行为理论，强调行为是后天学来的，犯罪行为与其他行为一样是社会学习的结果，是班杜拉和沃尔特斯在行为主义的基础上提出的。其主要内容是：①观察学习。观察学习是班杜拉社会学习理论的重要组成部分，它指的是个体通过对他人行为与结果的观察获得新的行为反应模式，或者对已有的行为模式加以修正。②自我调控。随着社会化程度的不断加深，人们对外部奖励与惩罚的依赖越来越少，更多的是依靠自己的内在标准对行为进行奖励和惩罚，即对行为进行自我调控，自我调控包含自我观察、自我评价和自我强化三种成分，是奖励与惩罚的产物，同时也是榜样影响的结果。③自我效能。班杜拉认为，自我控制和坚持严格的成就标准的原始动机来源于个体的内心，而非外在的环境，当人们实现了所追求的目标时，就会觉得有能力，就会感到自豪和骄傲，如果无法达到目标时，就会感到焦虑、羞愧和没有能力，这种从成功的经验中衍生出来的能力信念叫做自我效能。

社会学习理论认为通过观察榜样的行为就可获得学习，榜样对人有重要影响。在社区矫正工作中，对社区矫正对象来说，社区矫正工作人员、父母、同伴甚至大众传媒都是可以学习的榜样，社区矫正工作人员、帮教小组、志愿者首先就要以身作则，通过榜样的力量来影响社区矫正对象改变不良的认知和恶心。

社区矫正对象的行为由外塑而逐渐内发，这既是个体逐渐成熟的结果，也是教育引导的结果，在社区矫正工作中，通过设立各种标准、规则来规范矫正对象的行为，并引导其认同、采纳这些标准，进而对自己的行为进行调节，成长为具有自我调控力的人。

自我效能是一种期望结构，具有动机的性质，矫正对象自我效能的高低，影响其对任务的选择、投入、努力的大小及遇到困难时的坚持性，我们应帮助矫正对象，保持相对准确但却是较高水平的期望和效能，避免让矫正对象产生无能的感觉。要培养矫正对象具有"能力是可变的"这一信念，减少相对能力信息。通过给矫正对象布置有相当挑战性但难度又合理的任务，让他们在这些任务上取得成功来提高自我效能信念，这往往比说教更有说服力。[1]

三、精神分析理论

精神分析理论始于19世纪末，是奥地利精神科医生弗洛伊德创立的一种学说，是现代心理学的奠基石。该理论是在治疗精神障碍的实践中产生的，后来成为一种强调无意识过程的心理学理论，有时也称为"深层心理学"。精神分析理论的产生有其深刻的历史人文背景，产生后经过众多的心理学家的努力得到不断发展，形成众多派别。当代心理学界一般把以S.弗洛伊德、A.阿德勒和C.G.荣格为代表的早期精神分析理论称为弗洛伊德主义，而把以E.H.艾里克森、H.S.沙利文、E.佛洛姆和K.霍妮等为代表的精神分析理论称为新精神分析理论或新弗洛伊德主义。

弗洛伊德认为人的精神活动会在不同的意识层次里发生和进行，包含无意识、潜意识和意识三个层次。无意识包含了各种为人类社会伦理道德、宗教法律所不能允许的原始的动物性的本能冲动，以及与各种本能有关的欲望，因其不符合社会道德和本人理智，无法进入意识被个体所察觉，所以它是过去经验的大量存储，这些无法得到满足的情感体验、本能欲望与冲动是被压抑到无意识之中的，但他们并不肯安分守己地待在那里，而是在无意识中积极地活动着，不断地寻求出路，追求满足。按照弗洛伊德的观点，犯罪人的犯罪行为正是其压抑到潜意识中的本能的欲望冲动的表现。作为违法犯罪人，由于他们的自控自制能力低且不良需求多，所以其无意识冲动要远远大于守法者，实施犯罪行为时，并不会感到内疚、自责、羞愧，没有罪恶感。特别是那些主观恶性大、犯罪心理顽固、不良心理和行为已定型的犯罪人更是如此，所以为了矫正其不良心理和行为，可对其进行严厉的刑罚，而对那些主观恶性小、犯罪心理并未定型的轻刑犯、初犯、偶犯和未成年犯，因其还有一定的道德感、理智感、内疚感和羞愧感，因此对其实施较轻的刑罚处罚，

---

[1] 连春亮主编：《社区矫正理论与实务》，法律出版社2015年版，第79页。

把他们放在社区中进行矫正，通过社区矫正，提高其自控自制能力，增强社会责任感、道德感、理智感，以避免其重新走向违法犯罪的道路。

经典精神分析理论认为，人的行为是人格与外在环境相互作用的结果。弗洛伊德认为人格结构有三个层次：本我、自我和超我。存在于潜意识中的本能、冲动与欲望构成了本我，本我是人格的生物面；自我介于本我与外部世界之间，是人格的心理面，自我的作用如下：一方面是个体意识到其认识能力，另一方面是个体为了适应现实而对本我加以约束和压抑；超我是人格的社会面，是"道德化的自我"，由"良心"和"自我理想"组成，超我的作用是指导自我、限制本我。在正常情况下，人格的三个方面相对平衡，个体得以适应环境与现实。三者和谐一致，那么人格发展将会是正常的；如果三者失衡甚至长期冲突，人格发展将会非常困难，就有可能导致偏差心理的产生。具体到社区矫正工作中，其注重对社区矫正对象的心理疏导，优化其生活环境，帮助其修复家庭功能，开展心理矫正工作，尤其是注重培养未成年犯的健全人格，保障未成年犯在健康的家庭环境中成长。

精神分析理论产生后，许多学者将其应用到犯罪行为研究中。奥古斯特·艾伦霍恩是精神分析犯罪学创始人之一。艾伦霍恩根据自己多年在少年犯罪人教养机构的经验，指出青少年犯罪的原因在于超我的发展不足。超我遵循"道德原则"行事，如果得不到充分发展，就不能控制本我的冲动行为。本我为了满足自己的本能的欲望，就会为所欲为，以致实施犯罪行为。美国犯罪学家谢尔登·格卢克和埃尔诺·格卢克夫妇，是对精神分析理论发展研究最为重要的代表之一。他们认为犯罪行为是个人因素与环境因素共同作用的结果，具有易犯罪特征的人很容易在不良的环境中实施犯罪行为。美国犯罪学家特拉维斯·赫希从社会联系的角度进一步发展了精神分析理论。他提出了犯罪的社会控制理论，将精神分析中的人格具体化。他认为任何人都有犯罪的倾向，如果不进行控制的话，任何人都会进行犯罪。少年犯罪是个人与传统社会的联系薄弱或破裂的结果。[1]

---

〔1〕 王枫："人性的探寻与救赎——精神分析对罪犯再犯行为预测与矫正的启示"，载严励、岳平主编：《犯罪学论坛》（第四卷·下册），中国法制出版社 2018 年版，第 1243～1257 页。

精神分析对罪犯行为干预的启示在于改造缺陷人格、增强社会支持系统和提高自我约束力，这些都有利于罪犯的行为矫正。犯罪与不正当的社会交往有关，对罪犯的教育改造就要树立牢固的社会支持系统，增加其与反对犯罪行为亲友的联系，减少与支持犯罪行为的亲友的联系，从外部环境中制约罪犯的重新犯罪行为。而社区矫正制度注重发挥社会力量的优势，注重矫正对象与亲友的联系，增强社会支持系统，充分调动各种社区力量形成合力，对社区矫正对象进行救助和教育改造，有针对性地消除社区矫正对象可能重新犯罪的因素，帮助其成为守法公民。

【课堂活动 3－2】

根据精神分析理论的观点，你认为在社区矫正工作中应如何注重对社区矫正对象的人格改造，进而使其形成健全的人格？

第三节　社会学理论基础

二十大报告指出："加快构建中国特色哲学社会科学学科体系、学术体系、话语体系，培育壮大哲学社会科学人才队伍"。"实践没有止境，理论创新也没有止境"。"继续推进实践基础上的理论创新，首先要把握好新时代中国特色社会主义思想的世界观和方法论，坚持好、运用好贯穿其中的立场观点方法"。社会学理论是对社会事实的推测、归纳、演绎所得出的基本观点。从社会学的角度来研究社区矫正制度，为社区矫正的具体应用提供了新的矫正视角。因此，寻求社会学理论基础，对构建中国特色社区矫正制度，体现中国治理模式，进而服务中国式现代化具有一定的应用价值。

一、标签理论

标签理论是以社会学家莱蒙特和贝克尔的理论为基础形成的一种社会工作理论，这种理论认为每一个人都会有初级越轨，但只有被贴上标签之后，初级越轨者才有可能走向越轨生涯，一个人是否被贴上标签与周围环境的社会成员及对他及其行为的定义过程或标定过程密切相关，因此社会工作的一个重要任务就是要通过一种重新定义或标定的过程，使那些原来被认为是有问题的人恢复为正常人。[1]

标签理论的基本观点是犯罪是由社会制造的，犯罪人的产生过程是社会对不良行为者给予消极反应，使其对这种消极反应产生认同，从而逐步走向犯罪道路的互动过程。当某个人初次犯罪或有违反社会规范的行为被公之于众后，就会被人公开贴上各种越轨者的标签，比如偷税者、无赖、小偷或吸毒者等。周围的人会开始根据这一标签对他作出种种反应，比如歧视、轻蔑等，时间一长，越轨者就会在有意无意之中接受这一标签，形成新的自我概念，甚至对别人的看法表示认同，顺应社会对其作出的评价，认定自己是越轨者，并开始做出更严重的、持久的、习惯性的越轨行为。标签理论的学者们认为给罪犯判刑是最深刻的"标签化"过程，如果将一些罪犯在监狱服刑转到社区实施矫正，就可以减少"标签化"带来的副作用。

标签理论不仅倡导将监禁矫正转化为社区矫正，还主张判令犯罪人通过支付赔偿金或其他方式对受害人进行补偿，或者提供社区服务来补偿其犯罪行为所造成的损害。标签理论为社区矫正提供了理论基础，对社区矫正的刑事立法和司法活动产生了深远的影响。社区矫正可以避免对犯罪人最深刻的"标签化"过程，让其心理不致产生严重的"自我降格"。社区矫正机构帮助犯罪人面对之前的"越轨行为"，重新定义自我，摆脱越轨行为的阴影，避免走上"越轨生涯"，在社区中接受矫正不仅能够避免短期监禁刑中交叉感染的弊端，避免被贴上罪犯的标签，同时还可以通过犯罪人提供社区服务和义务劳动等方式来修补被破坏的社会关系，不会出现被社会孤立排斥的现象。社区居民和被害人对犯罪人的接纳、社会力量对其各方面的帮助都可以让犯罪人重拾生活信心。[2]社区矫正对象会像以前一样生活在家中、社区中，同时社区矫正机构积极鼓励其参与社区活动，积极与人交往，并通过各种渠道关心矫正对象的生活、就业、心理健康等，这必然有利于其与社会的融合，有利于改变过去错误的认知，有利于重新社会化，从社会学角度讲，标签理论

〔1〕 连春亮主编：《社区矫正理论与实务》，法律出版社2015年版，第71页。
〔2〕 肖乾利、熊启然：《社区矫正基本问题研究》，法律出版社2022年版，第64页。

是社区矫正工作的重要理论依据之一。

二、亚文化理论

文化有主文化和亚文化之分，主文化是社会的正面文化，具有官方认可、推动民众承认的特点，这种文化属于社会形态的上层，占文化形态的主要部分。亚文化是与主流文化相对立的或相反的非主流、局部的文化现象。亚文化是整体文化的一个分支，它是由各种社会和自然因素造成的各地区、各群体文化特殊性的方面，例如，因阶层、阶级、民族宗教以及居住环境的不同，都可以在统一的民族文化之下，形成具有自身特征的群体或地区文化及亚文化。[1]由于亚文化是与主流文化对立冲突的文化，在这种文化影响熏陶下的人往往会实施越轨的行为，会做出主文化所不容的行为，因此也就有了"犯罪亚文化""越轨亚文化"等概念。

每一种社会组织的内部都存在着相应的文化体系，监狱是关押罪犯的场所，同样也包含主文化和亚文化。监狱亚文化是监狱犯人特有的一种生活方式，是通行于罪犯群体内部的、非正式的、不成文的规范、价值、习惯以及特有的行为方式的总和。[2]其与监狱主文化相对立，在伦理、道德、审美等方面具有特殊的价值取向。监狱亚文化对罪犯的影响很大，使得某些罪犯价值观更加偏离、行为方式愈加极端化、恶习程度加深。罪犯对监狱亚文化的学习与内化过程就是"监狱化"的过程，在集中关押状态下，罪犯之间彼此学习犯罪技巧和行为恶习，使罪犯由初始的"一面手"变成"多面手"，进而形成监狱人格。而社区矫正将罪犯置于自由开放的社区中执行刑罚，能够避免和克服监狱亚文化对罪犯的消极影响，为社区矫正对象提供良好的社区文化环境，并且在主流文化的引导下，消除、弱化不良亚文化对矫正对象的影响，使之不断形成适应社会的行为方式，完成再社会化的任务。同时最大限度地动员社会力量参与对犯罪人的改造和矫正，重塑其健康人格，预防其重新犯罪，让罪犯在逐步适应社会的同时接受矫正、教

---

〔1〕　连春亮主编：《社区矫正理论与实务》，法律出版社2015年版，第72页。
〔2〕　王平：《中国监狱改革及其现代化》，中国方正出版社1999年版，第113页。

育，最终顺利回归社会，实现其再社会化的目标。因此，亚文化理论也是社区矫正的理论基础之一。

【课堂活动3-3】

请思考并讨论，监狱人格是如何形成的？

三、社会结构理论

社会结构是社会学中最重要的研究领域，也是社会分析方面的一个关键概念。社会结构理论认为，社会是划分层次的，不同层次的成员享有的政治、经济及其他社会权利不同，犯罪与这种社会结构有关。从社会结构的角度研究犯罪问题是西方犯罪社会学的一个重要方面，现代犯罪社会学作为研究刑事犯罪与社会发展的"关系学"，主要围绕社会制度、社会结构、社会分配、社会文化和社会控制等方面进行研究，力图揭示刑事犯罪的发生变化规律，寻求控制犯罪的有效措施和最佳途径。其中最经典的理论是犯罪社会学家德克海姆的社会迷乱理论和默顿的社会紧张理论。德克海姆认为人们在追逐集体利益中互相依赖的同时，也在多元化中丧失了传统的集体意识和共同遵循的社会规范，而集体意识恰恰是使社会得以凝聚而不崩溃的主要因素。没有集体意识力量存在，人们的精神生活会更加空虚，很难在快速的社会变化中调适自己，从而产生迷乱状态，最终导致犯罪。[1]默顿认为当社会过于强调目标和理想的共同性而社会又未能给不同阶层的人们提供达成这一目标的相同条件的时候，弱势阶层就容易以非法的手段去实现这一目标从而产生犯罪。

美国当代犯罪学家库仑在继承和发展上述经典理论的基础之上，出版了《犯罪与偏差行为理论的反省：结构传统的出现》一书。他大力提倡要以结构主义的社会学传统来重新反省对犯罪问题研究的不足以及为未来犯罪研究开辟新的发展方向的问题。他认为研究犯罪问题应从社会结构的各个层面来剖析，至少应考虑四个社会结构因素对犯罪的影响：①社会分层因素，即社会分层可成为催化犯罪的动力；②社会地位因素，即各种群体的社会地位变化

---

〔1〕 E. Durkheim, *The Rules of Sociological Method*, London: M acmillan, 1982, pp. 53～55.

会影响不同群体之间的互动关系和社会行动；③社会心理因素，即思想的迷惘造成"内在选择机制"的削弱；④社会反应因素，国家对犯罪的不当反应会对犯罪态势造成影响。[1]

从世界各国社会结构变化的基本规律看，社会阶层分化的初期都是社会矛盾激化的时期，会引发各种社会问题。避免或减缓这些问题的途径应该是从解决社会发展和资源分配不均以及不同阶层利益冲突入手，全面深化体制改革，而社区矫正是积极探索社会管理创新的有效途径，通过建立健全对高危人群的常态化帮教管控机制，充分发挥基层组织和社会组织的积极作用，推动教育改造与安置帮教工作双延伸，可以化解社会矛盾，提高社会管理能力，取得良好的社会效果和法律效果，实现社会的长治久安。

同时，刑罚是一把双刃剑，在强调其积极作用的时候，也要看到其消极作用。严厉的刑事政策的副作用是不可忽视的。美国过去曾想长期依靠重刑来解决犯罪问题，其结果是犯罪率愈来愈高。严厉的刑事政策还可能会造成仅有一般违法行为的人受到刑罚处罚从而得到罪犯的标签，进而造成更多的犯罪。社会对犯罪的过激反应，特别是重刑的运用是否真能有效制止犯罪，轻刑就一定会鼓励犯罪等问题都是需要进一步研究的问题。但是严厉刑罚的运用必然会导致对不同类型犯罪的反应强度拉近的局面，导致价值不分的负面效应，从而影响司法公正和社会大众对法的情感。特别是严厉刑罚的运用和犯罪形势的恶化可能会出现可怕的恶性循环。[2]而社区矫正正是使用相对人道、人性、缓和的刑罚方法处理部分犯罪情节轻微、危害不大、社会危害性较小的犯罪人，可以提升犯罪人的改造效果，同时节约行刑资源，更有利于增强社会稳定性等正面效应。

【课堂活动 3 - 4】

请思考并讨论，我国的社会结构有何特点？

【思考题】

1. 请思考恢复性司法理论与我国社区矫正融合的可行性。

---

〔1〕　F. Cullen, *Rethinking Crime and Deviance Theory: the Emergence of a Structuring Tradition*, NJ: Rowman & Allanheld, 1984, p. 1~3.

〔2〕　陈晓明："引发犯罪的社会结构因素分析"，载《甘肃政法学院学报》2007 年第 1 期。

2. 从社会学习理论角度，应如何对矫正对象进行不良行为的矫正？

3. 在刑事执行中如何对轻刑犯进行去标签化？

拓展 学习

社区矫正的国际法渊源

社区矫正是替代监狱的一种矫正制度，是由非监禁刑取代监禁刑的重要标志。20 世纪中期以来，随着人权运动的高涨，罪犯的人权保障越来越受到各国的重视，很多国际组织包括政府或非政府，制定了很多文件和规则，以完善现行立法。国际上也先后通过了一系列保障罪犯人权的公约和协定，对推行非监禁刑、适用社区矫正内容有所涉及。

一、联合国的倡议

联合国在倡导使用社区矫正等非监禁刑方面的投入对社区矫正在全世界发展起到了重要的指导作用。第七届联合国预防犯罪和罪犯待遇大会于 1985 年 8 月 26 至 9 月 6 日通过了《减少监禁人数、监外教养办法和罪犯的社会改造》决议（第 16 号决议），呼吁国际社会重视和使用非监禁刑。

联合国大会于 1990 年 12 月 24 日通过的《非拘禁措施最低限度标准规则》（即《东京规则》）中，为非拘禁措施的使用和执行提供了基本的国际准则。该规则建议非拘禁措施应在刑事司法执行工作的各个阶段适用于所有受到起诉、审判或执行判决的人，且在审判后应尽量在早期阶段考虑以某种形式从监狱释放，即实施非拘禁方案。该规则提出了在审前阶段、审判阶段和判决后阶段的社区矫正措施，比如审判时使用缓刑和司法监督、社区服务令等，判决后使用工作或学习释放、各种形式的假释等措施。规则还对社区矫正的执行、工作人员、志愿者和其他社区资源以及对社区矫正的研究、规划、政策的制定与评价等问题都作了详尽的规定。[1]

联合国经济与社会理事会在 1998 年 7 月 28 日举行的第 44 次全体会议上通过的《开展国际合作，以求减少监狱人满为患和促进替代性刑罚》决议也

---

〔1〕 王维："社区矫正制度研究"，西南政法大学 2006 年博士学位论文。

是一份促进非监禁刑、社区矫正发展的重要文件。该文件规定：认为监狱人满为患现象会造成形形色色的问题，包括工作人员过重的困难……考虑到许多会员国特别顾及人权原则，对替代判处监禁的措施日益感兴趣，又考虑到社区服务和其他非拘禁措施是替代监禁的创新做法……如可能，采取社区服务和其他非拘禁措施而不采用监禁做法……[1]

二、地方性国际组织在各自成员国内也发起了支持非监禁刑的决议

1997 年 11 月 24 日，非盟组织成员国在津巴布韦的卡多马召开的非洲社区服务裁决国际会议上发表了《卡多马社区服务宣言》，宣言宣称，利用监狱应严格限制为不得已的措施。监狱是对稀有资源和人的潜力的一种浪费。被监禁的大多数囚犯对社会并不构成什么实际的威胁。我们的监狱人满为患现象需要通过采取社区服务办法等积极行动来解决。社区服务符合非洲处理罪犯和在社区范围内治愈犯罪创伤的传统。另外，社区服务是一个积极而又节省费用的措施，只要有可能就应当首先采取这种办法而不是判处徒刑。[2]

欧洲委员会及其下设的有关委员会对非监禁刑的发展作出了一定的贡献。2000 年 11 月 29 日举行的第 731 次副部长委员会会议上，通过了《成员国部长委员会关于改进实施欧洲社区制裁和措施的规则的第（2000）22 号建议》，该建议规定，为了促进非监禁性制裁和措施的使用，特别是在制定新的法律时，立法者应当考虑指出可以优先对某些犯罪使用某种非监禁性制裁或措施用于代替监禁刑；应当考虑审查和减少阻止对严重犯罪人和重复性犯罪人使用社区制裁和措施的正式规定；应当规定在审判中可以引进新的社区制裁和措施等。[3]

我国社会结构：变化、特点及风险[4]

社会结构是指一个国家或地区占有一定资源和机会的社会成员的组织方式和关系状态，主要包括人口结构、家庭结构、就业与职业结构、城乡结构、

---

〔1〕 杨宇冠、杨晓春编：《联合国刑事司法准则》，中国人民公安大学出版社 2003 年版，第 472～474 页。

〔2〕 吴宗宪等著：《非监禁刑研究》，中国人民公安大学出版社 2003 年版，第 141 页。

〔3〕 吴宗宪等著：《非监禁刑研究》，中国人民公安大学出版社 2003 年版，第 154～155 页。

〔4〕 龚维斌："我国社会结构 变化特点及风险"，载《中国特色社会主义研究》2019 年第 4 期。

社会的组织结构、阶层结构等诸多方面。改革开放以来，特别是新世纪以来，我国社会结构发生了巨大的变化，经历了由乡土中国到城乡中国和城市中国的转变，产生了许多新的特点，潜藏着诸多社会风险。

改革开放以来特别是新世纪以来，我国人口结构、家庭结构、就业与职业结构、城乡结构、社区结构、社会阶层结构以及社会组织结构等七个方面出现了新的变化。这些变化具有新的特点，一是时空压缩特征更加明显；二是利益格局更加复杂多变；三是社会需求在多元化和高级化中呈现阶层化和群体化特点；四是客观地位与主观地位一致现象仍然较为突出；五是国家对社会结构的调控能力不断增强。新世纪以来，我国社会结构变迁既为社会现代化提供了有力的支撑，也给社会发展和社会稳定带来诸多挑战和风险，主要是人口老龄化的风险、失业增加的风险、农村基层治理难度增加的风险、社区融合难的风险、向上社会流动受阻的风险以及阶层和群体冲突的风险。

第四章

社区矫正的价值

知识目标：理解并掌握社区矫正的价值分析及价值体现的内容。

能力目标：具备法治思维能力和对社区矫正的价值分析能力。

素质目标：具有依法治国的理念和意识；具有人道、民主、科学、公正的价值理念。

知识树

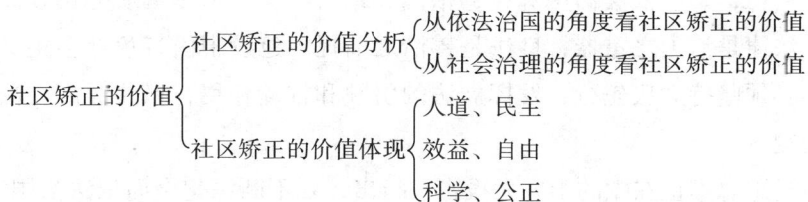

案例 4 - 1

杨某某，男，1986 年 4 月出生，户籍地为 N 省 S 市，居住地为 A 市 D 区。杨某某被公诉机关指控犯危险驾驶罪，D 区人民法院认为，公诉机关指控被告人杨某某犯危险驾驶罪的事实清楚，证据确实、充分，指控罪名成立。被告人杨某某到案后如实供述自己的犯罪经过，自愿认罪认罚，认罪态度较好，依法可以从轻处罚。根据被告人杨某某的犯罪情节和悔罪表现，并经过社会调查，依法可以宣告缓刑。故依法判处杨某某犯危险驾驶罪，判处拘役 2 个月，缓刑 2 个月。缓刑考验期自 2021 年 3 月 12 日起至 2021 年 5 月 11 日止。2021 年 3 月 17 日，杨某某到 A 市 D 区社区矫正机构报到。该案例体现出社区矫正的什么价值？

第一节　社区矫正的价值分析

一、从依法治国的角度看社区矫正的价值

党的十八大以来，习近平总书记发表了一系列关于全面依法治国的重要论述，不断丰富了全面依法治国的内涵。十八届四中全会通过的《中共中央关于全面推进依法治国若干重大问题的决定》中对全面推进依法治国作出了全面的战略部署，提出全面推进依法治国的总目标是建设中国特色社会主义法治体系，建设社会主义法治国家。坚持依法治国、依法执政、依法行政共同推进，坚持法治国家、法治政府、法治社会一体建设，实现科学立法、严格执法、公正司法、全民守法，促进国家治理体系和治理能力现代化。实现这个总目标，必须坚持中国共产党的领导，坚持人民主体地位，坚持法律面前人人平等，坚持依法治国和以德治国相结合，坚持从中国实际出发。全会指出，法律是治国之重器，良法是善治之前提。建设中国特色社会主义法治体系，必须坚持立法先行，发挥立法的引领和推动作用，抓住提高立法质量这个关键。

习近平总书记在党的十九大报告中指出，要不断深化全面依法治国实践，必须坚持厉行法治，推进科学立法、严格执法、公正司法、全民守法。习近平总书记在党的二十大报告中指出："全面依法治国是国家治理的一场深刻革命，关系党执政兴国，关系人民幸福安康，关系党和国家长治久安。""我们要坚持走中国特色社会主义法治道路，建设中国特色社会主义法治体系、建设社会主义法治国家，围绕保障和促进社会公平正义，坚持依法治国、依法执政、依法行政共同推进，坚持法治国家、法治政府、法治社会一体建设，

全面推进科学立法、严格执法、公正司法、全民守法，全面推进国家各方面工作法治化"。历史的经验和教训使我们党深刻认识到，法治兴则国家兴，法治衰则国家乱。党和国家关于全面依法治国的一系列重要论述及重要举措均体现了党和国家一直致力于促进全面依法治国总目标的实现，也体现了党和国家对于全面依法治国战略的高度重视，对建设中国特色社会主义法治体系，建设法治国家、法治政府、法治社会的殷切希望。在全面推进依法治国的大背景下，社区矫正工作取得了巨大的成绩。据《中国法治建设年度报告（2020）》显示，截至2020年，全国新收社区矫正对象53万人，办理解除社区矫正对象55.8万人，现有社区矫正对象64.5万人，为构建和谐社会和全面推进依法治国作出了积极贡献。特别是随着《社区矫正法》的颁布施行，作为非监禁刑事执行方式的社区矫正工作已经进入到了法治化、制度化、规范化、专业化的新时代，成为深入推进全面依法治国，实现社会治理体系和治理能力现代化的重要实践载体，在刑事执行制度改革和刑事立法方面贡献了中国智慧。从依法治国的角度看，社区矫正的价值主要体现在以下几个方面：

1. 《社区矫正法》健全、完善了中国特色刑事法律体系

"依靠良法善治来促进社会公平正义、维护社会和谐稳定，推进国家治理体系和治理能力现代化，以法治力量更好地保障中国特色社会主义事业兴旺发达"。《社区矫正法》的出台，标志着我国社区矫正工作进入到了有法可依的新时代，对于推进社区矫正工作法治化、制度化、规范化、专业化以及国家治理体系和治理能力现代化建设具有重大意义，充分体现了保障人权、宽严相济、科学矫正、社会参与、修复融入的现代刑罚执行精神，在社区矫正领域具有里程碑意义，也是推进全面依法治国和司法行政工作发展的新动能。

我国社区矫正工作自2003年开始试点到立法通过，历时16年，自开展社区矫正工作以来，已成功让400余万名社区矫正对象顺利融入社会。实践证明，社区矫正有效整合了刑事执行资源，降低了刑事执行成本，维护了社会和谐稳定。各地方在社区矫正法治实践中立足实际、积极探索，积累了很多成功经验和有效做法，确立了党委政府统一领导、司法行政部门组织实施、相关部门协调配合、社会力量广泛参与的工作机制。从顶层设计架构的角度上看，这一机

制将社区矫正工作的领导主体、承担主体、协助主体和参与主体有机结合在一起，在有力推进社区矫正工作依法治理、源头治理、系统治理和综合治理的同时，突出并进一步强化了社区矫正工作的中国特色。立法过程中，国家十分注重尊重基层的首创精神，及时将这些可复制、可推广的经验做法提炼总结并固定下来，上升为法律，填补了我国非监禁刑事执行法律制度的空白，进一步健全和完善了中国特色刑事法律体系，解决了社区矫正实践中存在的突出问题，有效地巩固了社区矫正改革成果，促进了社区矫正工作规范健康地发展。

2.《社区矫正法》的颁布实施，彰显了党领导人民依法治国的基本方略

党的十九大报告将"坚持依法治国"纳入十四条基本方略，大力推进科学立法、民主立法、依法立法，以良法促进发展、保障善治。习近平总书记在《求是》上发表的《加快建设社会主义法治国家》中指出："坚持人民主体地位，坚持法治为了人民、依靠人民、造福人民、保护人民"。党的十九届六中全会审议通过的《中共中央关于党的百年奋斗重大成就和历史经验的决议》指出："努力让人民群众在每一项法律制度、每一个执法决定、每一宗司法案件中都感受到公平正义"。以法治力量更好保障人民群众的获得感、幸福感、安全感。《社区矫正法》是中国特色社会主义法律体系的重要组成部分，也是社区矫正工作严格执法、公正司法的基础和前提。

《社区矫正法》是贯彻党的十九届四中全会通过的《中共中央关于坚持和完善中国特色社会主义制度 推进国家治理体系和治理能力现代化若干重大问题的决定》的生动法治实践，体现了对中央全面推进依法治国方略和深化司法体制改革决策部署的落实，顺应人民群众对社会安全、司法公正和依法矫正的新期待，彰显了党领导人民依法治国的基本方略。

3. 社区矫正创造了安全稳定的社会环境

社区矫正对特殊人群进行监督管理、教育帮扶，为人民群众创造更加安全、稳定的社会环境。

习近平总书记在中央全面依法治国工作会议上指出，要积极回应人民群众新要求、新期待，用法治保障人民安居乐业。其中，社区矫正工作是对特殊人群进行监督管理、教育帮扶的工作，在预防和减少重新违法犯罪、打造安全稳定社会环境、保障人民安居乐业方面发挥着重要作用，促进社会充满

活力、和谐有序。《社区矫正法》的全面实施，是我国刑事司法体系建设的一项重要成果，标志着社区矫正工作进入全面依法治国新时代。各地深入开展社区矫正执法规范化提升活动，以不断提高执法规范化水平。例如，制定缓刑、管制、假释、暂予监外执行四类社区矫正对象工作指引，加强分类管理，做实个案矫正，实现精细化矫正。坚持专群结合，广泛动员企事业单位、社会团体、社会组织等社会力量参与社区矫正；有些地方还升级改造县级社区矫正中心，完善远程教学培训系统，提升信息化建设水平等。另外，进一步健全完善安置帮教工作机制，深入推进更高水平的平安中国建设。例如，稳妥推进过渡性安置基地建设；构建中途之家；在社区矫正期满前，社区矫正对象与安置帮教部门做好衔接工作，完善心理疏导、职业就业指导等方面的工作安排，落实临时救助、困难帮扶等措施，确保每个解矫人员在生活、工作等方面能够有所保障，从而最大限度地预防和减少重新违法犯罪，使之顺利回归社会。

二、从社会治理的角度看社区矫正的价值

在共建共治共享的现代社会治理理念的指引下，社区矫正作为社会管理模式的创新，在更新和优化政府管理职能方面发挥着重要的作用，社区矫正不仅体现在其追求刑罚人性化、司法恢复化的法律价值，还与"枫桥经验"等传统的基层社会治理理念一脉相承，充分体现新时代新的理念，对构建和谐社会发挥了积极的作用。从社会治理角度看，社区矫正的价值主要体现在以下几个方面：

1. 社区矫正彰显社会治理理念的创新

社区矫正属宽严相济刑事政策，是国家治理体系中的一个重要环节。党的二十大指出："完善社会治理体系。健全共建共治共享的社会治理制度，提升社会治理效能"。完善社会治理体系是推进国家治理体系特别是国家安全体系现代化的基础性工作，必须牢牢把握国家治理体系和治理能力现代化总要求，主动适应社会治理新的阶段性特征，坚持党的全面领导，党的十九大报告指出："加强社会治理制度建设，完善党委领导、政府负责、社会协同、公众参与、法治保障的社会治理体制，提高社会治理社会化、法治化、智能化、专业化水平。"建设人人有责、人人尽责、人人享有的社会治理共同体。

《社区矫正法》深入贯彻落实党的十九届四中全会关于"完善党委领导、政府负责、民主协商、社会协同、公众参与、法治保障、科技支撑的社会治理体系"的要求，针对社区矫正对象这一特殊群体，坚持监督管理与教育帮扶相结合、专门机关与社会力量相结合，通过加强系统治理、依法治理、综合治理、源头治理，推动社区矫正工作与基层社会治理深度融合，夯实社会治理基层基础，构建形成问题联治、工作联动、平安联创的基层社会治理新格局，体现了共建共治共享的社会治理思路，将社区矫正制度优势转化为加快推进平安中国基层治理体系和治理能力现代化的强大动力，为法治中国、平安中国建设提供更高水平服务。

社区矫正作为针对特定对象治理方式的一种，在创新与发展方面也在不断地推动着我国社会治理制度的革新。特别是在信息技术运用的创造方面，在社区矫正中，各基层单位基本上建立起了专门的矫正信息服务平台，通过大数据和电子化办公的方式对社会治理进行全新的探索。

在信息服务平台中，矫正机构将矫正对象的相关信息录入系统，在规定范围内对社区矫正对象的个人行动轨迹进行全方位的定位检查和信息核查，同时，借用电子监控和电子手环等方式，对矫正人员在矫正期内出现的违反管理规定的行为进行监督，如出现违规行为，给予相应处罚，并将相关情况录入矫正信息系统中，让电子监控设备与信息数据系统共同发挥作用，从而进一步提高管理水平。可以说，电子信息化的社区矫正模式的开展，一方面让工作人员能够更加及时准确地获取矫正对象的最新信息，提高管理过程中的工作透明度和业务办理的科学性。另一方面，电子化的处理方法极大地减少了不必要的繁琐环节，有效地提高了矫正工作的管理效率。例如在线学习和考试管理系统中，通过手机 APP 直接就可以对社区矫正对象开展教育和监督考核工作，并可以预约相关的社区服务工作，考核与奖惩都可以一并进行。这种信息化的处理方式不仅大大减少了行政工作人员处理事务的时间，同时，在统一的平台上，各级矫正机关以及相关的配合机构都可以进行信息共享，有效地降低了在传递信息过程中产生的时间和人力成本。同时，电子信息化的社区矫正使得今后的管理工作逐渐规范化，进一步增强其透明度。在信息平台中，各种管理的操作流程均是公开的，不管是工作人员的监督教育还是对社区矫正对象的奖惩考核均可直接查询。[1]

《社区矫正法》的施行，明确了社区矫正的宗旨和原则，落实了机构、人员和职责，从监督管理和教育帮扶的程序、内容、实施主体、保障条件、社会力量的参与等方面进行了详尽规定，使社区矫正成为一个有章可循、有法可依的刑事执行制度，使社会治理制度得到进一步完善。

这样一种规范化的治理模式，可以减少在实际矫正过程中出现的不可控因素，推动社区矫正对象和普通群众对社区矫正工作的认可，进而实现社会治理理念和模式的创新完善。

2. 社区矫正以新型管理方式体现了人道主义刑罚观

在世界刑罚史的发展历程中，生命刑和肉刑一直是主要的刑罚方法，而随着人类文明的演变，相应的监禁刑也应运而生，但相对而言，监禁刑需要耗费大量的司法资源。为适当地减少司法成本，以社区矫正为主的非监禁刑与监禁刑成为两种主流形式。[2]社区矫正是刑罚轻缓化在行刑领域的有效探索，对危险性较低、不致再危害社会的罪犯，例如过失犯、未成年犯、老残病犯等，实施社区矫正使其不脱离原来的生活，满足其自然需求和社会需求，更是体现了刑罚的人道和宽容。因此，从制度本身来说，社区矫正是刑罚人道化的体现。而从实施角度来说，在行使监督管理、教育帮扶的职能时，更应当注意执法的人道化，以有益于矫正其违法行为为原则，尊重和保护罪犯的人格，给予其人性化关怀。社区矫正是一种针对特殊群体的管理方式，既可以对社区矫正对象在矫正期内的表现进行全方位监管，同时也可以促进社区矫正对象回归社会，保障社会稳定。

社区矫正作为一项涉及司法行政、基层治理等多个层面的公共管理方式，其综合性和复杂性都较为突出。社区矫正工作与传统的监禁刑相比，弱化了刑事执行化的理念，更加突出社会管理化的理念。社区矫正工作注重以人为本，引入社会治理的理念，帮助矫正对象改造自身、重返社会，是政府加强和创新社会治理的一项重要举措。

────────────────

〔1〕　顾鲁琛："社会治理视角下北仑区社区矫正研究"，西北师范大学2021年硕士学位论文。

〔2〕　刘强、姜爱东主编：《社区矫正评论》（第四卷），中国人民公安大学出版社2014年版，第54页。

3. 降低行刑成本，避免监狱的负面影响和拥挤状况

社区矫正的行刑成本相对于监狱矫正较低，在监禁矫正的情况下，其成本高昂，在建设监管设施、治疗服刑人员疾病及服刑罪犯的生活等方面需要支付大量的费用。与此相比，社区矫正不需要配备大量的工作人员，也不需要建立大量的设施，更不必负担社区矫正对象的生活费用，在降低行刑成本方面，社区矫正能够节省费用，其效果非常明显。任何国家的刑罚资源都是有限的，对国家而言，监狱矫正是一类成本昂贵的行刑方式。以美国为例，在监狱服刑期间，每个罪犯每年的花费为 2 万~3 万美元。[1]在我国，以上海为例，每年监狱关押一名罪犯的平均费用是 2.53 万元。而社区矫正则大大降低了行刑成本。以上海为例，2006 年上海市社区矫正成本仅为每人每年 6000 元。[2]据司法部统计，社区矫正的人均执行成本只有监狱的 1/10。[3]有学者粗略统计，目前中国每监禁一名罪犯的年度平均费用（监狱经费总额除以监狱罪犯总数后的金额）为人民币 4 万元左右。[4]因此，适用社区矫正可大大节约行刑成本。

监狱对服刑罪犯的负面影响主要有以下方面：

（1）交叉感染。由于罪犯经常在一起学习、劳动及生活，会很自然地使罪犯之间交流犯罪的伎俩，感染犯罪恶习。正如著名的犯罪学家龙勃罗梭所言："监狱是犯罪的学校，特别是结伙犯罪的学校，而这类犯罪是所有犯罪中最危险的犯罪"。[5]

（2）标签效应。服刑人员在监狱服刑后，为其留下了一个污点，贴上了罪犯的标签，使服刑人员处处受到这种标签效应的影响，社会公众也将刑满释放的服刑人员始终视为罪犯，戴着有色眼镜看待他们。这种标签效应，使得服刑人员内心深处始终把自己看成一个罪犯，从而对服刑人员回归社会产

〔1〕 刘强、武玉红主编：《社区刑罚执行评论》（第九卷），中国人民公安大学出版社 2019 年版，第 2 页。

〔2〕 张东平：《监禁行刑与社区矫正的互动衔接研究》，中国法制出版社 2017 年版，第 21 页。

〔3〕 王爱立、姜爱东主编：《中华人民共和国社区矫正法释义》，中国民主法制出版社 2020 年版，第 49 页。

〔4〕 吴宗宪主编：《社区矫正导论》，中国人民大学出版社 2020 年版，第 13 页。

〔5〕 ［意］切萨雷·龙勃罗梭：《犯罪及其原因和矫治》，吴宗宪等译，中国人民公安大学出版社 2009 年版，第 342 页。

生极大的不良影响。

（3）损害身心健康。长期的监禁，导致罪犯在身心健康方面受到极大的损害，特别是受监狱亚文化的影响，会严重影响其出狱后的正常生活。但由于社区矫正不离开社会、不离开家庭，罪犯在开放的社会环境下接受矫正，因此，可以避免上述种种弊端，而极大地有利于其回归社会。

罪犯数量的增加会造成监狱的拥挤，监狱拥挤不仅会耗费大量的社会资源，还会产生一系列的消极后果，如服刑人员生活质量下降、服刑人员改造质量下降、监狱工作人员力不从心等。这些消极后果不利于罪犯的改造，也不利于国家和社会的管理。而社区矫正则完全避免了这些情况的发生，消除了上述负面影响。

4. 合理分配社会资源，增进社会和谐

刑事司法活动是社会治理活动的一种，且是一类成本较高的活动。一些国家和地区刑事司法活动费用的上升，往往导致其他社会费用的减少。因此，通过改革刑事司法活动以合理配置社会资源，成为一个十分重要的途径，而推进社区矫正工作，即可起到合理分配社会资源的效果。

首先，开展和推进社区矫正工作，既可以降低行刑成本，又可以合理配置行刑资源。从目前情况来看，我国刑事司法活动的费用很大一部分用于监狱。通过推行社区矫正，控制监禁人数，可大量节省监禁的行刑资源，从而合理配置行刑资源。其次，实行社区矫正，可以更好地发挥社区矫正对象的建设性作用。对于符合条件的非监禁刑罪犯，让他们在社会上找到更好地发挥自己才能的工作岗位，既可以发挥其为社会服务的价值，又可以确保其继续承担家庭的经济负担，可稳定与增强家庭的和睦关系，从而使他们的建设性作用得到发挥。最后，实行社区矫正，可以更有成效地利用社会资源，使有限的社会资源发挥更大的社会效益。例如，通过增加资金投入，基层单位可建设社区基础设施、改善社区服务体系、改进邻里关系、发展社会预防犯罪体系、帮助有困难的社区矫正对象的家庭改善生活和促进就业等，这些都会促进社会和谐，有效遏止犯罪增加。

社区矫正是创新社会治理模式的重要手段，也是化解社会矛盾，稳定社会关系的重要方式，有利于增进社会和谐，实现创建和谐社会的目标。其具

体表现为:

(1) 社区矫正可缓解犯罪人与家庭、社会、政府的对立。刑事司法活动的根本目的是惩治刑事犯罪、化解社会矛盾、维护社会稳定,这也是刑事司法机关的职能。要化解社会矛盾,帮助人们恢复与家庭、社会、政府的关系,如果是一味的"打击""镇压",有可能会激发一部分人的抗拒心理和仇恨情绪,特别是会引起一部分犯罪分子的抗拒心理和仇恨情绪,也会引发社会公众对犯罪分子的同情心和怜悯心,会导致政府失去社会公众的支持。而社区矫正重视解决社区矫正对象遇到的困难和问题,强调恢复与回归,弱化惩罚,可帮助其恢复情绪平衡,缓解犯罪人及家庭成员的报复心理和仇恨情绪,帮助他们恢复心灵的宁静和情绪的平和。

(2) 社区矫正可维系家庭和谐。对社区矫正对象来说,实施社区矫正,不影响其工作、学习及生活,其可继续承担着家庭负担,帮助其维系着家庭和谐关系,不会因社区矫正而影响到家庭和谐,导致离婚、家庭贫困、子女越轨行为、赡养老人等问题发生。因此,社区矫正可维系家庭和谐关系。

第二节　社区矫正的价值体现[1]

一、人道、民主

1. 人道

人道主义的基本精神强调人本身具有最高的价值,要尊重人、善待人、关怀人,后来人道主义逐渐具体化为自由、平等、博爱、人权等价值追求。社区矫正的非监禁性、开放性、社会参与性等特征使社区矫正对象能够不脱离其原来的生活,使其基本的生活需求和正常的社会交往不会受影响。因此,社区矫正对象的行动自由得到了保障,自然需求和社会需求都得到了满足,能够正常地生活,不会有安全感的丧失,因而充满了人文关怀,极大地保护了社区矫正对象的人权,贯彻了人道主义精神。但要把握好社区矫正的惩罚性与人道性的

〔1〕连春亮:《社区矫正通论》,中国人民公安大学出版社2021年版,第85~91页。

关系。惩罚性是刑罚的内在属性，刑罚总是意味着对罪犯的某些权利、自由的剥夺与限制，必然会给社区矫正对象带来一定程度的痛苦。"坚持和发展马克思主义，必须同中国具体实际相结合。我们坚持以马克思主义为指导，是要运用其科学的世界观和方法论解决中国的问题"。社区矫正的人道性与惩罚性之间存在一种辩证、互动的关系，它们在社区矫正对象的矫正过程中互相依存、相互作用、相辅相成。单纯的惩罚降低了社区矫正对象作为人的价值和尊严，抑制了他们人格完善的原动力，甚至加剧国家与犯罪人之间的对立，强化其反社会心理；而人道主义的感化能在一定程度上减弱惩罚的负效应，激活社区矫正对象悔过自新的进取心。但另一方面，不能片面地、过分地强调社区矫正的人道性，尤其不能脱离整个社会的经济发展水平去追求社区矫正对象物质待遇的提高，否则便会损害刑罚的惩罚机能，背离社会的正义要求。

2. 民主

党的二十大报告指出："发展全过程人民民主，保障人民当家作主。""坚持人民主体地位，充分体现人民意志、保障人民权益、激发人民创造活力"。民主一词，原意是指"民众主权"或"多数人的统治"，本意是指同专制相对立的一种国家形式，是人类社会用以安排政治关系的一种制度设计。随着社会的进步和发展，民主的内涵已经超出了政治领域的局限，成为社会的普遍精神，甚至成为人们的思维方式和生活方式。刑事执行是涉及国家如何对待罪犯的具有明显价值色彩的活动，而民主是社区矫正的重要价值内涵之一。对社区矫正民主价值的解读，应从以下两个方面入手：

（1）民主是一种主体性的宽容精神。从国家及社会对待犯罪人的态度看，首先，民主意味着一种宽容精神，即对实施了反社会行为的社区矫正对象，国家和社会并不抛弃他们，而是给予他们重返社会的希望和机会，这正是宽容性的体现。其次，民主是一个主体性的概念，社区矫正的民主性以肯定社区矫正对象的主体地位为前提，不仅承认其作为人类一员的资格，而且承认其社会公民的地位。社区矫正对象不仅是义务的主体，而且是权利的主体，其未被依法剥夺的权利仍受法律保护。在社区矫正过程中应认真考虑和对待社区矫正对象的意见和诉求，甚至在一定范围内让社区矫正对象参与对一些事务的管理。正如澳大利亚学者鲍博·塞蒙斯所指出的，犯人除应知晓对自已的行为负责外，还应知晓民主权利及其程序像对待其他人那样，也同样向他们敞开着；民主教育带来的较强的归属感，会降低其对于法律的敌视程度和违犯率，有助于增强社会重新整合刑释者的能力。[1]最后，民主虽有多数之治的含义，但同时强调对少数人意见的尊重和对少数人利益的保护。少数服从多数的民主决策原则并不等于简单地牺牲少数人的利益。民主越发达，越重视对少数群体或弱势群体的保护。社区矫正对象属于社会中的少数群体，同时在强大的国家暴力机器控制下处于弱势地位，因而现代各国刑法都极为重视对社区矫正对象权利的特殊保护，这正是法律民主的纵深体现。

（2）民主意味着开放和参与。从国家和社会在行刑过程中的相互关系看，民主意味着开放和参与，即社区矫正活动对社会的适度开放和社会对社区矫正过程的积极参与。从某种意义上讲，社区矫正就意味着刑事执行民主化，而刑事执行民主化是法律民主化的表现形式之一。英国学者罗杰·科特威尔指出："法律民主化对于不同的学者而言，可能意指许多不同的事物。然而，在这里我们可以提出有关民主化的一个简单而又非常基本的工作定义，即每一个人像所有其他的人一样在确定影响他或她的生活的条件时，在相同程度上自主行动的能力。这样，法律民主化的可能性是指公民能够以这种方式行动来影响法律学说内容以及借以产生、解释、应用和实施法律学说的各种机构的可能性。"[2]

社区矫正打破了监狱的完全封闭状态，社会力量吸纳参与矫正过程，有助于增强社区矫正的公开性和透明度，有助于监督和制约行刑权的规范运作，使社区矫正对象的合法权利得以维护和实现。应当说，社区矫正既是法律民主价值的具体体现，又是在刑事执行领域实现法律民主价值的重要手段。

二、效益、自由

1. 效益

效益，是指有效产出减去投入后的结果。它表现为以较少的投入获得较大

---

〔1〕 徐平、许章润编：《法律：理性与历史——澳大利亚的理念、制度和实践》，中国法制出版社 2000 年版，第 429～430 页。

〔2〕 ［英］罗杰·科特威尔：《法律社会学导论》，潘大松等译，华夏出版社 1989 年版，第 346 页。

的产出。具体地说，它包括：以一定的投入获得更多的产出；或以较小的投入获得同样多的产出。法的效益价值是指能够使社会或人们以较少或较小的投入获得较大的产出，以满足人们对效益的需要的意义。"法律对人们的重要意义，应当是以其特有的权威性的分配权利和义务的方式，实现效益的极大化"。[1]

在一些刑法学论著中，刑罚的效益价值又表述为刑罚的经济性、节俭性或谦抑性。谦抑一词本义指缩减或者压缩，引申而言，刑法的谦抑性是指应当以最小的支出——少用甚至不用刑罚（而用其他刑罚替代措施），获取最大的社会效益——有效地预防和抑制犯罪。

行刑效益是刑罚效益的重要构成部分，通过行刑活动，刑罚的效益价值才能由立法上的规范形态、裁判时的宣告形态演化为现实形态。可以说，刑罚的效益能否发挥、发挥到什么程度，行刑是关键因素，而社区矫正是合理配置刑罚资源、促进刑事执行效益最大化的有效途径。通过社区矫正的实践，监禁刑的适用受到合理的限制，这使刑事执行的运作成本有所降低，刑罚的负效应也得到相当程度的抑制。同时，社会公众的参与为社区矫正机构充分利用社会资源、巩固和提高矫正教育的效益创造了有利条件。

积极推进社区矫正也成为实现刑事执行效益化的基本途径。一方面，社区矫正可以降低行刑成本。例如，扩大缓刑的适用，因其不需要固定的监管设施及监管人员，可节约刑事执行的保障成本，防止监狱人满为患，为国家节省大量人力、物力和财力，有利于监狱集中精力对其他罪犯进行改造。[2]另一方面，社区矫正可提高刑事执行收益。例如，拓宽社会帮教途径，动员、组织社会各方面力量对社区矫正对象进行帮教，除了可以充分利用社会资源矫治社区矫正对象以弥补监管教育专业人员的不足，更主要的是能强化社区矫正对象与社会的关系，促进社区矫正对象改过自新、回归社会。

社区矫正在不影响刑罚实质运作的前提下，通过整合各种社会力量并对刑事执行权不断渗透而创造的一种刑事执行模式。社区矫正模式在改变以往罪犯由于受到监狱亚文化影响以及对监狱规则的习得而表现出"监狱人格"

---

〔1〕 张文显主编：《马克思主义法理学——理论与方法论》，吉林大学出版社 1993 年版，第273 页。

〔2〕 杜强："监狱行刑社会化：现实与必然"，载《上海警苑》1998 年第 8 期。

的病态方面，无疑具有更高的效益价值。

2. 自由

自由是人类及每个人所追求的重要价值目标之一。在人类追求的诸多价值目标中，自由与人的主体性关联最为紧密。可以说，人的主体性由自由来体现，没有自由即没有主体。

自由是法发展到现代所应当具有的精神内核，是人类走向彻底解放与全面发展的动力、途径和始终相随的法律精神。从整个刑罚史来看，刑罚和自由已经形成了历史悖论。监狱对失去自由的罪犯进行严厉的管束和控制并非是监狱发展甚至改革的方向。相反，整个刑罚史告诉我们：监狱发展的方向是在其消亡之前，让罪犯获得越来越多的自由。人作为一种社会动物，只有在一个合乎人性的环境中，人性才能得以健康发展，才能使人取得主体地位，才能获得自由。传统的监狱采取封闭的行刑模式，罪犯的主体地位由于权力的压制而逐渐消弭，从而成了病态的"监狱人"，自由对他们来说只是一种奢侈品。而获释后他们发现自己被社会抛弃，无法与社会进行规范性交往。社区矫正的倡导者深刻认识到：人只有以社会生活为中介才能发现他自己，才能意识到他的个体性。但是对人来说，这种中介并不只是意味着一种外部规定力量。人并不像动物一样，人能积极地参与创造和改变社会生活形成的活动。

社区矫正模式的构想正是立足于人的这种特性要求，努力使刑事执行环境的安排符合社区矫正对象人格发展的需要，使社区矫正对象能够在其中认识和领会到真正合乎人性的东西，使社区矫正对象在矫正教育中获得最大限度的自由。同时，由于社区矫正的主要目标是为社区矫正对象复归社会创造条件，因而从自由的角度来看，这无疑是对刑事执行自由价值前所未有的扩张。

三、科学、公正

1. 科学

"我们要以科学的态度对待科学、以真理的精神追求真理"。社区矫正是一种在政府领导下，多主体共同参与治理的科学管理方式，由专业的社会工作者运用自身的专业知识和专业技能协助司法行政部门对社区矫正对象进行管理和引导，同时，志愿者通过社区矫正对象与社会建立联系，帮助其重新适应社会。在司法行政机关为主的矫正工作中，要始终贯彻"党政领导、部门运行、社会参与"的矫正工作理念，充分发挥各主体的协助力量，推动社区矫正工作的展开。

社区矫正可以增进社区矫正对象与社会的联系，避免监禁刑执行方式对社区矫正对象心理和行为的负面影响，提高教育矫正的效果。

对社区矫正对象的矫正，实际是一种人格重新社会化的过程。传统的监禁刑的目的是使罪犯通过改造，最终回归社会，成为守法公民。但是，由于罪犯被监禁在监狱内，与社会长时间分离，其职业、家庭关系、社会关系等都不可避免地受到负面影响。这将极大地延缓罪犯人格重新社会化的进程。同时由于其长时间与社会分离，信息闭塞、观念落伍，罪犯刑满释放后突然进入一个全新的世界，无法很快适应。一旦在帮教、就业安置等后续工作上跟不上，其很可能会重蹈覆辙，重新走上违法犯罪的道路。而将社区矫正对象放在社区进行教育矫正，可以使其减少或避免受到损害和影响，也有助于促进与提高社区矫正对象的社会责任感和公民觉悟，使他们在与社会交往中，逐渐地在不同程度上学会做人、处事。当社区矫正对象回归社会时，就可以很快地融入社会，完成其人格重新社会化的过程，减少刑满释放重返社会时对社会的不适应，有效地防止重新犯罪。

在实现行刑效益的目标下，必然会对行刑方式进行选择，而社区矫正是刑事执行方式的科学选择。

2. 公正

"公正司法是维护社会公平正义的最后一道防线"。公正，即正义、公平、公道。公正是人们追求的一个崇高的价值、理想和目标。正如罗马法学家查士丁尼在其《法学总论》中所言："正义是给予每个人他应得的部分这种坚定而恒久的愿望。"[1]但是，公正又"是一张普洛透斯似的面孔，变幻无常、随时可呈不同形状，并具有极不相同的面貌"。[2]另外，中国古代的格言"以其人之道还治其人之身"，表达了这种正义观。公正的含义在不同时代有着不同

〔1〕　［罗马］查士丁尼：《法学总论——法学阶梯》，张企泰译，商务印书馆1989年版，第5页。
〔2〕　［美］博登海默：《法理学——法律哲学与法律方法》，邓正来译，中国政法大学出版社1999年版，第252页。

的内涵，在不同的领域有着各自的重点，但这并不意味着公正的非现实存在性，反而说明公正是一个极富生命力的社会性事物，是现代国家和社会不可缺少的价值准则。

监狱公正来源于国家的政治正义和国家刑罚的公正。监狱公正的本体包括行刑的目的与手段的正当、合法等。社区矫正作为一种行刑模式也需要体现行刑的公正价值。在目的性层面上，社区矫正是伴随行刑合理化运动的出现而产生的。刑罚合理化运动的兴起，要求废除死刑和一切残酷刑罚，代之以自由刑为中心的合理化刑罚；要求立足于教育矫正社区矫正对象，变刑罚的原始报应和消极回顾的限制机能为矫正教育社区矫正对象的积极促进和展望的机能，一切以最大可能地矫正教育社区矫正对象为转移。在过程性层面上，社区矫正体现了对社区矫正对象权利的尊重与保障，强调了社区矫正对象处遇条件的改善与保护，从而有力地保障了刑罚公正的实现。社区矫正与行刑社会化、行刑人道化、行刑个别化、行刑民主化、行刑的目的性、行刑的合法性等行刑原则和趋势相互融通、相互促动。一方面，这些原则和趋势基于同一历史缘起，以新派教育刑罚哲学为基础，以矫正教育为基本目的。另一方面，体现上述原则和趋势的各个具体制度之间相互交叉、重叠、包含和吸收。当然，随着新旧两派刑罚理论的盛衰交替、折中合流，社区矫正的发展动向并没有抛弃其刑罚报应功能的原始正义性，又因其侧重于矫正功能而更具现实合理性。

实践证明，失去了公正依托的社区矫正，其效益价值最终也无从体现。从根本上讲，刑罚的公正价值和效益价值是统一而不可分割的关系，公正就是最大的效益。社区矫正的效益价值，应是"体现社会正义的效益"。

【课堂活动 4－1】

讨论：我国已经进入全面依法治国的新时代，你是如何感受依法治国的魅力的？

【课堂活动 4－2】

讨论：你觉得社区矫正制度在社会治理中发挥了何种作用？

【思考题】

1. 从依法治国的角度看，社区矫正的价值有哪些？
2. 从社会治理的角度看，社区矫正的价值有哪些？
3. 社区矫正的价值体现在哪些方面？

拓展 学习

社区矫正的"中国特色"[1]

一、适用范围相对较小

在国外，社区矫正适用范围比较宽泛，不仅包括被法院定罪的罪犯，还包括有犯罪事实但未进入审判程序的犯罪嫌疑人，甚至包括有犯罪危险还没着手实施犯罪的人以及刑满释放人员。既包括常见的缓刑、假释、社区服务刑、中间制裁，还包括如美国的审前转处（缓起诉），以及日本等国的出狱人保护。是"所有在社区中进行的针对偏差、越轨和不良行为开展的矫正规训和帮教活动"。[2]与西方国家相比较，目前我国社区矫正的对象仅仅是被判处管制、宣告缓刑、裁定假释和暂予监外执行四类罪犯。对四类罪犯中的缓刑、假释的适用，刑法还设置了"没有再犯罪危险"这个极高而又难以评估的标准，导致我国社区矫正适用率一直偏低，实际上在某种程度上背离了"犯罪总会保持一定比例"的"犯罪饱和法则"。

虽然《社区矫正法》已将社区矫正的性质定性为"刑事执行"，意味着社区矫正对象适用范围可以扩容，附条件不起诉的未成年人可以纳入社区矫正，个别地区已先行尝试探索；[3]但是社区适用范围的扩大，面临与《刑法修正案（八）》和《刑事诉讼法》规定保持一致的难题。在《刑法》《刑事诉讼法》等"前位法"尚未修订而扩容背景下，作为"后位法"的《社区矫正

〔1〕 肖乾利、熊启然：《社区矫正基本问题研究》，法律出版社 2022 年版，第 60~62 页。

〔2〕 熊贵彬：《循证矫正视角下的社区矫正与社会工作：调查·理论·实务》，中国政法大学出版社 2021 年版，第 9 页。

〔3〕 王欢："内蒙古扎兰屯：首次将附条件不起诉对象纳入社区矫正"，正义网，http://www.jcrb.com/procuratorate/jcpd/201911/t20191126_2081973.html，最后访问日期：2021 年 8 月 20 日。

法》扩容，将面临正当性的质疑。加之社区矫正工作人员的人手短缺、权限不足、手段不足等因素，目前不宜盲目扩容，社区矫正的适用对象将限定在四类罪犯范围内。

二、政府主导推动，社会力量广泛参与

西方国家推行社区矫正，社会大众中有广泛的民意基础，以社区主导为主。而在我国，政府具有强大的资源优势和高效社会治理能力，宗教力量很少介入民间事务、社会事务，介入罪犯矫正更是罕见。同时，社区尚未发育成熟，社区群众志愿团体也不成熟，城镇的社区义务志愿服务文化的土壤还没有成为熟土，志愿者文化在乡村更是较为贫乏，也就是社区矫正工作依赖的社区功能还不具备，只能在相当程度上依赖政府机构的动员组织机制。与此同时，社区矫正机构对当前"四类罪犯"的监督管理，与2012年前公安机关对"四类罪犯"的监督考察的最大区别在于，增加了帮助矫正对象回归社会的教育帮扶内容。对"四类罪犯"的教育帮扶是社区矫正机构的职责，从协调同级政府有关部门为教育帮扶工作提供场所和条件、动员社会组织和人民团体参与教育帮扶工作，到组织学习教育、公益活动以及协调有关部门开展就业扶持，以及委托相关社会组织具体开展教育帮扶工作，这些显然也不是社区这个群众自治性组织能承担的，只能由人民政府设立的专门机构来协调开展。

为此，我国的社区矫正是政府倡导型的，从一开始就有政府的强力支持，具有先天优势。而不像有些国家，如日本，社区矫正从古至今都是民间主导，政府处于被动、消极地位。我国的"政府主导"不仅表现在政府提供社区矫正所需要的财政经费，更表现在政府把握社区矫正的发展方向、发展要求、社会参与程度、社会工作者的执业条件以及专门机关与有关部门关系的合理化设置。[1]

社会参与是社区矫正的基本特征之一。社会力量的中国参与包括契约型参与、组织型参与和志愿型参与。契约型参与，是指政府通过购买服务岗位

---

[1] 周鹏："社区矫正的理性回归——兼评《中华人民共和国社区矫正法》"，载《犯罪与改造研究》2020年第1期。

或者购买服务项目的方式引导社会组织，社会组织按照购买服务的要求兑现社会服务。如上海市司法行政机关、上海市社会帮教志愿者协会每年与新航总站签订《政府购买服务合同》，以合同的形式明确各自的职责范围和权利义务。新航社工服务总站在全市各区设立工作站，按社工与社区矫正对象1:30的比例聘任并下派社工，社工的培训和工资发放均由服务站负责，从而形成全面完整的工作站网络。组织型参与，是指在司法行政机关组织下，运用政府机关、群团组织、企事业单位的已有资源为社区矫正工作提供教育帮扶支持。如为社区矫正对象提供就业岗位、技能培训、临时性过渡安置或者公益劳动场所。志愿型参与，则以志愿的方式无偿为社区矫正对象提供心理咨询、法律服务、就业帮扶等。

为践行党的十九届四中全会提出的"共建共治共享"社会治理理念，并学习"枫桥经验"，利用社会力量教育帮扶罪犯，《社区矫正法》特别强调应鼓励、引导社会力量参与社区矫正。明确规定，社区矫正机构可以通过购买服务、项目委托等方式委托社会组织从事专业的教育帮扶，以不断提高矫治质量。以矫正小组为依托，立足社区、依靠社区，实行专群结合，坚持充分利用各种社会资源、广泛动员各种社会力量积极参与社区矫正工作，这既是实践经验的总结，也是社区矫正的中国特色。随着《社区矫正法》的施行，2020年《社区矫正法实施办法》以及地方省市《社区矫正实施细则》的颁行，党委政府统一领导、司法行政机关主管、社区矫正机构具体实施、相关部门密切配合、社会力量泛参与、检察机关法律监督的社区矫正领导体制和工作机制在我国已经初步构建起来。

三、队伍建设的逐步规范化

较之西方发达国家的矫正官（缓刑官、假释官）的专业能力、知识与素养，我国承担社区矫正工作的官员多为普通公务员（个别地方还有事业编制人员），除了通过短期培训，迅速掌握监管、训诫、法治教育等方法之外，精力、时间上的不足使其难以在短时间内掌握更多的心理学、社会学、教育学、法学等学科的知识，以及对社区矫正对象的管理技能。这支队伍目前在执法权限、执法身份、执法手段以及专业素养等方面虽然存在诸多问题，但这些问题没有阻碍社区矫正队伍的建设，在十几年内，形成了一支初步具备专业化、规范化、职业化的管理队伍。

四、大力推进政府购买专业社工服务

目前，在社区矫正实践中，社区矫正工作人员严重不足，同时在岗工作人员缺乏专业素养。为此，各地社区矫正机构不断探索，通过政府购买服务的方式，实现"专业的人做专业的事"之目标，全面落实社区矫正"监管、教育、帮扶"任务。在我国的社区矫正实践中，上海市新航总站、江苏省扬州市"珍艾"社工、浙江省北仑红领之家、杭州市拱墅区社区矫正服务中心、玉环市天宜社工组织、海宁市紫薇社会服务工作站、成都市黄大姐宝洁公司等，在政府主导的社区矫正工作中均发挥着积极有效的作用。

第五章

社区矫正法治进程

学习目标

知识目标：了解并掌握我国社区矫正的立法进程、《社区矫正法》出台的现实意义及贯彻落实情况。

能力目标：具备依法立法、规范执法和全民守法的法治思维能力。

素质目标：具备严格执法、规范执法、文明执法的法治意识；具备创新发展意识。

知识树

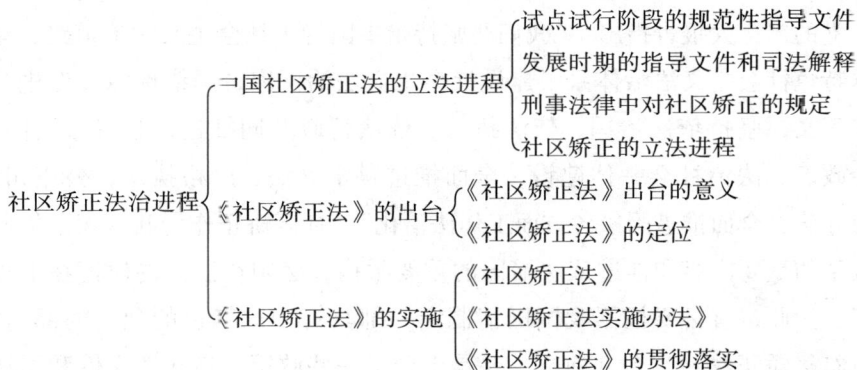

案例 5 - 1

毛某，男，56 岁，因犯寻衅滋事罪，被河北省 H 市 X 区人民法院于 2019 年 10 月 16 日判处有期徒刑 3 年，缓刑 5 年。人民法院告知毛某在判决生效后 10 日内，到其居住地 X 区社区矫正机构报到，如不去报到，则会受到法律的惩罚。但毛某回到社区后，受传统观念的影响，认为既然判了缓刑就是没事了，去不去社区矫正机构报到，意义不大。所以，他一直没有去报到。期间，X 区社区矫正机构工作人员曾经电话催过两次，让其尽快报到，但毛某口头答应得很好，就是不来报到。他认为，即使不去报到，社区矫正机构也不能把他怎么样。

请问：1. 毛某的理解是否正确？

2. 《社区矫正法》和《社区矫正法实施办法》对毛某的这种情况是如何规定的？

3. 执行地 X 区社区矫正机构对毛某应该如何处置？

我国的社区矫正工作，随着《社区矫正法》的出台，走向了法治化、制度化、规范化、专业化的新时代，对社区矫正工作中出现的各种情况都进行了原则性规定，使社区矫正工作真正做到了有法可依、有法必依、违法必究。

第一节 中国社区矫正法的立法进程

党的二十大报告指出："我们要坚持走中国特色社会主义法治道路，建设中国特色社会主义法治体系、建设社会主义法治国家，围绕保障和促进社会公平正义，坚持依法治国、依法执政、依法行政共同推进，坚持法治国家、法治政府、法治社会一体建设，全面推进科学立法、严格执法、公正司法、全民守法，全面推进国家各方面工作法治化"。社区矫正作为我国司法体制机制改革的重要内容和推进依法治国的重要举措，必须在法治的轨道在上规范运行，为此，有必要根据我国国情制定一部具有中国特色的独立的部门法。在《社区矫正法》出台之前，主要是出台了一些政策、指导性文件和司法解释，目的是为《社区矫正法》的颁布实施打基础。

一、试点试行阶段的规范性指导文件

从 2003 年 7 月到 2009 年 9 月，我国在社区矫正试点、试行期间，共发布了 4 个规范性指导文件和行政规章。

1.《最高人民法院、最高人民检察院、公安部、司法部关于开展社区矫正试点工作的通知》

2003 年 7 月，经中央批准，"两院两部"印发了《最高人民法院、最高人民检察院、公安部、司法部关于开展社区矫正试点工作的通知》（已失效），该通知中指出：为了适应我国政治、经济、社会及文化的发展要求，有必要开展社区矫正试点工作，积极探索刑罚执行制度改革。通知中明确规定了社区矫正的概念、重要意义、适用范围、任务以及组织领导，同时确定北京、天津、上海、江苏、浙江和山东六省（直辖市）作为我国首批进行社区矫正工作的试点省（市）。至此，社区矫正工作作为国家决策层面的一项司法体制和工作机制改革的重大举措正式启动。

2.《司法行政机关社区矫正工作暂行办法》

2004 年 5 月 9 日，司法部颁布《司法行政机关社区矫正工作暂行办法》（已失效）（司发通〔2004〕88 号），较详细地规定了社区矫正的概念、原则、目的、任务、适用范围、管教办法、法律依据及法律监督、工作机构、人员及其职责、社区服刑人员的接收、社区矫正措施、社区矫正终止，并于该办法第 40 条规定"各试点省、自治区、直辖市的司法厅（局）可依据本办法制定本地区社区矫正工作实施细则"。尽管该办法的法律地位较低，但毕竟向社区矫正规范化、制度化迈出了重要一步。

3.《最高人民法院、最高人民检察院、公安部、司法部关于扩大社区矫正试点范围的通知》

为进一步推动社区矫正试点工作的深入开展，2005 年 1 月 20 日，"两院两部"又下达了《最高人民法院、最高人民检察院、公安部、司法部关于扩大社区矫正试点范围的通知》（已失效），决定将试点范围扩大到河北、内蒙古、黑龙江、安徽、湖北、湖南、广东、广西、海南、四川、贵州、重庆共 12 个省（区、市），试点地区由经济发达的东南沿海和大城市，扩展到中、西部地区和东北地区。至此，开展社区矫正的试点省（市）达到了 18 个。此外，辽宁、吉林、福建、江西、云南、宁夏等一些未被列入试点范围的省、自治区也自行开展了社区矫正的试点和前期准备工作。

4.《最高人民法院、最高人民检察院、公安部、司法部关于在全国试行社区矫正工作的意见》

在试点工作取得显著社会效果的基础上，2009 年 9 月 2 日，"两院两部"联合发布了《最高人民法院、最高人民检察院、公安部、司法部关于在全国试行社区矫正工作的意见》（已失效），决定在全国全面试行社区矫正工作。该意见的下发，标志着我国社区矫正工作进入到了一个崭新的阶段。全国各省基本上都开始开展了社区矫正工作，且均制订了相关具体的工作细则、规划等。

二、发展时期的指导性文件和司法解释

社区矫正从 2009 年 9 月到 2014 年的全面推进属于社区矫正发展时期。此时期，共发布了 9 个规范性指导文件、行政规章和司法解释。

1.《最高人民法院、最高人民检察院、公安部、司法部关于对判处管制、宣告缓刑的犯罪分子适用禁止令有关问题的规定（试行）》

2011 年 4 月 28 日，"两院两部"联合公布了《最高人民法院、最高人民检察院、公安部、司法部关于对判处管制、宣告缓刑的犯罪分子适用禁止令有关问题的规定（试行）》（以下简称《适用禁止令有关规定》），对判处管制、宣告缓刑的犯罪分子适用禁止令的有关问题进行了规定。一是管制刑的禁止令。《刑法》第 38 条第 2 款规定，判处管制，可以根据犯罪情况，同时禁止犯罪分子在执行期间从事特定活动，进入特定区域、场所，接触特定的人。该条第 4 款规定，违反第 2 款规定的禁止令的，由公安机关依照《治安管理处罚法》的规定处罚。二是缓刑的禁止令。《刑法》第 72 条第 2 款规定，宣告缓刑，可以根据犯罪情况，同时禁止犯罪分子在缓刑考验期限内从事特定活动，进入特定区域、场所，接触特定的人。

为了确保禁止令这项制度得到正确适用和执行，"两院两部"于 2011 年 4 月 28 日联合公布了《适用禁止令有关规定》，其中明确禁止令由司法行政机

关指导管理的社区矫正机构负责执行。为严格依法执行禁止令，司法部又印发了《司法部关于贯彻最高人民法院、最高人民检察院、公安部、司法部〈关于对判处管制、宣告缓刑的犯罪分子适用禁止令有关问题的规定（试行）〉做好禁止令执行工作的通知》，对各级司法行政机关做好禁止令执行工作提出了明确要求。[1]

2. 《社区矫正法实施办法》

为配合 2011 年《刑法修正案（八）》和 2012 年《刑事诉讼法》对社区矫正的新规定，2012 年 1 月，"两院两部"联合发布了《社区矫正实施办法》（已失效），对社区矫正管理部门的职责分工、执行机构及人员、矫正对象及方法、工作程序、责任机制、奖惩办法等内容加以具体规定，从而完善并细化了《刑法》《刑事诉讼法》对社区矫正的原则性表述，为开展社区矫正工作提供了操作规范和基本依据。

3. 《关于进一步加强社区矫正经费保障工作的意见》

2012 年，财政部、司法部出台了《关于进一步加强社区矫正经费保障工作的意见》，为解决社区矫正经费短缺问题作了原则性的规定。

4. 《司法部关于进一步加强社区矫正执法工作的通知》

2013 年 5 月，司法部发布《司法部关于进一步加强社区矫正执法工作的通知》（已失效），针对社区矫正对象不断增加的情况，要求社区矫正工作要加强监督管理，规范执法行为，提高执法水平。

5. 《最高人民法院、最高人民检察院、公安部、司法部关于全面推进社区矫正工作的意见》

2014 年 8 月，"两院两部"发布了《最高人民法院、最高人民检察院、公安部、司法部关于全面推进社区矫正工作的意见》（已失效），对全面推进社区矫正工作做出了整体部署。提出了全面推进社区矫正工作的指导思想和基本原则，指出了全面推进社区矫正工作的任务，并就全面推进社区矫正工作的组织领导作出了明确规定。

---

〔1〕　连春亮主编：《社区矫正理论与实务》，中国人民大学出版社 2021 年版，第 26 ~ 27 页。

6.《暂予监外执行的规定》

2014 年 10 月,"两院两部"和国家卫生计生委联合发布了《暂予监外执行规定》,要求暂予监外执行工作严格依法规范进行,进一步完善了暂予监外执行制度,对暂予监外执行社区服刑人员的检察监督问题进行了详细规定。

7.《司法部、中央综治办、教育部、民政部、财政部、人力资源社会保障部关于组织社会力量参与社区矫正工作的意见》

2014 年 9 月 26 日,《司法部、中央综治办、教育部、民政部、财政部、人力资源社会保障部关于组织社会力量参与社区矫正工作的意见》发布,在健全社区矫正制度、落实社区矫正任务等方面,对社会力量参与社区矫正提出了具体要求。

8.《最高人民法院、最高人民检察院、公安部、司法部关于进一步加强社区矫正工作衔接配合管理的意见》

2016 年 8 月 30 日,"两院两部"联合发布了《最高人民法院、最高人民检察院、公安部、司法部关于进一步加强社区矫正工作衔接配合管理的意见》(已失效),专门就公检法司在社区矫正工作中衔接配合的问题作出了规范。这个意见重点就社区矫正适用前、社区服刑人员交付接收、对社区服刑人员监督管理以及对社区服刑人员收监执行方面如何衔接配合作出较为具体的规定。表明我国社区矫正制度正在紧随实践中暴露出来的问题进行有条不紊地改进、完善。

9.《最高人民法院关于办理减刑、假释案件具体应用法律的规定》

2016 年 9 月 19 日,最高人民法院对 2012 年发布的《最高人民法院关于办理减刑、假释案件具体应用法律若干问题的规定》进行了修订,发布了《最高人民法院关于办理减刑、假释案件具体应用法律的规定》,完善了办理减刑、假释案件具体应用法律的相关内容。

三、刑事法律中对社区矫正的规定

习近平总书记指出:"要坚持维护社会公平正义,加强教育培训,严格监督管理,规范权力运行,把严格规范公正文明执法落到实处",在《社区矫正法》出台之前,社区矫正工作主要是依据《刑法》《刑事诉讼法》和《监狱法》中关于社区矫正的相关规定。

1. 《刑法》中关于社区矫正的规定

2011 年 2 月 25 日，全国人大常委会通过《刑法修正案（八）》，首次以法律的形式对社区矫正制度进行确认。《刑法》中涉及社区矫正的条款主要有：

《刑法》第 38 条第 3 款、第 76 条、第 85 条，明确规定了对管制、缓刑、假释等刑种、刑制"依法实行社区矫正"。首次使社区矫正有了明确的法律依据。

《刑法》第 38 条第 2 款、第 72 条第 2 款，明确规定了对管制、缓刑，可以根据犯罪情况，适用禁止令。这些规定为社区矫正机构加强对管制犯和缓刑犯的监督管理提供了法律依据。

《刑法》第 72 条第 1 款规定：宣告缓刑对所居住社区没有重大不良影响，应当宣告缓刑；第 81 条第 3 款规定：对犯罪分子决定假释时，应当考虑其假释后对所居住社区的影响。这些规定，为拟适用社区矫正的调查评估提供了法律依据。

《刑法》第 39 条、第 75 条分别规定了管制犯和缓刑犯的权利、义务；第 77 条规定了缓刑的撤销及其处理；第 84 条规定了假释犯应遵守的规定；第 86 条规定了假释的撤销及其处理。这些规定，为社区矫正工作的依法开展、规范开展，提供了法律依据。

《刑法》的上述规定，充分体现了对社区矫正实践的肯定，并使社区矫正的立法工作进入了加速期，社区矫正制度的发展走向及立法问题，引起了社会各界的广泛关注。

2. 《刑事诉讼法》中关于社区矫正的规定

2018 年 10 月 26 日，第十三届全国人民代表大会第六次会议通过《全国人民代表大会常务委员会关于修改〈中华人民共和国刑事诉讼法〉的决定》。《刑事诉讼法》第 269 条规定，对被判处管制、宣告缓刑、假释或者暂予监外执行的罪犯，依法实行社区矫正，由社区矫正机构负责执行。这是在刑事诉讼法上正式确立了社区矫正制度，对其进行了原则性规定，并将司法行政机关管理下的社区矫正机构，作为一种新的刑罚执行机关，与监狱、看守所、拘役所、公安机关和人民法院等传统意义上的刑罚执行机关相并列，主要负责对判处管制、宣告缓刑、裁定假释、决定暂予监外执行的四种罪犯的刑事执行工作。

3.《中华人民共和国监狱法》中关于社区矫正的规定

2013 年 1 月 1 日起施行的《中华人民共和国监狱法》（以下简称《监狱法》），涉及社区矫正的内容主要是暂予监外执行和假释的规定。

《监狱法》第 27 条规定，对暂予监外执行的罪犯，依法实行社区矫正，由社区矫正机构负责执行。原关押监狱应当及时将罪犯在监内改造情况通报负责执行的社区矫正机构。第 28 条规定，暂予监外执行的罪犯具有《刑事诉讼法》规定的应当收监的情形的，社区矫正机构应当及时通知监狱收监；刑期届满的，由原关押监狱办理释放手续。罪犯在暂予监外执行期间死亡的，社区矫正机构应当及时通知原关押监狱。

《监狱法》第 33 条第 2 款规定，对被假释的罪犯，依法实行社区矫正，由社区矫正机构负责执行。被假释的罪犯，在假释考验期限内有违反法律、行政法规或者国务院有关部门关于假释的监督管理规定的行为，尚未构成新的犯罪的，社区矫正机构应当向人民法院提出撤销假释的建议，人民法院应当自收到撤销假释建议书之日起 1 个月内予以审核裁定。人民法院裁定撤销假释的，由公安机关将罪犯送交监狱收监。

四、社区矫正的立法进程

制定《社区矫正法》是落实中央部署的一项重要改革任务，是以立法的形式巩固社区矫正改革成果，将改革发展的成果固定化、制度化，确保社区矫正工作能够行稳致远、健康发展。

我国社区矫正的立法进程主要经历了以下几个阶段：

1. 前期准备阶段

2002 年，为全面贯彻实施中央关于构建社会主义和谐社会的战略部署，司法部在深入调研基础上形成《关于改革和完善我国社区矫正制度的研究报告》，提出建立和完善我国社区矫正制度的初步构想。2003 年 7 月，经中央批准，我国开始社区矫正的试点工作。

2004 年，中央有关深化司法体制和工作机制改革的相关文件将社区矫正试点工作纳入中央司法体制和工作机制改革的范围。

2006 年，党的十六届六中全会明确要求推进社区矫正工作。党中央、全国人大、国务院高度重视社区矫正工作，不断推动社区矫正工作的制度化、规范化、法制化和专业化建设。

2011 年《刑法修正案（八）》和 2012 年修订的《刑事诉讼法》，首次对社区矫正制度作了明确规定，标志着我国社区矫正法律制度的初步确立。

2012 年，国务院立法工作计划将《社区矫正法》列入需要抓紧工作、适时提出的立法项目，由司法部负责起草。

2. 纳入国务院立法工作计划阶段

2013 年 2 月，司法部在认真调研论证的基础上，将《社区矫正法（草案送审稿）》报送国务院。

同年，国务院将《社区矫正法》列入 2013 年立法工作计划，第十二届全国人大常委会将《社区矫正法》列入五年立法规划。2014 年，国务院再次将《社区矫正法》列入立法工作计划。

2013 年 11 月，党的十八届三中全会通过的《中共中央关于全面深化改革若干重大问题的决定》明确提出，要"健全社区矫正制度"。

2014 年 4 月 21 日，习近平总书记作出重要指示，要求把社区矫正工作作为司法行政一项重点工作，科学谋划，深入推进，指出："社区矫正已在试点的基础上全面推开，新情况新问题会不断出现。要持续跟踪完善社区矫正制度，加快推进立法，理顺工作体制机制，加强矫正机构和队伍建设，切实提高社区矫正工作水平。"

2014 年 10 月，党的十八届四中全会通过的《中共中央关于全面推进依法治国若干重大问题的决定》进一步提出，要"制定社区矫正法"。同年，司法部会同最高人民法院、最高人民检察院、公安部联合召开全国社区矫正工作会议，部署全面推进社区矫正工作，社区矫正工作由此进入全面推进的新阶段。

司法部和各级司法行政机关深入贯彻落实党中央决策部署、习近平总书记重要指示精神和党中央国务院决策部署，采取有力措施，制定出台了关于社区矫正工作的一系列政策文件，全面推进社区矫正工作，为社区矫正立法工作奠定了坚实的基础。

2015 年，全国人大常委会立法工作计划将社区矫正立法作为重点领域立法的预备项目。2015 年 4 月，中办、国办联合印发的《关于贯彻落实党的十八届四中全会决定进一步深化司法体制和社会体制改革的实施方案》中明确提出制定社区矫正法，并将其作为重点领域立法。

2016 年，国务院将社区矫正立法列为全面深化改革急需的立法项目。同年，全国人大常委会将《社区矫正法》列入 10 月份初次审议的法律案。2016 年 12 月，原国务院法制办会同有关单位成立社区矫正立法工作协调小组及审查工作专班，集中研究修改，向社会公开《社区矫正法（征求意见稿）》及其说明，并公开向社会征求意见。

2017 年，国务院再次将社区矫正立法列入全面深化改革急需的立法项目。同年，全国人大常委会将《社区矫正法》列入 12 月份初次审议的法律案，但当年未能列入初审。2017 年 12 月 14 日，第十二届全国人民代表大会常务委员会第 105 次委员长会议原则通过《全国人大常委会 2018 年立法工作计划》。2018 年 4 月 17 日，第十三届全国人民代表大会常务委员会第 2 次委员长会议进行了修改。2018 年 4 月 27 日全国人大网刊发《全国人大常委会 2018 年立法工作计划》。

3. 调研论证、征求意见阶段

2018 年，司法部在新一届部党组的高度重视和正确领导下，配合推进《社区矫正法》立法工作，多次召开社区矫正立法研讨会，加强《社区矫正法》立法调研，研究修改《社区矫正法（草案稿）》，积极协调社区矫正立法中的关键问题，进一步明确解决社区矫正的一些重大问题，立法工作不断向前推进。

全国人大高度重视社区矫正立法工作。全国人大法工委领导先后赴贵州、云南、浙江、安徽等地调研社区矫正工作。

4. 通过并颁布实施阶段

2019 年 6 月 17 日，第十三届全国人大常委会第三十二次委员长会议决定，将社区矫正法草案交付全国人大常委会会议审议。第十三届全国人大常委会先后于 6 月、10 月和 12 月 3 次召开会议，审议社区矫正法草案。

2019 年 12 月 28 日，第十三届全国人大常委会第十五次会议通过了《中华人民共和国社区矫正法》，国家主席习近平签署第四十号主席令公布，《社区矫正法》正式出台，自 2020 年 7 月 1 日起施行。

我国社区矫正法的立法进程，从 2013 年被纳入全国人大立法计划，到 2016 年的《社区矫正法（征求意见稿）》，再到"一审稿""二审稿""三审稿"，直至 2019 年 12 月 28 日，经第十三届全国人大常委会第十五次会议全票（168 票）表决通过。历经 6 年多的时间，《社区矫正法》终于出台，真可谓是"千呼万唤始出来"。该法一出台，就在社会各界引起了强烈的反响和热烈的讨论，因为这是我国首次就社区矫正工作进行专门立法。自此，我国社区矫正工作真正走向了法治化的新时代。

《社区矫正法》的立法进程是"科学立法、民主立法、依法立法，统筹立改释纂，增强立法系统性、整体性、协同性、时效性"的典范。

第二节　《社区矫正法》的出台

一、《社区矫正法》出台的意义

制定出台《社区矫正法》是贯彻落实党的十九届四中全会提出的系统治理、依法治理、综合治理、源头治理和坚持依法治国、依法执政、依法行政，不断完善社会主义法治体系要求的体现，也是对社区矫正工作实践经验的总结和提炼。《社区矫正法》的出台，充分体现了罪犯矫正综合治理的方针，是新时代中国特色刑事执行制度建设史上的重大事项，也是具有中国特色的社会主义法治建设史上的一件大事。

社区矫正法的出台契合了"坚持走中国特色社会主义法治道路，建设中国特色社会主义法治体系"的二十大精神，体现了"以良法促进发展、保障善治"的理念。对"建设社会主义法治国家，围绕保障和促进社会公平正义"具有重要意义。

1.《社区矫正法》的颁布实施，具有里程碑式、划时代意义

《社区矫正法》是我国第一部全面规范社区矫正工作的法律，在完善中国特色社会主义刑事执行制度，推进国家治理体系和治理能力现代化水平方面

发挥着重要作用。颁布施行《社区矫正法》，充分肯定了社区矫正工作开展十几年来取得的成绩，总结吸收了十几年中社区矫正工作改革、发展、创新所取得的成果和积累的经验，进一步确立了社区矫正制度的法律地位和基本框架，对于推动社区矫正工作的法制化、制度化、规范化具有十分重要的意义。《社区矫正法》的颁布实施，是社区矫正工作发展历程中的一件大事，标志着社区矫正工作进入了新的发展阶段，在中国乃至全人类刑事执行法治史上具有里程碑式，甚至是划时代的意义。

2. 《社区矫正法》的颁布实施，开启了我国社区矫正工作法治化的新时代

"法治最基本的前提是有法之治"，规则之治，"良法""善治"，仅有社区矫正法治的理念，没有实在法的确认；仅有依法社区矫正的要求，没有严格的程序规范；仅有保障和尊重社区矫正对象人权的意识，没有法律的宣言，那么这一切都是枉然。[1]

《社区矫正法》的颁布为社区矫正工作提供了实在法的依据，使社区矫正工作摆脱了十几年以来无法可依的尴尬局面。《社区矫正法》确认了社区矫正法治化的理念，不仅是社区矫正实体公正的法，也是程序公正的法，为社区矫正工作提供了法律上的保障，更是尊重与保护矫正对象人权的"良法"和"善法"，因此它是社区矫正法治化的逻辑起点，为社区矫正机构对社区矫正对象开展监督管理、教育帮扶等刑事执行活动提供了明确而又具体的法律依据，使社区矫正工作变得有法可依、有章可循，开启了我国社区矫正工作法治化的新时代。

3. 《社区矫正法》的颁布实施，完善了我国刑事立法与司法体系

第一，在立法层面弥补了我国社区矫正刑事执行法的空白，形成了以《刑法》《刑事诉讼法》《监狱法》《社区矫正法》为代表的主体的较为完整的刑事法律体系。一般来说，一个国家的刑事法律体系由三大部分组成：以《刑法》为主体，规定犯罪与刑罚的刑事实体法；以《刑事诉讼法》为主体，确保程序公正的程序法；以《监狱法》和《社区矫正法》为主体，规范刑事执行活动的刑事执行法。《社区矫正法》的颁布实施，弥补了我国刑事执行体

---

〔1〕 转引自连春亮主编：《社区矫正理论与实务》，中国人民大学出版社 2021 年版，第 31 页。

系存在的法律缺陷，并成为我国社区矫正工作的法律支撑。[1]

第二，在司法层面以法律形式明确了专门的社区矫正执行机关——社区矫正机构，实现了刑事执行权能较为合理的专业化分工。

总之，《社区矫正法》使中国刑事法律建构起了以刑事实体法、刑事程序法和刑事执行法为基本框架的刑事法律体系。

4. 《社区矫正法》的颁布实施，保障了社区矫正对象的合法权益

《社区矫正法》第 34 条明确规定，开展社区矫正工作，应当保障社区矫正对象的合法权益。社区矫正的措施和方法应当避免对社区矫正对象的正常工作和生活造成不必要的影响；非依法律规定，不得限制或者变相限制社区矫正对象的人身自由。社区矫正对象认为其合法权益受到侵害的，有权向人民检察院或者有关机关申诉、控告和检举。受理机关应当及时办理，并将办理结果告知申诉人、控告人和检举人。

上述规定使社区矫正对象的合法权益不受侵犯有了明确的法律依据，保障了矫正对象的人权。

总之，《社区矫正法》的颁布实施是我国刑事司法体制改革的亮点，是国家治理能力和治理体系现代化的重要体现，对推进社区矫正工作法治化、制度化、规范化发展具有重要意义，对促进我国刑事执行工作科学化、系统化进步也具有积极意义。

二、《社区矫正法》的定位

第一，《社区矫正法》是依据《宪法》而制定的独立的部门法，与《刑法》《刑事诉讼法》《监狱法》是并列、衔接的关系，而不是从属或派生的关系。《社区矫正法》是关于社区矫正的一部专门法律。

第二，《社区矫正法》与《监狱法》共同构成刑事执行法律体系，是我国刑事执行法律体系的有机组成部分。

第三，《社区矫正法》是我国刑事执行双轨制的法律依托。《社区矫正法》的颁布实施，使我国的刑事执行制度由原来的以监禁刑为主的单轨制，

---

〔1〕 连春亮主编：《社区矫正理论与实务》，中国人民大学出版社 2021 年版，第 31 页。

变成了监禁刑和社区矫正并行的双轨制，丰富了我国刑事执行的方式，很好地贯彻落实了"宽严相济"的刑事司法政策，为构建具有中国特色的刑事执行制度作出了积极的贡献。[1]

第三节 《社区矫正法》的实施

一、《社区矫正法》

"公正司法是维护社会公平正义的最后一道防线"。《社区矫正法》的实施，有利于"全面准确落实司法责任制，加快建设公正高效权威的社会主义司法制度，努力让人民群众在每一个司法案件中感受到公平正义。规范司法权力运行，健全公安机关、检察机关、审判机关、司法行政机关各司其职、相互配合、相互制约的体制机制"。

（一）《社区矫正法》的立法精神

社区矫正的立法精神蕴含了二十大报告中的"坚持和发展马克思主义，必须同中国实际相结合。我们坚持以马克思主义为指导，是要运用其科学的世界观和方法论解决中国的问题""必须坚持人民至上""必须坚持自信自立""必须坚持守正创新""必须坚持问题导向""必须坚持系统观念""必须坚持胸怀天下"等先进的思想和理念。具体表现在以下几个方面：

1. 《社区矫正法》立足中国国情

《社区矫正法》立足中国国情，主要表现在以下几个方面：

（1）《社区矫正法》非常注意处理好确立社区矫正基本法律制度与为今后发展创新留有余地的关系。如：①社区矫正的概念问题。《社区矫正法》中并没有给出社区矫正的概念，目的就是为健全完善留有余地，为创新发展留有余地，为基层实务工作者的理解留有余地。社区矫正法在"社区矫正"这一概念上始终保持着开放性。何为社区矫正？迄今为止，理论上的争议并未平息，实务中的分歧也未消除。在《社区矫正法》的起草和审议过程中围绕

---

〔1〕 张凯等：《社区矫正前沿问题研究》（一），法律出版社 2022 年版，第 42 页。

着"社区矫正"这一概念的争议,《社区矫正法》最终没有直接回应这一问题,而是采取了"留白"的处理方式,保持了"社区矫正"概念的开放性。这就是说,立法将社区矫正这一概念交给了接下来的理论和实务去界定、发展和完善。②社区矫正对象的称呼问题。《社区矫正法》在社区矫正对象的称呼上也保持着开放性。我国自开展社区矫正工作以来,围绕着社区矫正对象的称谓就存在着"社区服刑人员""社区矫正人员""社区矫正对象"等争议。因社区矫正法没有对"社区矫正"作直接界定,所以,本法也没有采纳呼声很高但罪犯标签色彩鲜明的"社区服刑人员"这一称谓,而是采取了更为中性化的"社区矫正对象"称谓,从而突破了封闭的惩罚理念而走向了开放性,彰显了对矫正对象的人文关怀和对其复归社会的期待。这一称谓与社区矫正的性质也正相符合,淡化了"刑罚执行的惩罚性"而强调了"社会管理性"。③社区矫正的性质问题。社区矫正的性质问题一直是理论界与实务界争论不休的问题,即便在《社区矫正法》草案说明中已明确了社区矫正"刑事执行"的性质,但理论界与实务界仍然有一些专家学者持不同的意见。将社区矫正定位为"刑罚执行"是一种比较有代表性的意见。在草案审议和征求各方面意见的过程中,有的代表还比较坚持。这类意见的出发点是认为"社区矫正是刑罚执行"。为此,在具体工作中,更强调强化社区矫正对象的罪犯身份;加强和体现社区矫正的惩罚性;主张普遍适用强制性的改造措施,如社区劳动、电子手铐、集中学习、原则上不得外出等。同时为了保证上述措施的落实,防止社区矫正对象不配合,建议设置专门的社区矫正警察予以震慑。对于上述意见,人大代表会同有关方面和专家学者反复进行了认真研究,并最终认为将社区矫正的性质定位为"刑罚执行"是有偏差的。故此,《社区矫正法》第1条是这样表述的:"为了推进和规范社区矫正工作,保障刑事判决、刑事裁定和暂予监外执行决定的正确执行,提高教育矫正质量,促进社区矫正对象顺利融入社会,预防和减少犯罪,根据宪法,制定本法。"这就明确了社区矫正的性质是刑事执行,而不是单纯地刑罚执行。而且这种表述更符合社区矫正的性质和定位,更符合刑法的罪刑法定、罪责刑相适应原则,更符合社区矫正依法矫正的要求,符合权利义务法定的法治一般要求。

尽管在条文中没有明确说明,但从立法理念、结构布局、用词造句和法条规定来看，已经蕴含着社区矫正的性质不能仅仅局限于刑罚执行，也就是说立法并未强调刑罚本质属性——惩罚性，也没有赋予社区矫正工作人员警察身份和刚性监管措施、风险防控手段及处罚手段。相反，立法凸显了外延更加广泛的刑事执行，不仅包括管制刑和暂予监外执行的刑罚执行，而且也包括了短期监禁刑罚替刑措施的缓刑所附条件的考察执行和长期监禁刑罚变更执行场所的假释所附条件的监督执行。同时还为以后的发展打下了基础，埋下了伏笔，即可囊括随着社区建设的发展、社会治理能力现代化的提升和刑罚体系的不断完善、刑事司法改革的深化，有可能出现的社区服务刑和中间刑罚的适用，甚至还包括未决犯和刑满释放人员尤其是未达到刑事责任年龄的犯罪少年的非监禁的社区性矫正活动。这是对理论与实践中社区矫正"刑罚执行说"的纠偏和超越。

由于社区矫正在我国开展的时间不长，所以，立法仅对社区矫正机构设置、监督管理和教育帮扶的方式方法等做了原则性、基础性规定，为社区矫正制度今后的发展留下了空间。

（2）《社区矫正法》非常注意处理好社区矫正法与刑事基本法律之间的关系。对于应当由刑法、刑事诉讼法规定的实体性内容，包括管制、缓刑、假释、暂予监外执行四类人员应当遵守的会客、报告等规定，减刑、撤销缓刑、撤销假释、收监执行的条件等，立法不再重复规定，只做衔接性处理。

（3）坚持问题导向，注重解决社区矫正工作中的突出问题。社区矫正是对社区矫正对象进行监督管理和教育帮扶的有机统一，立法针对实践中反映突出的问题尽量予以回应，如执行地确定难、收监难、经常跨区域性流动请销假等问题；针对社会力量参与不充分问题做出了新颖的制度设计，如充分鼓励多元社会力量参与社区矫正；针对有关机关在社区矫正中的衔接配合程序，尽可能予以细化规定，增强可操作性，如公检法司各自的职责规定得非常明确。

2.《社区矫正法》确立了社区矫正工作的原则目标

社区矫正工作原则和目标为社区矫正工作提供了基本准则，指明了努力方向，是社区矫正工作的行动指南。《社区矫正法》明确规定了社区矫正工作的原则目标。

（1）坚持监督管理与教育帮扶相结合原则。在社区矫正工作中，监督管理和教育帮扶是一个整体，监督管理是教育帮扶的前提和保障，教育帮扶是社区矫正工作的核心。只有加强教育帮扶工作，社区矫正对象才会真心悔过自新，成为守法公民，矫正工作才能真正取得实效。

（2）坚持专门机关与社会力量相结合的原则。社区矫正是在开放的社会环境下，在不影响矫正对象正常工作、生活的前提下开展的监督管理和教育帮扶活动，仅靠专门机关的力量很难实现社区矫正的目的，必须充分利用社会力量，整合社会资源，动员社会方方面面的资源和力量参与到社区矫正工作中来。只有将专门机关与社会力量有机结合起来，发挥各自的特长和优势，相互补充，形成整体合力，才能将社区矫正工作搞好，实现社区矫正工作的目标。

（3）坚持依法管理与尊重和保障人权相统一的原则。社区矫正机构依照法律、法规、规章等规定，对社区矫正对象实施进行管理。社区矫正机构及其工作人员依法对社区矫正对象实施监督管理的行为受法律保护，社区矫正对象应当依法接受社区矫正、服从监督管理。同时，社区矫正机构及其工作人员在监督管理过程中，应当依法保障社区矫正对象的合法权益。社区矫正对象的人格尊严应当受到尊重，其依法享有的人身权利、财产权利和其他权利应当得到保障，不受侵犯。依法管理与保障社区矫正对象合法权益是相互联系、互相促进的。没有无义务的权利，也没有无权利的义务。

《社区矫正法》明确社区矫正的工作目标就是消除社区矫正对象可能重新犯罪的因素，帮助社区矫正对象成为守法公民。

3. 《社区矫正法》是对实践经验的总结和提炼

《社区矫正法》非常尊重基层的首创精神，注重将社区矫正工作实践中一些成功的经验、有效的做法固定下来，上升为法律制度，使其更具有可操作性，是先实践后立法的典范。

（1）在总结各地普遍建立党委政府统一领导、司法行政部门组织实施、相关部门协调配合、社会力量广泛参与的领导体制和工作机制的实践经验基础上，明确规定，地方人民政府根据需要设立社区矫正委员会，负责统筹协调和指导本行政区域内的社区矫正工作（第 8 条第 3 款），把坚持党的领导作为社区矫正工作顺利开展的根本保证。

（2）在总结吸收各地充分利用现代科技手段，提高社区矫正信息化水平的成功经验基础上，将"国家支持社区矫正机构提高信息化水平"（第5条）写入总则，还就信息化核查、使用电子定位装置等作出专门规定，为运用现代信息技术加强对社区矫正对象的监督管理和教育帮扶提供了法律依据。

如《社区矫正法》第5条规定："国家支持社区矫正机构提高信息化水平，运用现代信息技术开展监督管理和教育帮扶。社区矫正工作相关部门之间依法进行信息共享。"第26条规定："社区矫正机构应当了解掌握社区矫正对象的活动情况和行为表现。社区矫正机构可以通过通信联络、信息化核查、实地查访等方式核实有关情况⋯⋯"

《社区矫正法》第26条规定，社区矫正机构可以运用手机定位、视频通话等信息化核查方式掌握社区矫正对象的活动情况；第29条规定，经县级司法行政部门负责人批准，对不服从管理的五类特定情形的社区矫正对象，可以按规定的批准程序和期限，使用电子腕带等专门的电子定位装置加强监督管理。这些规定，为运用现代信息技术加强对社区矫正对象的监督管理和教育帮扶提供了法律保障。对现代科技手段和信息化内容的引入使《社区矫正法》在国家立法层面具有引领性的特点。

（3）根据实践经验的总结，丰富了对社区矫正对象的奖惩手段。如《社区矫正法》将实践中的表扬、训诫吸收进来，成为第28条考核奖惩的内容。

（4）在总结吸收各地充分依靠基层组织和社会力量开展社区矫正工作的经验基础上，《社区矫正法》第25条规定，社区矫正机构应当根据社区矫正对象的情况，为其确定矫正小组，负责落实相应的矫正方案。根据需要，矫正小组可以由司法所、居民委员会、村民委员会的人员，社区矫正对象的监护人、家庭成员、所在单位或者就读学校的人员以及社会工作者、志愿者等组成。把矫正小组作为组织动员社会力量参与社区矫正工作的重要抓手，以矫正小组为依托，坚持专群结合，充分利用各种社会资源、动员各种社会力量积极参与到社区矫正工作中来。这既是中国特色社区矫正制度的显著特色，也是新形势下打造共建共治共享社会治理格局的客观需要。

4.《社区矫正法》充分反映了各方诉求

《社区矫正法》初稿形成后，除了按照通常做法征求有关部门和各省市人大常委会的意见外，还通过电视、报纸、网络等媒体向全社会公开征集立法建议。理论界与实务界参与讨论的氛围空前热烈，认真提出修改建议，为国家立法积极建言献策。立法机关认真倾听各方声音，注意吸收各方意见、反映各方吁求。从征求意见稿的 36 条，到"一审稿"的 55 条，再到"二审稿""三审稿"的 63 条，《社区矫正法》不断完善，充分反映了各方的合理意见和诉求。

5.《社区矫正法》体现了鲜明的中国特色

社区矫正是舶来品，要使之在我国生根、发芽、开花、结果，就必须使之适合中国的土壤和生态。在社区矫正的立法过程中，立法机关没有简单地照搬照抄他国的做法，而是始终坚持在全面推进依法治国的大格局下认识社区矫正工作，注意把握中国特色社会主义社区矫正的规律与时代特征，紧紧结合我国的社区矫正实践，抓住主要矛盾，把社区矫正法作为完善刑事执行、推进国家治理体系和治理能力现代化的一项制度，系统构建起具有中国特色的社区矫正制度。我国社区矫正制度是在党中央、国务院的正确领导下，立足我国基本国情发展起来的具有中国特色的刑事执行制度。

（二）社区矫正法的特征

"创新才能把握时代、引领时代"。《社区矫正法》是"坚持马克思主义基本原理不动摇，坚持党的全面领导不动摇，坚持中国特色社会主义不动摇，紧跟时代步伐，顺应实践发展"的产物，具有以下几个鲜明的特征。

1. 立法目的明确

立法目的，也叫立法宗旨，是一部法律的出发点与归宿点，是统率一部法律的灵魂。通常而言，一部法典的首条就会对立法目的，开宗明义地作出规定，让社会大众知道这个法的立法目的和依据是什么。法典条文中的每一段话，每一个字词，甚至条文涉及的每一个法律关系，对整部法律的体系结构、制度的设计和调整是否科学都至关重要，可谓是真正的牵一发而动全身。[1]

《社区矫正法》第 1 条规定了立法目的，主要有五个方面：

---

〔1〕　王顺安："论《社区矫正法》的五大立法目的与十大引申意义"，社区矫正宣传网，http://www.chjzxc.com/index/index/page.html？id=15684，最后访问时间：2022 年 8 月 25 日。

（1）推进和规范社区矫正工作。社区矫正立法的目的之一就是总结与调整社区矫正试点工作以来的成绩与不足，回应社区矫正实践部门对社区矫正法制化的呼唤。同时，基于社区矫正良好的教育矫正效果，尤其是其弥补了监狱行刑的不足，节约了国家刑罚执行的成本，推进了平安中国、法治中国的建设，促进了司法文明的进步，维护了社会的和谐稳定，当然要通过立法的形式大力支持与推进，并发挥立法引领与保障功能，进一步提高社区矫正的功能作用及效率效果。[1]

（2）保障刑事判决、刑事裁定和暂予监外执行决定的正确执行。作为与监狱法相对应的非监禁的刑事执行法律，社区矫正法必须要有实体的刑法和程序的刑事诉讼法所规定的刑罚、非刑罚处罚方法和刑罚适用及刑罚变更等执行事项。根据我国刑法、刑事诉讼法和监狱法的相关规定，监狱负责执行3个月以上的有期徒刑、无期徒刑和死刑缓期二年执行，属于纯粹的监禁刑罚和中国特有的死缓执行制度的国家刑罚执行机关。我国的社区矫正机构，根据刑法、刑事诉讼法的最新规定，仅负责管制执行、缓刑考察、假释监督和暂予监外执行。属于外延更加广泛的刑事执行而不是单纯的刑罚执行。

（3）提高教育矫正质量。我国社区矫正试点工作之前对在社会上进行监外执行的"五类人员"（管制刑、剥夺政治权利刑、缓刑、假释、暂予监外执行）由公安机关管理，其惯常的依托计划经济时代单位和基层组织监督的模式，因改革开放的冲击已完全失效与瘫痪，表现为"五类人员"的考察监督逐渐流于形式，脱管漏管问题突出、再犯罪率升高，因此迫切需要改变行刑体制，借鉴国外成熟的社区矫正模式提高罪犯改造质量。社区矫正实践证明，中央关于在我国开展社区矫正工作的决策是正确的，也正因如此，社区矫正将其作为立法目的核心予以规范与要求。

（4）促进社区矫正对象顺利融入社会。这是一个全新的立法目的和立法宗旨，充分反映了社区矫正的再社会化的理论与理念。

监狱行刑与教育改造为什么效果不好，就是因为回归社会的目的与封闭

---

〔1〕 王顺安："论《社区矫正法》的五大立法目的与十大引申意义"，社区矫正宣传网，http://www.chjzxc.com/index/index/page.html？id=15684，最后访问时间：2022年8月25日。

性"医疗"的手段相悖，不但不利于罪犯的再社会化，反而易造成监狱化、交叉感染和监狱人格。为此，需要科学人格调查作支撑，对罪犯予以合理性分类管理、个别（人）化教育。同时采用累进处遇措施，通过善刑折减的激励方式转入早日离开监狱的假释环节，通过假释阶段的再社会化由监狱人变成社会人。最后通过社区矫正的监督考察和更生保护等措施的有机衔接，促进假释人员顺利完成由罪犯到公民的过程，重返社会。

　　缓刑则是提前避免短期监禁管理的弊病，在不影响其就业就学和家庭生活的情况下，依法予以考察监督，有针对性地消除社区矫正对象可能重新犯罪的因素，帮助其更好地融入社会，成为守法公民。社区矫正就是这样一前一后帮助监狱行刑克服弊病和痼疾，并彼此取长取短，促进罪犯的改过自新，保障"提高教育矫正质量"的目的宗旨的实现。此外，本项立法目的或立法宗旨还引导出一个基本的概念——"社区矫正对象"，承上启下地改变了"社区服刑人员"的提法，充分反映了立法者的立法技术与智慧。[1]

　　（5）预防和减少犯罪。刑罚的目的从产生始就是预防犯罪，只是不同时期、不同理念导致刑罚目的不同，进而效果迥异。古典刑事学派推崇的报应刑，追求通过惩罚威慑所实现的一般预防、特殊预防，显然不仅治标不治本，而且手段单一且残忍，效果肯定不会太好。刑事实证学派认定的是预防刑，先通过纯教育、矫正和改造的手段追求特殊预防的目的，手段尽管丰富但也过分偏颇，效果也有限。20世纪末的新古典学派，根据循证方法，采用实用及折衷主义，将古典派与实证派理论与实践的长处结合起来，追求报应公正和教育功利，监狱行刑强调一般预防兼顾特殊预防，社区矫正强调特殊预防兼顾一般预防，二者相互配合，形成有效的刑事执行系统，以获得最佳的预防和减少犯罪的效果。在我国，还需通过社会综合治理的系统工程，将其纳入更广泛的标本兼治、以防为主的预防犯罪体系，以求中国特色的预防犯罪制度的创制及实践范式转换。预防和减少犯罪是中国刑法、刑事诉讼法和刑事执行法始终如一的立法宗旨与目标任务，理应是社区矫正的最高的追求与

---

　　[1]　王顺安："论《社区矫正法》的五大立法目的与十大引申意义"，社区矫正宣传网，http://www.chjzxc.com/index/index/page.html？id=15684，最后访问时间：2022年8月25日。

考核的标准。[1]

2. 把握党领导社区矫正工作的方向，创新机构设置

《社区矫正法》把握党领导社区矫正工作的方向，集中体现在机构设置方面：其一，创新性地提出设立社区矫正委员会。《社区矫正法》第8条第3款规定："地方人民政府根据需要设立社区矫正委员会，负责统筹协调和指导本行政区域内的社区矫正工作。"社区矫正委员会是由地方人民政府设立的社区矫正工作议事协调机构，负责统筹协调和指导本行政区域内的社区矫正工作。实践中社区矫正委员会有以下部门和人员组成：本级党委或人民政府有关负责人，人民法院、人民检察院、公安机关、司法行政机关、财政、教育等部门。其设置的关键在于加强党委对社区矫正工作的领导、协调，以及解决社区矫正工作中的实际困难与问题。其二，政府根据需要设置社区矫正机构。《社区矫正法》第9条第1款规定，县级以上地方人民政府根据需要设置社区矫正机构。由此可见，社区矫正委员会、社区矫正机构的设置都由人民政府决定，这也体现了党对社区矫正工作的绝对领导。[2]

3. 更注重人文关怀和社会管理创新

《社区矫正法》整部法律给人的感觉是由过去注重刑罚执行变为注重社会管理模式的创新，原《社区矫正实施办法》中的表述是：将社区矫正人员改造成为守法公民，而《社区矫正法》的表述将其改为：帮助矫正对象成为守法公民；从注重惩罚变为注重社会关系的修复，通过各种既有力量又有温度的做法，促使矫正对象顺利融入社会；从注重严格的监督管理变为注重充分保障矫正对象的合法权益，明确了社区矫正对象的权利保障和身份信息、个人隐私的保护以及合法权益受到侵犯时的法律救济手段，特别是对电子定位装置的使用予以了明确规定；从注重普遍管理变为注重分类管理和个别化矫正，使矫正方案、矫正措施更具有针对性和有效性。通过以上这些宽严相济和刚柔相济的做法，能够实现对矫正对象的以法正心、以德润心，最终使其顺利回归社会的目的。

---

[1] 王顺安："论《社区矫正法》的五大立法目的与十大引申意义"，社区矫正宣传网，http://www.chjzxc.com/index/index/page.html? id=15684，最后访问时间：2022年8月25日。

[2] 张凯等：《社区矫正前沿问题研究》（一），法律出版社2022年版，第32页。

4. 执法主体、执行机关更为明确

《社区矫正法》第9条明确规定，社区矫正机构负责社区矫正工作的具体实施。司法所受社区矫正机构的委托，承担社区矫正相关工作。《社区矫正法》非常清晰地明确了社区矫正机构和司法所各自的职责权限。

5. 落实了"共建共治共享"的社会治理理念

《社区矫正法》落实"共建共治共享"的社会治理理念，集中体现在重视社会参与。《社区矫正法》第3条明确规定，社区矫正工作坚持专门机关与社会力量相结合。第13条规定，国家鼓励、支持企业事业单位，社会组织、志愿者等社会力量，依法参与社区矫正工作。第18条规定了社会组织可以参与社会调查评估。第25条第2款规定，社区矫正对象的监护人、家庭成员，所在单位或者就读学校的人员以及社会工作者、志愿者等社会力量可以参与矫正小组。第35条第2款规定，有关人民团体应当依法协助社区矫正机构做好教育帮扶工作。第41条规定，国家鼓励企业事业单位、社会组织为社区矫正对象提供就业岗位和职业技能培训。招用符合条件的社区矫正对象的企业，按照规定享受国家优惠政策。第56条规定，共产主义青年团、妇女联合会、未成年人保护组织应当依法协助社区矫正机构做好未成年人社区矫正工作。第6条规定，社会组织依法协助社区矫正机构开展工作所需的经费，应当按照规定列入社区矫正机构本级政府预算。

社区矫正是一项系统工程、综合工程，只靠司法行政机关的单打独斗很难完成，必须依靠社会力量的共同参与才能高质量地完成。组织社会力量参与社区矫正工作，不仅可以减轻国家机关的压力，而且能推动"共建共治共享"的社会治理格局的建设。

6. 对未成年人社区矫正作了特别规定

未成年人是一个特殊的社会群体，按照国际规则和国际惯例，对未成年人的社区矫正必须予以特别的规定。从《社区矫正法》的规定看，其特性表现在：一是拓展了规定范围，《社区矫正法》由一审稿的4条扩大到最后7条，第58条规定，未成年社区矫正对象在社区矫正期间年满18周岁的，继续按照未成年人社区矫正有关规定执行，这保证了对未成年人社区矫正保护的连续性。二是丰富了规定的内容。《社区矫正法》从对未成年人社区矫正的工作要求、监护责任、保密义务、义务教育与就业帮扶、辅助机构、权利保护、特殊规定等方面进行了全面规定，内容涵盖了未成年人社区矫正的各个层面。三是对未成年人社区矫正参与者的义务、责任、职责等作出了硬性规定，第52条至第57条的规定中都使用了"应当"，而没有使用具有可选择性的"可以"，这样相关主体就必须履行法律规定的责任和义务。四是在社区矫正措施和方法上进行了特殊规定。《社区矫正法》第七章特别规定，应当根据未成年社区矫正对象的年龄、心理特点、发育需要、成长经历、犯罪原因、家庭监护教育条件等情况，采取针对性的矫正措施；矫正小组应当吸收熟悉未成年人身心特点的人员参加；对未成年人的社区矫正，应当与成年人分别进行；对未成年社区矫正对象要给予身份保护，对其宣告不公开进行，其矫正档案应当保密；督促未成年社区矫正对象的监护人履行监护职责，承担扶养、管教等义务；协调有关部门为其完成义务教育提供条件；等等。这样，就在立法层面将未成年人社区矫正相关重要制度予以固定和明确，对于健全防范未成年人犯罪制度体系起到积极推动作用。[1]

二、《社区矫正法实施办法》

为了做好《社区矫正法》的贯彻实施，进一步推进和规范社区矫正工作，"两院两部"根据《刑法》《刑事诉讼法》《社区矫正法》等有关法律规定，对2012年1月10日印发的《社区矫正实施办法》进行了修订，制定了《社区矫正法实施办法》，与《社区矫正法》同日实施。

《社区矫正法实施办法》共59条，主要内容包括：一是明确了制定的依据和目的，以及社区矫正工作的体制机制。二是明确了社区矫正机构、人员和职责。三是明确了依法适用管制、缓刑、假释、暂予监外执行社区矫正对象的决定机关和接收程序。四是明确了监督管理规定。五是明确了对社区矫正对象开展教育帮扶的职责、内容和形式。六是明确了解除和终止的条件和程序。这是对《社区矫正法》进行的细化、具体化，使之更具

---

〔1〕 连春亮主编：《社区矫正理论与实务》，法律出版社2020年版，第34～35页。

有可操作性。

《社区矫正法实施办法》的颁布实施是"严格执法、公正司法"的保证。

三、《社区矫正法》的贯彻落实

为更好地贯彻落实《社区矫正法》，在《社区矫正法》出台后，各地便掀起了学习、宣传《社区矫正法》的热潮，让每一个社区矫正工作人员和与社区矫正相关的人员都能尽快了解、熟悉、理解《社区矫正法》的内容，尽快将其规定落地、落实。时任全国人大法工委刑法室主任王爱立主编出版了《中华人民共和国社区矫正法解读》，王爱立和时任司法部社区矫正管理局局长姜爱东主编了《中华人民共和国社区矫正法释义》，一些专家、学者也纷纷撰写文章，对《社区矫正法》进行解读，帮助基层社区矫正工作人员尽快理解、掌握《社区矫正法》的相关规定。

各地纷纷依据《社区矫正法》和《社区矫正法实施办法》，结合本省、市、自治区实际情况，出台了社区矫正工作细则。到目前为止，《社区矫正法》已经实施了两年多，尽管在实施过程中，可能还存在着这样或那样的问题，但不得不承认，《社区矫正法》的实施，极大地推动了社区矫正工作的规范化、专业化和职业化建设的步伐，在规范执法、文明执法、人性化执法方面也取得了长足的进步，为我国全面推进依法治国，提高社会治理体系和治理能力现代化水平，构建具有中国特色的刑事执行制度作出了积极贡献。《社区矫正法》的贯彻落实，有利于"完善社会治理体系。健全共建共治共享的社会治理制度，提升社会治理效能"。

【课堂活动 5 -1】

根据《社区矫正法》并结合司法实践，讨论《社区矫正法》颁布实施后社区矫正工作产生了哪些新变化？

【课堂活动 5 -2】

为什么说社区矫正的性质是刑事执行而不是刑罚执行？

【思考题】

1. 你认为监督管理和教育帮扶之间是一种什么样的关系？

2.《社区矫正法》中对社区矫正机构工作人员的职业道德是怎样规定的？

拓展 **学习**

1.《中华人民共和国社区矫正法》（2019 年 12 月 28 日第十三届全国人民代表大会常务委员会第十五次会议通过，自 2020 年 7 月 1 日起施行）

2.《中华人民共和国社区矫正法实施办法》（2020 年 6 月 18 日，最高人民法院、最高人民检察院、公安部、司法部联合颁布）

3.《人民检察院刑事诉讼规则》（2019 年 12 月 2 日最高人民检察院第十三届检察委员会第二十八次会议通过，自 2019 年 12 月 30 日起施行）

4.《暂予监外执行规定》（2014 年，最高人民法院、最高人民检察院、公安部、司法部、国家卫生计生委联合制定）

5.《最高人民法院关于办理减刑、假释案件具体应用法律的规定》（2016 年 9 月 19 日最高人民法院审判委员会第 1693 次会议通过，自 2017 年 1 月 1 日起施行）

关于《中华人民共和国社区矫正法（草案）》修改情况的汇报[1]

常委会第十一次会议对社区矫正法草案进行了初次审议。会后，法制工作委员会将草案印发各省（区、市）人大常委会、中央有关部门和部分高等院校、研究机构、基层立法联系点、全国人大代表等征求意见，在中国人大网全文公布草案征求社会公众意见。法制工作委员会还到一些地方进行调研，召开专家座谈会，听取意见，并就草案有关问题与最高人民法院、公安部、司法部等部门交换意见，共同研究。宪法和法律委员会于 10 月 10 日召开会议，根据常委会组成人员的审议意见和各方面意见，对草案进行了逐条审议。监察和司法委员会、中央政法委员会、司法部有关负责同志列席了会议。10

---

〔1〕 "关于《中华人民共和国社区矫正法（草案）》修改情况的汇报"，http://www.sohu.com /a/ 350921466_660595，最后访问时间：2021 年 3 月 2 日。

月 15 日，宪法和法律委员会召开会议，再次进行审议。现就主要问题修改情况汇报如下：

第一，草案第一条对社区矫正法的立法目的作了规定，有的常委会组成人员建议明确社区矫正的性质；有的代表、地方、部门、院校和社会公众提出，草案"正确执行刑罚"的表述不准确，社区矫正的对象有四类，其中主要是缓刑，根据刑法规定，缓刑是附条件的不执行刑罚，考验期满原判刑罚就不再执行。

宪法和法律委员会经研究，建议采纳上述意见，将"正确执行刑罚"修改为"正确执行刑事判决、裁定和暂予监外执行决定"。（草案二次审议稿第一条）

第二，草案第三条对社区矫正工作原则作了规定，有的代表、地方和院校建议一并明确社区矫正工作的目标包括消除重新犯罪因素，促其成为守法公民等内容。

宪法和法律委员会经研究，建议采纳上述意见。

此外，有的意见提出，草案第三条中"保障社会公共安全与维护社区矫正对象合法权益并重"的表述容易引发误解，且两方面内容在其他条文中已分别有所体现，可以不作规定。

宪法和法律委员会经研究，建议采纳这一意见，删去该表述。（草案二次审议稿第三条）

第三，有的常委委员、代表、地方、部门和社会公众提出，目前社区矫正力量薄弱，专业化水平不足，建议增加队伍建设方面的规定。

宪法和法律委员会经研究，建议进一步充实相关规定：一是增加一条规定"国家推进高素质的社区矫正工作队伍建设。社区矫正机构应当加强对社区矫正工作人员的管理、监督和培训，不断提高社区矫正的规范化、专业化水平"（草案二次审议稿第十六条）。二是将草案第八条修改为"社区矫正机构根据需要，组织具有相关专业知识的社会工作者，协助开展社区矫正工作"（草案二次审议稿第十一条）。三是增加规定参与社区矫正工作的人员依法开展社区矫正工作，受法律保护（草案二次审议稿第十五条）。

同时，根据结构调整需要，增加"机构、人员和职责"一章，对相关内容集中规定。

第四，有的常委委员、代表、地方、部门和社会公众提出，草案对社区矫正程序和社区矫正机构、人民法院、人民检察院、公安机关等部门的职责作了规定，建议针对实践中较为突出的问题，进一步完善细化程序规定，加强部门之间的衔接配合，增强法律的可操作性。

宪法和法律委员会经研究，建议对草案作出以下修改：一是针对实践中确定社区矫正执行地时容易出现争议的情况，在草案第十六条中增加规定社区矫正决定机关在作出判决、裁定、暂予监外执行决定时，应当确定社区矫正的执行地；社区矫正对象的经常居住地可以作为执行地（草案二次审议稿第十七条）。二是为把好社区矫正入口关，确保社区矫正对象自觉接受监管，防止脱管、漏管，增加一条规定"社区矫正决定机关决定社区矫正，应当按照刑法、刑事诉讼法等法律规定的条件和程序进行。社区矫正决定机关应当对社区矫正对象进行教育，告知其在社区矫正期间应当遵守的规定以及违反规定的法律后果，责令其按时报到"（草案二次审议稿第十九条）。三是考虑到由原社区矫正决定机关决定收监执行，对于异地执行存在操作困难，增加规定可以由执行地社区矫正决定机关作出收监执行的决定（草案二次审议稿第四十七条、第五十条）。

第五，有的常委委员、代表、地方、部门和社会公众提出，社区矫正是在社会上对社区矫正对象进行监督管理和教育帮扶，在方式方法上要与监狱执行刑罚严格区分，实践中个别地方存在不适当增加社区矫正对象义务和负担，限制其合法权利，影响其正常工作生活的情况，建议作出规范。

宪法和法律委员会经研究，建议进一步充实相关规定：一是在总则中增加规定"社区矫正工作应当依法进行，尊重和保障人权"；在监督管理一章中增加规定开展社区矫正工作，应当保障社区矫正对象的合法权益，非依法律规定，不得限制或者变相限制社区矫正对象的人身自由（草案二次审议稿第四条、第二十四条）。二是在草案第三十六条中增加规定社区矫正机构应当注意保护社区矫正对象的身份信息和个人隐私（草案二次审议稿第二十七条）。第六，草案第三十五条对社区矫正对象离开所居住的市、县或者迁居的，应当报经批准作了规定。有的常委委员、代表、地方和社会公众提出，批准的条件、程序、方式等不明确，实践中容易产生认识分歧，激化矛盾，建议进一步明确，增强可操作性。

宪法和法律委员会经研究，建议作以下修改补充：对于有正当理由的，应当批准；对于需要经常性跨市、县活动的，可以根据情况，简化批准程序和方式；对于可能逃跑或者实施违反监督管理规定行为的，不予批准（草案二次审议稿第二十八条）。同时，为了加强对社区矫正对象的监督管理，在草案第三十七条中对社区矫正机构使用电子定位手段的条件和程序予以明确（草案二次审议稿第三十条）。

第七，有的常委委员、代表、地方和社会公众提出，社区矫正应当充分发挥社会力量的作用，采用社会化的方式，建议增加鼓励社会力量积极参与的内容。

宪法和法律委员会经研究，建议对草案作以下修改补充：一是国家支持企业事业单位、社会组织、志愿者等社会力量参与社区矫正工作（草案二次审议稿第十三条）。二是社会组织依法协助开展社区矫正工作所需的经费应当依照规定列入本级政府预算（草案二次审议稿第六条）。三是社区矫正机构可以通过公开择优购买社会服务、项目委托等方式，由相关社会组织提供心理辅导、社会关系改善等专业化的帮扶；国家鼓励有经验和资源的社会组织跨地区开展帮扶交流和示范活动（草案二次审议稿第四十三条）。

第八，有的常委委员、社会公众提出，监督管理和教育帮扶工作应当坚持问题导向，重点针对可能导致其重新犯罪的问题，按需矫正，提高针对性。

宪法和法律委员会经研究，建议对草案作以下修改补充：一是社区矫正机构应当根据社区矫正对象的犯罪原因、裁判内容等情况，制定有针对性的矫正方案，实现个别化矫正（草案二次审议稿第二十五条）。二是对社区矫正对象的教育应当考虑其工作和生活安排，因人施教（草案二次审议稿第三十九条）。

第九，草案第五章对未成年人社区矫正作了专门规定。有的常委会组成人员、代表、地方、部门和社会公众建议进一步充实、细化有关内容。

宪法和法律委员会经研究，建议对草案作以下修改补充：一是对未成年人的社区矫正，应当与成年人分别进行（草案二次审议稿第五十三条）。二是社区矫正工作人员对履职过程中获得的未成年人身份信息应当予以保密（草案二次审议稿第五十五条）。三是共青团、妇联、未成年人保护组织应当协助做好未成年人社区矫正工作；国家鼓励相关社会组织参与未成年人社区矫正工作，依法给予政策支持（草案二次审议稿第五十七条）。

　　此外，根据常委会组成人员的意见，增设了法律责任一章，对社区矫正对象的法律责任、社区矫正机构工作人员和其他国家工作人员的法律责任作出明确规定；还对草案作了一些文字修改。

第六章

社区矫正基本制度

知识目标：熟悉并掌握社区矫正工作的基本制度。

能力目标：具备依法依规完成社区矫正工作的能力；具备创新性开展工作的能力。

素质目标：培养学生遵规守纪意识和爱岗敬业、履职尽责的职业道德；忠诚奉献的职业精神。

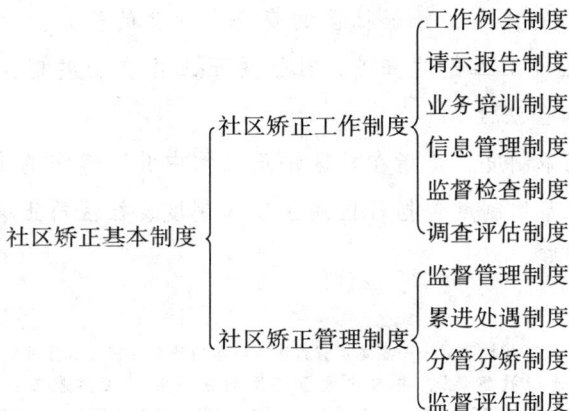

```
                                      ┌ 教育矫正制度
社区矫正基本制度 ┤社区矫正教育帮扶制度 ┤         ┌ 社会救助制度
                                      └ 帮扶制度 ┤
                                                └ 社会保障制度
```

案例 6-1

　　包某，男，1994 年 4 月出生，户籍地、居住地均为黑龙江省大庆市杜尔伯特蒙古族自治县。2018 年 10 月，包某因犯交通肇事罪被杜尔伯特蒙古族自治县人民法院判处有期徒刑 1 年，缓刑 2 年，缓刑考验期自 2019 年 11 月 11 日起至 2021 年 11 月 10 日止。2019 年 11 月 13 日，包某到杜尔伯特蒙古族自治县社区矫正机构报到，由执行地司法所负责对其日常监管。

　　包某因交通肇事肢体残疾，行动不便，其妻子在交通肇事中身亡，儿子在小学读书，母亲体弱多病，不能从事重体力劳动，日常生活由其姐姐照顾。[1]

　　针对包某的实际情况和所存在的困难，司法所在开展监督管理和教育帮扶中，除执行常规的监督管理制度外，重点放在了教育帮扶上，帮助其解决生活困难，顺利地度过矫正期。

　　社区矫正工作要顺利开展，就必须有一套科学、有效的工作制度作为保障。既保障社区矫正工作人员能顺利开展社区矫正工作，又保障社区矫正对象能被监管到位，同时还要使社区矫正对象的合法权益得到保障，以预防其犯罪行为的发生，保证社区的安全，社会的稳定。所以，社区矫正基本制度是社区矫正工作的基础，社区矫正工作在制度框架下运行，才能保障其规范性和合法性。

　　社区矫正基本制度，是指在社区矫正工作中共同遵守的工作规程或行动规则。社区矫正基本制度包括社区矫正工作制度、社区矫正管理制度和社区矫正教育帮扶制度。

---

　　〔1〕 "社区矫正教育帮扶案例——黑龙江省大庆市杜尔伯特蒙古族自治县对缓刑社区矫正对象包某依法开展社会适应性帮扶案例"，中国法律服务网司法行政（法律服务）案例库，http://alk. 12348. gov. cn/Detail？ dbID＝82&dbName＝SJJXBF&sysJID＝4027，最后访问时间：2022 年 7 月 29 日。

第一节　社区矫正工作制度

为了"推进国家安全体系和能力现代化，坚决维护国家安全和社会稳定"。社区矫正工作人员和社区矫正对象在社区矫正工作中遵循相应的工作制度。

社区矫正工作制度包括两个方面的内容：一是社区矫正机构和社区矫正工作人员在社区矫正工作中应遵循的行为规范；二是社区矫正机构工作人员、其他参与社区矫正工作人员和社区矫正对象在社区矫正工作中的程序规范。社区矫正工作制度主要有：工作例会制度、请示报告制度、业务培训制度、信息管理制度、监督检查制度及调查评估制度。

一、工作例会制度

在社区矫正工作中，社区矫正委员会要定期召开工作例会，研究贯彻上级机关有关社区矫正工作的方针、政策和上级相关部门的指示、决议；研究社区矫正发展规划、工作计划，部署本地社区矫正工作的开展；定期听取社区矫正工作汇报，检查和调研相关部门的社区矫正工作，通过召开例会的方式协调处理社区矫正工作中的重大问题。例会的参加人员主要是社区矫正委员会中的相关部门的负责人。

在社区矫正工作中，社区矫正机构要定期召开工作例会，研究贯彻上级机关社区矫正工作的方针、政策和上级相关部门的指示、决议，研究解决本地社区矫正工作中的重大问题。社区矫正机构工作例会一般每年不少于4次，遇到重大事项可随时召开紧急会议。

二、请示报告制度

请示报告制度，是指社区矫正机构对在社区矫正工作中遇到的重大问题应及时上报，对遇到的突发紧急情况应边处置边报告的制度。对下一级社区矫正机构的请示报告事宜，社区矫正机构应及时予以答复，对超越其职权范围的，应向上一级社区矫正机构请示。上级部门对请示的问题要及时研究，尽快批复。凡请示报告事项和上级批复均要登记备案，存入档案，以便查阅。

请示报告的具体内容如下：

（1）对社区矫正工作中出现的问题，有关法律法规及规范性文件中没有相关规定的。

（2）社区矫正工作的重要事项，诸如社区矫正机构的设立、调整；增加、改变或减少社区矫正工作内容。

（3）发生社区矫正对象自杀、死亡、脱管、漏管、重新犯罪等重大问题。

（4）社区矫正工作人员在执法过程中发生的违法违纪情况。例如，社区矫正工作人员发生侵犯社区矫正对象合法权益、玩忽职守、徇私枉法等违法违纪行为。

（5）突发紧急事件。对突发紧急事件迟报、漏报、瞒报的，省社区矫正工作领导机构进行通报批评，并责成有关部门对相关负责人进行处理。

请示报告的形式一般采用书面方式，在紧急情况下可采用电话等方式。例如，在社区矫正对象发生脱管、漏管、非正常死亡或违法犯罪等问题时，可采取先打电话报告的方式。

三、业务培训制度

社区矫正工作应体现专业化、规范化，社区矫正机构要定期对社区矫正工作人员进行培训，以提高社区矫正工作人员的业务能力。培训内容包括政治理论、法律法规、规章制度及社会学、教育学、心理学等相关知识。

培训的组织形式，既可以由社区矫正机构组织，也可以由社会组织开展，也可联合开展。培训可采用线上与线下相结合的方式进行，2020年年初，随着新冠疫情的爆发，网络授课成为授课学习的重要方式，除可以聘请专家、学者开展专项培训外，也可以选取一些与社区矫正工作相关的优质网络公开课或公益讲座，供社区矫正工作人员学习。

培训可采用分阶段的方式进行，这样更具有针对性，效果更好。如对社会工作者进行培训，可借鉴加拿大对缓刑监督官进行培训的方法：①分阶段培训：包括入职前的岗前培训、入职后6个月内培训、1年内考取证书训练、常态化学习和终身学习；②网课和线下课结合，如档案管理和案件监督为网课，调查面谈技能培训为线下面对面的训练；③必修与选修相结合，既开设针对特定类型罪犯，如性罪犯等监督管理类课程，又开设传染病预防、多元文化等课程。[1]根据加拿大的经验，对社会工作者的培训应结合本土的环境，有针对性地开展社区矫正工作。社区矫正工作人员的培训情况应纳入到年度考评中，培训结束后，可采用考试测评、总结报告等方式检验培训的成效，对于合格者应颁发相应的培训证书。

四、信息管理制度

根据司法部提出的"数字法治、智慧司法"的要求，社区矫正工作也需要与时俱进，对社区矫正对象实行信息化管理模式。《社区矫正法》第5条规定，国家支持社区矫正机构提高信息化水平，运用现代信息技术开展监督管理和教育帮扶。社区矫正工作相关部门之间依法进行信息共享。这是关于社区矫正信息化建设和信息共享的规定。在实务中，社区矫正相关部门之间应依法进行信息共享，建立并完善信息交换平台，构建起通力合作、互联互通、密切配合的工作机制，运用现代信息技术及时准确传输相关法律文书，实时查询社区矫正对象的具体情况，共享社区矫正工作动态信息，提高社区矫正信息化水平，以增强社区矫正工作的实效。在信息化管理中，应遵循内容准确、信息共享、存储和传递安全、规范的原则。

信息管理制度，是指为了有效地掌握社区矫正对象的思想和行为动态，社区矫正机构运用科学的方法，全面收集社区矫正对象的各种信息，并进行分析和研究，并将有效信息及时反馈给社区矫正对象，强化社区矫正管理科学性的一种工作规程。

信息管理主要包括信息收集和信息反馈。信息收集主要是对社区矫正对象的家庭状况、学习情况、劳动情况、社区矫正情况等信息进行收集，即主要收集的是社区矫正对象的行为信息、心理信息及其他相关材料。信息收集可对社区矫正对象入矫前的所有情况进行收集，也可对入矫后的信息进行收集；可采用访谈、调查和查看档案等方式进行收集。通过信息收集，掌握社

---

[1] 王珏、王平、杨诚主编：《中加社区矫正概览》，法律出版社2008年版，第358~360页。

区矫正对象全面的信息资料，将信息资料分析、加工、处理之后，对社区矫正对象作出全面的评价，之后将有效信息反馈给社区矫正工作人员，使社区矫正对象改造动机转化为外在行为，这就是信息的反馈过程。

社区矫正信息的具体内容有：①社区矫正业务的基本内容。主要包括社区矫正对象数据、社区矫正工作者（志愿者）数据、社区矫正工作数据。②社区矫正工作信息。主要包括社区矫正工作报告、社区矫正对象思想行为动态、社区矫正中的重要活动、经验总结、调研文章、个案剖析以及在工作当中遇到的问题。③社区矫正重要事件信息。主要包括社区矫正工作中的重大突发事件。④社区矫正对象电子档案信息。对社区矫正对象的电子档案数据每月更新一次，动态工作数据也需要根据实际情况进行更新。

另外，社区矫正机构还应做到保密和安全管理。社区矫正信息管理系统，要求专人负责管理系统的使用和维护。接入管理系统的计算机，要安装杀毒软件和病毒防火墙等软件，妥善保管好管理系统登录用户名、登录密码，不得与国际互联网连接。该系统内的信息只能供各级社区矫正机构及其工作人员使用，不得对外传播和泄露。

五、监督检查制度

社区矫正工作监督包括四种类型：法律监督、人大监督、行政监督及社会监督。法律监督，亦称检察监督，是指国家法律监督机关依照职权对社区矫正工作进行监督。人大监督是指人民代表大会及其常设机构组织进行的社区矫正监督工作。行政监督是指由有关行政机关对社区矫正工作进行的监督，其中包括社区矫正机构的上级机关的监督、行政监察机关的监督、行政审计机关进行的审计监督等。社会监督是指由社会人士对社区矫正工作进行的监督，包括舆论监督等。在上述类型中，最值得关注的是法律监督。在党的二十大报告中指出："加强检察机关法律监督工作"。

《宪法》第 134 条规定，中华人民共和国人民检察院是国家的法律监督机关。《社区矫正法》第 8 条第 2 款规定，人民检察院依法对社区矫正工作实行法律监督。据此，对社区矫正工作进行法律监督的主体只能是人民检察院，这也是其法定的职责。

　　社区矫正检察监督的对象是社区矫正决定机关、社区矫正机构、有关组织及其工作人员。法律监督的具体内容：①对调查评估环节的监督。②对决定适用社区矫正环节的监督。③对交付执行环节的监督。④对日常执行活动的监督。⑤对执行变更环节的监督。⑥对终止执行环节的监督。

　　《社区矫正法》第62条规定，人民检察院发现社区矫正工作违反法律规定的，应当依法提出纠正意见、检察建议。有关单位应当将采纳纠正意见、检察建议的情况书面回复人民检察院，没有采纳的应当说明理由。据此，法律监督主要采用的手段为纠正意见和检察建议。

　　1. 纠正意见

　　纠正意见，是指人民检察院依法向从事社区矫正相关工作的国家机关或相关单位指出其违法情况，并要求其予以纠正的监督手段。

　　根据《中央社会治安综合治理委员会办公室、最高人民法院、最高人民检察院、公安部、司法部关于加强和规范监外执行工作的意见》第24条的规定，人民检察院发现有下列情形之一的，应当提出纠正意见：①人民法院、监狱、看守所没有依法送达社区矫正法律文书，没有依法将罪犯交付执行，没有依法告知罪犯权利、义务；②人民法院收到有关机关对监外执行罪犯的撤销缓刑、假释、暂予监外执行的建议后，没有依法进行审查、裁定、决定的；③公安机关没有及时接收监外执行罪犯，对监外执行罪犯没有落实监管责任、监管措施的；④公安机关对违法的监外执行罪犯依法应当给予处罚而没有依法作出处罚或者建议处罚的；⑤公安机关、监狱管理机关应当作出对罪犯收监执行决定而没有作出决定的；⑥监狱、看守所应当将罪犯收监执行而没有收监执行的；⑦对依法应当减刑的监外执行罪犯，公安机关没有提请减刑或者提请减刑不当的；⑧对依法应当减刑的监外执行罪犯，人民法院没有裁定减刑或者减刑裁定不当的；⑨监外执行罪犯刑期或者考验期满，公安机关、监狱、看守所未及时办理相关手续和履行相关程序的；⑩人民法院、公安机关、监狱、看守所在监外执行罪犯交付执行、监督管理过程中侵犯罪犯合法权益的；⑪监外执行罪犯出现脱管、漏管情况的；⑫其他依法应当提出纠正意见的情形。

2. 检察建议

检察建议，是指人民检察院为了督促受监督单位预防危险和改进工作而发出的包括存在问题与改进建议的书面文书。

检察机关发现有下列情形之一的，应当提出检察建议：①发现人民法院、公安机关、司法行政机关和监狱、看守所对社区矫正罪犯的交付执行、监督管理、教育矫正、帮困扶助活动中存在执法不规范、管理不严格等可能导致执法不公或重大事故等苗头性、倾向性问题；②发现被监督单位应对而未对有关人员和行为予以表彰或者给予处分、行政处罚；③发现被监督单位相关工作制度不健全、不完善，已有制度不落实，导致执法中存在缺陷和漏洞；④其他需要提出检察建议的情形。

《社区矫正法实施办法》第 57 条规定，有关单位对人民检察院的书面纠正意见在规定的期限内没有回复纠正情况的，人民检察院应当督促回复。经督促被监督单位仍不回复或者没有正当理由不纠正的，人民检察院应当向上一级人民检察院报告。有关单位对人民检察院的检察建议在规定的期限内经督促无正当理由不予整改或者整改不到位的，检察机关可以将相关情况报告上级人民检察院，通报被建议单位的上级机关、行政主管部门或者行业自律组织等，必要时可以报告同级党委、人大，通报同级政府、纪检监察机关。据此，从事社区矫正相关工作的国家机关或有关单位应当接受人民检察院的法律监督。

六、调查评估制度

"实践没有止境，理论创新也没有止境。"调查评估的目的是实现社区矫正机构与人民法院、监狱管理机关、公安机关的无缝对接，避免出现因衔接不畅导致漏管、脱管问题，同时也是为了提高社区矫正适用的准确性，以增强社区的安全性，避免因社区矫正对象的到来而给社区带来不良影响与不安定因素。所以，对拟适用社区矫正的对象进行调查评估，并将调查评估的结果作为是否适用社区矫正的参考依据具有必要性。

社区矫正调查评估制度，是指社区矫正决定机关在对拟适用社区矫正对象作出判决、裁决或决定前，委托社区矫正机构或有关社会组织，对拟适用社区矫正对象进行全面调查和综合分析的制度。具体体现在《社区矫正法》

第 18 条规定，即社区矫正决定机关根据需要，可以委托社区矫正机构或者有关社会组织对被告人或者罪犯的社会危险性和对所居住社区的影响，进行调查评估，提出意见，供决定机关矫正时参考。这为健全社会管理创新体制奠定了坚实的基础。

在社区矫正工作中，运用科学的调查评估方法，得出科学的调查评估意见，是帮助社区矫正决定机关准确、合理地适用社区矫正的重要的基础性工作。调查评估所获取的信息资料，有助于在社区矫正决定后对社区矫正对象有针对性地制订矫正方案、对其开展监督管理和教育帮扶工作。因此，构建完备的社区矫正调查评估制度，在严把社区矫正入口关的同时，有助于科学地推进社区矫正工作，提高社区矫正的质量。

根据《社区矫正法实施办法》第 14 条第 1 款的规定，调查评估的内容有：①被告人或者罪犯的居所情况；②被告人或者罪犯的家庭和社会关系；③犯罪行为的后果和影响；④居住地村（居）民委员会和被害人意见；⑤拟禁止的事项；⑥社会危险性及对所居住社区的影响。对这些情况进行调查了解后形成调查评估意见，与相关材料一起提交委托机关。

目前，拟适用社区矫正调查评估已成为社区矫正工作的一项重要法律制度。《社区矫正法》第 18 条规定："社区矫正决定机关根据需要，可以委托社区矫正机构或者有关社会组织对被告人或者罪犯的社会危险性和对所居住社区的影响，进行调查评估，提出意见，供决定社区矫正时参考。居民委员会、村民委员会等组织应当提供必要的协助。"《社区矫正法实施办法》第 5 条第 1 项规定，人民法院对"拟判处管制、宣告缓刑、决定暂予监外执行的，可以委托社区矫正机构或者有关社会组织对被告人或者罪犯的社会危险性和对所居住社区的影响，进行调查评估，提出意见，供决定社区矫正时参考"；第 7 条第 1 项规定，公安机关"对看守所留所服刑罪犯拟暂予监外执行的，可以委托开展调查评估"；第 8 条第 1 项规定，监狱管理机关以及监狱"对监狱关押罪犯拟提请假释的，应当委托进行调查评估；对监狱关押罪犯拟暂予监外执行的，可以委托进行调查评估"。

从上述规定看，拟适用社区矫正调查评估包括两类：①"可以委托"型调查评估。适用于拟判处管制、宣告缓刑、决定暂予监外执行的案件。在一般情况下，是否进行调查评估，由社区矫正决定机关根据案件具体情况斟酌决定，并不是适用相关社区矫正措施的必经前置程序。②"应当委托"型调查评估。该类型适用于拟裁定假释的案件，这是决定机关依法必须进行的调查评估。

调查评估人员进行调查评估所采取的方式，包括但不限于以下几种：①走访有关单位和个人。走访与被告人或罪犯相关的工作单位、生活的社区以及与其生活密切的人员。②调取查阅有关档案资料，固定相关文书。③召开座谈会、组织个别谈话、开展问卷调查等方式。调查工作一般应由两名工作人员进行，调查人员应当向被调查单位和个人出示工作证件、《调查评估委托函》等证明材料。

调查人员应详细了解被调查人的个人、家庭、生活、就业、违法犯罪行为、认罪态度等各方面情况，为以后的评估、分类及教育矫正工作打下良好基础。为提升调查评估结论的准确性、科学性，在调查过程中可以引入心理学、统计学等方法，推广问卷测评与量表分析等调查评估手段。

第二节　社区矫正管理制度

为了让社区矫正对象顺利融入社会，在社区矫正的适用方式上，需要采用多种形式，如对社区矫正对象加以监督、管理、教育、矫正、处遇、帮扶等，对其加以规范和约束。而社区矫正管理制度是社区矫正机构对社区矫正对象在社区矫正实施过程中所贯彻执行的主要制度。

一、监督管理制度

监督管理是社区矫正工作的重要基础。社区矫正对象在开放的社区中执行，存在多种诱发犯罪的因素，对社区矫正对象依法实施科学、严格的监督管理，既是刑事执行的必然要求，也是维护社区安全，预防社区矫正对象重新违法犯罪的前提和保障。

监督管理制度，是指在社区矫正工作中，针对社区矫正对象依法实施的一系列监督管理制度。社区矫正对象的接收、日常监督管理、执法管理和社区矫正的解除，构成了社区矫正监督管理的基本工作流程。社区矫正对象的接收工作是社区矫正工作开展的初始程序，也是必经程序，而对社区矫正对象的教育矫正、危险性控制、考核奖惩、漏管、脱管、禁止令的执行、外出、迁居、出境管理等，则是对社区矫正对象的日常监督管理的内容；执法管理是在社区矫正过程中出现违法犯罪、训诫、警告、治安管理处罚、撤销缓刑、撤销假释、逮捕、脱逃、收监、减刑等法定情形时，对社区矫正对象采取的执行刑罚、变更刑罚等特殊的管理措施；解矫程序是社区矫正工作的终端程序。各个程序之间相互联结、缺一不可。

从我国目前的社区矫正矫正情况看，对社区矫正对象进行监督管理主要体现在两个层面：一是根据《刑法》《刑事诉讼法》《社区矫正法》等法律法规的有关规定，对社区矫正对象的权利在一定程序上予以限制或剥夺，其行为要接受强制性的监督和管理。如，《刑法》第39、72、75、84条的规定，《社区矫正法》第四章"监督管理"中的第23～24条，第六章"解除和终止"中的第44～51条。这些内容被纳入到了社区矫正的刑罚执行和监督管理的范畴。二是依照《社区矫正法》和《社区矫正法实施办法》规定的精神，以及各省、自治区、直辖市结合地方的实际情况联合或单独制定的社区矫正工作规范。例如，《社区矫正法实施办法》第17～31条，规定了对社区矫正对象的报到接收、档案管理、入矫宣告、日常报告、禁止令审批、外出审批、居住地变更审批、日常检查与考核、分类管理等监督管理的内容；第34～46条对社区矫正对象在违规处理、作出警告处分的条件、提请治安处罚、撤销缓刑及假释的条件、暂予监外执行收监执行的条件、电子定位装置、禁止令执行、应急管理、逃跑处理、羁押处理保护等监督管理中所涉及的程序问题进行了规定。这些规定有助于对社区矫正对象失范的行为和心理进行监督、纠正，从而确保刑事执行的顺利实施。

二、累进处遇制度

累进处遇制度，是指社区矫正机构将社区矫正对象的社区矫正期间分为几个阶段，每个阶段享有不同的待遇和权利，并依照社区矫正对象改善的程度，逐渐由下级进到上级并享有更多权利和更优厚待遇的制度。随着级别的改变，逐渐缓和其处遇，以鼓励社区矫正对象改过自新，使其成功地重新与社会结合的社区矫正制度。

参照监狱的管理模式，根据社区矫正对象的矫正表现、犯罪类型、社会环境、人身危险性、再犯罪的可能性、再社会化程度等多方面差异，将社区矫正对象分为严格管理、普通管理和宽松管理三个等级进行矫正，针对每一等级的管理对象和处遇，设置不同的条件。累进处遇制度的设置可分为三个等级：

1. 严格管理等级

严格管理等级适用于情绪不稳定、改造表现差、重新犯罪可能性较大的社区矫正对象，一般适用于初入矫的和被裁定假释、暂予监外执行的社区矫正对象。初入矫的社区矫正对象因对社区矫正监督管理制度不熟悉，容易出现违规违纪行为，而假释和暂予监外执行的社区矫正对象具有相对较强的人身危险性，而且一旦离开监狱环境，突然转入自由度较高的社会生活，难免存在"如自楼至地，因为没有阶梯，致肇事非死即伤"的危险。对假释社区矫正对象在社区矫正开始时实施从严管理，待其逐步适应正常社会生活后再转入普通管理，防止社区矫正对象突然面对自由度较高的社会生活而再次产生犯罪的冲动。对暂予监外执行的社区矫正对象，因其狱内改造尚未完成，主要是由于生理原因进入社区矫正机构，仍然存在相当大的人身危险性。因此在社区矫正期间，必须始终对其进行严格管理，没有改变其处遇的余地，直到社区矫正对象重新入狱服刑。在处遇上，应依法严格限制该等级社区矫正对象的自由，实施密集报告制度，便于社区矫正机构掌握社区矫正对象动态；执行严格的会客条件；无必要时一般不得批准其离开居住地；社区矫正工作人员应经常走访该类社区矫正对象家庭，加强教育引导；应经常组织该类社区矫正对象参加公益活动等。

2. 普通管理等级

普通管理等级适用于情绪较稳定、改造表现较好、有重新犯罪可能性的社区矫正对象。在处遇上，相对从严管理，应当对普通管理等级的社区矫正对象适度宽松。例如，每次报告之间的时间间隔应当延长；会客条件放宽；有正当理由可批准社区矫正对象离开居住地；适度组织他们参加公益活动等。

3. 宽松管理等级

宽松管理等级适用于情绪稳定、改造表现突出、重新犯罪可能性小的社区矫正对象。宽松管理社区矫正对象是经过普通管理阶段，表现良好，而且在社区内的矫正时间已超过社区矫正总期限一半以上的社区矫正对象，以及其他违法犯罪进入社区矫正的社区矫正对象。这类社区矫正对象经过长时间的矫正，不良人格已有明显改善，可以适用更为宽松的矫正手段，赋予其更大程度的自由。在处遇上，报告的时间间隔更长；对其要求离开居住地的申请一般均可批准等。对这类社区矫正对象，应主要通过法制教育、社会道德规范教育、公民意识教育来塑造其健全的人格。社区矫正工作人员应着重帮助他们解决在重新融入社会过程中遇到的新问题，以利于他们顺利适应社会生活，巩固已经取得的改造成果。

累进处遇不是一成不变的，而是呈动态管理。例如，《河北省社区矫正工作细则》第 43 条第 1 款中规定，社区矫正对象的分类管理实行动态调整，每 3 个月调整 1 次，由执行地县级社区矫正机构批准，并向社区矫正对象宣布。

在日常监督管理过程中，社区矫正对象积极接受社区矫正，改造效果良好，可调整为更为宽松的等级；相反，若社区矫正对象不积极接受社区矫正，甚至抗拒矫正的，则会调整为更为严格的等级。对个别情节严重者甚至会依法撤销社区矫正资格，重新收监执行刑罚。例如，《河北省社区矫正实施细则》第 43 条第 3 款规定，普通管理的社区矫正对象，违反法律法规或者社区矫正监督管理规定的，及时调整为严格管理等级。第 44 条规定，执行地县级社区矫正机构、受委托的司法所应当根据社区矫正对象的管理等级，实施相应的管理处遇，在矫正措施和方法上有所区别，有针对性地进行监督管理。

各省的社区矫正工作实施细则也对累进处遇制度作出了相应的规定。例如，上海市发布的《关于贯彻落实〈中华人民共和国社区矫正法实施办法〉的实施细则》第 27 条规定，根据社区矫正对象日常考核和分级不同，区社区矫正机构可以采取以下矫正措施：①一级社区矫正对象：每月到区社区矫正机构接受心理或行为教育活动不少于 1 次；每月到区社区矫正机构或司法所接受个别教育不少于 4 次；每月到区级公益活动基地从事公益活动；每周到司法所或区社区矫正机构报告情况不少于 1 次，每月上交书面情况报告；区社区矫正机构或司法所根据需要，可以要求其每日到司法所或区社区矫正机构报告情况；经批准离开本市时间一般单次不得超过 7 天；接受信息化核查，按照要求报告自己活动情况等信息，每天不少于 3 次。②二级社区矫正对象：每月参加司法所组织的集中教育或心理、行为教育矫正活动不少于 1 次，开展个别教育不少于 2 次；每月到街镇级公益活动基地从事公益活动；每周到司法所报告不少于 1 次，每月上交书面情况报告；经批准离开本市的时间单次不超过 30 天；接受信息化核查，按照要求报告自己活动等信息，每天不少于 2 次。③三级社区矫正对象：允许自行选择教育学习形式和时间，其中每月参加集中教育、个别教育各不少于 1 次；允许自行选择公益活动基地，鼓励根据自身技能提供志愿服务；每月到司法所报告个人情况不少于 1 次；接受信息化核查，按照要求报告自己活动情况等信息，每天不少于 1 次。

三、分管分矫制度

1. 分管分矫制度的概念

分管分矫制度，是指社区矫正机构根据一定的标准，将不同类型的社区矫正对象分类管理、分类矫治的矫正方式和管理制度。这一制度的实施，对社区矫正机构教育矫正社区矫正对象，预防重新犯罪具有重要作用。

一般来说，社区矫正机构的首要任务是对社区矫正对象的监督管理，同时在社区矫正过程中承担着对社区矫正对象服务并实施矫正措施和方案的工作任务。但是，在实践中，由于社区矫正对象存在很大的差异，要完成任务往往有一定的难度，对社区矫正对象而言也存在着各自的问题，如家庭困难、精神疾病、就业就学。因此，做好社区矫正工作的前提是对社区矫正对象进行适当的分类，分别采用相应的管理措施和矫治方案。

2. 分管分矫制度的作用

分管分矫制度是我国社区矫正机构最基本的社区矫正方式和管理制度。其作用主要体现在以下几个方面：

（1）有利于对社区矫正对象采取有针对性的矫治措施。分管分矫制度为社区矫正对象的管理和矫正打下了坚实的基础。不同类型、不同层次的社区矫正对象实行分类管理后，其群体的思想、心理和行为等特点就会集中反映出来。分类矫治有利于社区矫正机构根据不同的特点采取更有针对性的矫正措施，做到对症下药。

（2）有利于体现区别对待的原则。将不同类型的社区矫正对象，不加区分地混在一起实施管理和矫正，既不利于区分不同类型的社区矫正对象的生理、心理特点，也不利于有针对性地对社区矫正对象进行教育矫正。而分管分矫制度，将不同类型、不同刑罚种类、不同矫正期限、不同主观恶习的社区矫正对象分管分矫，体现了区别对待原则，也体现了社区矫正个别化。可以说分管分矫制度在体现国家法律要求的同时，也是社区矫正工作法治化、规范化、科学化运行的基础。

（3）有利于调动社区矫正对象的矫正积极性。分管分矫制度的核心是对社区矫正对象实行分级处遇，体现累进处遇制度的精神实质，不同类型的社区矫正对象处在不同的管理级别中，享有社区矫正机构所赋予的不同的待遇。社区矫正对象要想享有较好的待遇或享有更多的权益，就必须付出相应的努力，争取进入管理更为宽松的级别中，这就可以促使社区矫正对象充分发挥主观能动性，用实际行动为自己争取权益。

3. 矫正分类

根据《社区矫正法》第 3 条的规定，社区矫正工作坚持监督管理与教育帮扶相结合，专门机关与社会力量相结合，采取分类管理、个别化矫正，有针对性地消除社区矫正对象可能重新犯罪的因素，帮助其成为守法公民。第24 条规定，社区矫正机构应当根据裁判内容和社区矫正对象的性别、年龄、心理特点、健康状况、犯罪原因、犯罪类型、犯罪情节、悔罪表现等情况，制定有针对性的矫正方案，实现分类管理、个别化矫正。矫正方案应当根据社区矫正对象的表现等情况相应调整。第 52 条规定，社区矫正机构应当根据未成年社区矫正对象的年龄、心理特点、发育需要、成长经历、犯罪原因、家庭监护教育条件等情况，采取针对性的矫正措施。社区矫正机构为未成年社区矫正对象确定矫正小组，应当吸收熟悉未成年人身心特点的人员参加。对未成年人的社区矫正，应当与成年人分别进行。《社区矫正法实施办法》第21 条的规定，社区矫正机构应当根据社区矫正对象被判处管制、宣告缓刑、假释和暂予监外执行的不同裁判内容和犯罪类型、矫正阶段、再犯罪风险等情况，进行综合评估，划分不同类别，实施分类管理。社区矫正机构应当把社区矫正对象的考核结果和奖惩情况作为分类管理的依据。社区矫正机构对不同类别的社区矫正对象，在矫正措施和方法上应当有所区别，有针对性地开展监督管理和教育帮扶工作。据此规定，矫正分类是根据各类社区矫正对象的自身特点和人身危险性程度等因素，对不同类型的社区矫正对象采取不同的分类办法和管理措施，以期取得最佳管理效果的制度。

矫正分类体现了现代管理理念，不同性别、不同年龄的社区矫正对象有不同的生理、心理特点和犯因性问题，不同违法犯罪类型的社区矫正对象也有不同的个性特点。矫正分类正是体现了管理教育个别化和因人施教原则，对不同类型的社区矫正对象采用不同的管理方式和强度。

在美国的社区矫正中，对社区矫正对象的分类通常有三种尺度：一是社区矫正对象的危险性，主要考虑社区矫正对象今后犯罪的可能性；二是社区矫正对象的需要，主要是考虑社区矫正对象与犯罪有关联的需要结构；三是矫正项目与社区矫正对象的适应性，主要是考虑社区矫正的处遇项目是否适应社区矫正对象的需要和情况。[1]结合我国社区矫正的情况，对社区矫正对象的分类管理，可结合累进处遇的要求予以划分。在管理措施和方法上，应采取宽严不等的手段，并使之享有不同的待遇。

（1）分类管理：不同类型的社区矫正对象具有不同的社会危险性，这要求必须对社区矫正对象外在的和潜在的危险因素进行测定，在测定的基础上采用不同的管理制度。从社区矫正工作实践上看，一些地区不断探索合适的分类教育标准，例如，河北省根据社区矫正对象在社区矫正中的处遇等级，将其划分为严管级、普管级2种类型。例如，对过失犯罪的社区矫正对象，一般可采取普管矫正的模式；对盗窃、抢劫、诈骗等故意犯罪、社会危险性大且矫正难度大的社区矫正对象，一般可采取严管矫正模式。除此之外，还有其他几种：一是依犯罪事实、犯罪性质和主观恶意、社会危害程度，可将其划分为过失犯罪和故意犯罪，严重刑事犯罪和轻微刑事犯罪4种类型；二

---

〔1〕 刘强编著：《美国社区矫正的理论与实务》，中国人民公安大学出版社2003年版，第191页。

是依在社区矫正中所处的教育管理阶段，可将其划分为入矫阶段、矫中阶段和解矫阶段3种类型；三是依自身所固有的心理特征，可将其划分为胆汁质、多血质、粘液质、抑郁质4种类型；四是依家庭或个人状况，可将其划分为家庭完整型和残缺型、经济较好型和生活困难型、人际和谐型和关系紧张型、身体健康型和残缺型8种类型；五是依年龄结构可将其划分为20岁以下、20岁至60岁、60岁以上3种类型；六是依文化程度，可将其划分为文盲、小学、初中、高中、大学以上5种类型；七是依性别不同可将其划分为男、女2种类型。上述是从不同角度对社区矫正对象进行分类，社区矫正机构工作人员应当根据性别、年龄、犯罪原因、犯罪类型、刑罚种类等构成特点，将社区矫正对象进行合理区分。每种类型的社区矫正对象既要凸显其群体特征，又要数量适中，才能达到分类的目的，取得良好的教育效果。

在实践中，以北京为例，其探索建立了风险管理模式，在分类管理、个案矫正、心理矫正、行为矫正等方法上进行了实践。对社区矫正对象以人身危险性大小为标准实施分类管理，并且以社区矫正对象接受矫正的时间进程为基础，实施分阶段教育。具体做法是以社区矫正对象的人身危险性大小为分类标准，结合社区矫正对象回归社会的趋向程度，将社区矫正对象分为A、B、C三类，其中A类为人身危险性小、再社会化程度高的人员；B类为人身危险性和再社会化程度一般的人员；C类为人身危险性大、再社会化程度低的人员。为体现管理的差异性，对A类人员实施低强度管理，对B类人员实施中强度管理，对C类人员实施高强度管理。

（2）分类矫正。分类是按照某种科学标准或规范将事物区分为不同类别的过程。分类矫正是我国社区矫正工作的重要原则之一。现代刑罚理论认为，刑罚具有教育性，是一种教育刑。教育刑认为，违法犯罪人的犯罪原因基于个人和社会环境，人在决定是否犯罪的问题上属于个人意志，意志本身也不过是人的素质，因人而有差别。人可以为善，也可以为恶，往往在很大程度上取决于环境条件。因此，教育刑论主张在矫治中主动发挥教育功能，以达到抑恶扬善的效果。按照教育原理，所有的教育都应是分类实施的，体现个别差异原则，唯此才能达到教育和矫治效果。社区矫正的分类矫治作为一种特殊的人格教育手段，同样要遵循这一规律，针对不同类型、不同层次的社区矫正对象，采用不同的矫治手段和方法，施以不同的矫治内容。

分类矫治最突出的特点是社区矫正工作人员的专业化和对社区矫正对象监督、控制的专门化。运用专门技术来发展专门化的监督管理去应对特定的社区矫正对象。尤其是在使用一般的咨询和帮助的矫治项目不能对社区矫正对象进行有效矫治时，采用专门化的矫治项目会产生良好的效果。

四、监督评估制度

监督评估制度包括了监督考察和测量评估。监督考察是社区矫正工作人员对社区矫正对象的社区矫正状况的监督、记录并进行指导、评议的活动。它通过建立量化的检查督促机制，在指定的时间和地点以不定时抽查的办法，掌握社区矫正对象在社区矫正中的动态和信息，为测量评估提供第一手资料。测量评估是监督考察的结果。二者相辅相成、缺一不可。

社区矫正中监督评估的实质，是对社区矫正对象、社区矫正工作及社区矫正的效果作出价值判断。监督评估的过程，实质上是对社区矫正活动中的事物或人的现实的或潜在的价值作出判断的过程。它参照既定的社区矫正目标，通过监督考察活动系统地收集信息，并作出综合的价值分析和判断，其目的在于提高社区矫正质量、推动社区矫正政策、改善社区矫正的管理和决策。监督评估是一种综合性的、多功能的活动，因而在评估之前必须有一个有针对性的、切实可行的、能付诸实施的评估方案，即包括评估的目的、评估的依据、评估的项目、评估的标准、评估的方法、评估的组织和结果。

1. 监督评估的机构和人员

社区矫正监督评估机构是社区矫正机构及其受委托的司法所；监督评估的人员主要是社区矫正工作人员和其他监督考察人员，也可以是委托的第三方专业评估机构。监督评估的机构和人员主要是依据评估的内容和要求而定。

2. 监督评估的方式

在监督评估的方式上，依照不同的监督评估内容和要求，监督评估的方式也不一样。社区矫正机构对社区矫正对象的监督评估，主要是通过对社区矫正对象在社区矫正中的综合考核得出评估结论。委托第三方专业评估机构对社区矫正工作的整体评估，主要是通过大数据、云计算、统计调查等专业方法得出评估结论。

3. 监督评估的内容

监督评估的内容包括行为评估、心理评估、再次违法犯罪评估、社会适应性评估、人际关系状况评估、自我意识评估、自制力评估等。由于评估的项目不同，评估的内容也不一样。按照司法部的相关规定，监督评估的内容包括：①遵守法律、行政法规和社区矫正有关规定，服从监督；②未经批准，不得行使言论、出版、集会、结社、游行、示威自由的权利；③定期报告自己的活动情况；④遵守关于会客的规定；⑤离开所居住的市、县或者经常性跨市县活动、变更执行地，应当报告受委托的司法所，并经县级社区矫正机构批准；⑥遵守其他具体监督管理措施等。

对暂予监外执行的社区矫正对象，在社区矫正期间除遵守上述规定之外，还应当遵守在指定的医院接受治疗；确因治疗、护理的特殊要求，需要转院或者离开居住区域在 7 日以内的，应当报经受委托的司法所批准；超过 7 日的，应当由受委托的司法所签署意见后报经县级社区矫正机构批准等规定。返回居住地时，应当立即向受委托的司法所报告。社区矫正对象离开所居住市、县不得超过 1 个月。

对于人民法院禁止令确定需经批准才能进入的特定区域或者场所，社区矫正对象确需进入的，应当经县级社区矫正机构批准，并告知人民检察院。

4. 监督评估的结果

在社区矫正对象解矫之前，社区矫正机构应当根据社区矫正对象在矫正期间的考核情况、奖惩情况、心理测试等情况，对其矫正的效果进行综合评估。评估结果填入《社区矫正期满鉴定表》。

第三节　社区矫正教育帮扶制度

一、教育矫正制度

对社区矫正对象进行教育矫正，要广泛践行社会主义核心价值观。"社会主义核心价值观是凝聚人心、汇聚民力的强大力量。弘扬以伟大建党精神为源头的中国共产党人精神谱系，用好红色资源，深入开展社会主义核心价值观宣传教育，深化爱国主义、集体主义、社会主义教育，着力培养担当民族复兴大任的时代新人。推动理想信念教育常态化制度化，持续抓好党史、新中国史、改革开放史、社会主义发展史宣传教育，引导人民知史爱党、知史爱国，不断坚定中国特色社会主义共同理想"。

1. 教育矫正的概念

教育矫正，是指社区矫正机构为转变社区矫正对象的不良心理和行为恶习，促进其再社会化的系统性影响活动。教育矫正是社区矫正的基本内容和重要任务之一。

教育矫正是近代教育刑论的产物。德国著名的刑法学家冯·李斯特曾经系统地提出教育目的刑的学说。他认为："刑罚的任务是将罪犯改造成为一个对社会有用之才（非自然的、人工的对社会的适应）。这里涉及一个问题，即是增加罪犯恐惧心理还是改变其性格，回答这个问题，我们就可以区分刑罚的效果究竟是威慑还是矫正了。"[1]他强调，"再社会化刑罚执行应注重社会教育"。[2]此外，对现代心理学和教育学的研究方法和成果必须加以利用，这样才能使刑罚执行不仅有一个现代的形式，而且也具有现代心理学、教育学的内容。[3]教育刑论认为，刑罚的本质是教育，刑罚的目的不是报应而是矫正，刑罚的对象不是行为而是行为人。

随着法治文明的发展和教育刑论的推动，教育矫正已成为世界各国矫正制度的重要内容。1955年第一届联合国防业犯罪和罪犯待遇大会通过的《囚犯待遇最低限度标准规则》第59条规定，监所应该利用适当可用的改造、教育、道德、精神和其他方面的力量和各种协助，并设法按照囚犯所需的个别待遇来运用这些力量和协助；第77条第1款规定，监狱应该设法对可以从中受益的一切囚犯继续进行教育。[4]我国《监狱法》第4条规定，监狱对罪犯

---

〔1〕〔德〕李斯特：《德国刑法教科书》，徐久生译，法律出版社2006年版，第9页。
〔2〕〔德〕李斯特：《德国刑法教科书》，徐久生译，法律出版社2006年版，第21页。
〔3〕〔德〕李斯特：《德国刑法教科书》，徐久生译，法律出版社2006年版，第22页。
〔4〕刑法改革国际编：《〈联合国囚犯待遇最低限度标准规则〉详解》，于南译，法律出版社1998年版，第243页。

应当依法监管，根据改造罪犯的需要，组织罪犯从事生产劳动，对罪犯进行思想教育、文化教育、技术教育。社区矫正是一种非监禁刑事执行制度，教育矫正是其重要内容。《社区矫正法》第36条规定，社区矫正机构根据需要，对社区矫正对象进行法治、道德等教育，增强其法治观念，提高其道德素质和悔罪意识。对社区矫正对象的教育应当根据其个体特征、日常表现等实际情况，充分考虑其工作和生活情况，因人施教。据此，教育矫正是实现社区矫正对象再社会化的重要环节。

2. 教育矫正的特点

社区矫正对象教育矫正作为教育的一种特殊形式，具有以下特点：

（1）教育矫正对象的特殊性。社区矫正对象教育矫正是对特殊对象开展的工作。《社区矫正法》第2条规定，对被判处管制、宣告缓刑、假释和暂予监外执行的罪犯，依法实行社区矫正。对社区矫正对象的监督管理、教育帮扶等活动，适用本法。因此，教育矫正的对象就是《社区矫正法》规定的管制犯、缓刑犯、假释犯和暂予监外执行犯。

（2）教育矫正环境的开放性。社区矫正对象教育矫正是在开放的环境中进行的。社区矫正是一种非监禁刑事执行制度，这决定了社区矫正对象是在社会上接受矫正，他们所处的教育环境具有开放性的特点。在社区矫正教育过程中，教育活动是在多种开放性场所进行的，它既可能发生在社区矫正机构，也可能发生在公益活动场所，还可能发生在社区矫正对象的家庭。

（3）教育矫正方式的灵活性。社区矫正对象教育矫正可以采用灵活的方式进行。由于社区矫正对象是在开放性的社会环境中接受矫正，社区矫正机构可以充分利用各种社会资源、整合各方社会力量，开展教育活动。《社区矫正法实施办法》第43条第3款、第4款规定，社区矫正机构、司法所根据需要可以采用集中教育、网上培训、实地参观等多种形式开展集体教育……社区矫正机构、司法所可通过公开择优购买服务或者委托社会组织执行项目等方式，对社区矫正对象开展教育活动。据此，在开展教育工作时，社区矫正机构不应当一味地采用课堂式的教育方式，而需坚持灵活性原则，结合教育主题组织各种形式的教育活动，典型的方法有参观、开展社会活动及公益活动、榜样示范、咨询宣传等，也可以借助网络，通过 App 等进行线上教育。

（4）教育矫正主体的广泛性。社区矫正对象教育矫正工作的主体具有广泛性的特点。社区矫正的重要特点是立足社区，依靠社区，强调利用社会力量开展矫正工作，使社区矫正对象在不脱离社会环境的条件下实现再社会化。矫正环境的开放性决定了矫正主体的广泛性。《社区矫正法》第 35 条第 2 款规定，有关人民团体应当依法协助社区矫正机构做好教育帮扶工作。第 38 条规定，居民委员会、村民委员会可以引导志愿者和社区群体，利用社区资源，采取多种形式，对有特殊困难的社区矫正对象进行必要的教育帮扶。第 39 条规定，社区矫正对象的监护人、家庭成员、所在单位或者就读学校应当协助社区矫正机构做好对社区矫正对象的教育。第 40 条第 1 款规定，社区矫正机构可以通过公开择优购买社区矫正社会工作服务或者其他社会服务，为社区矫正对象在教育、心理辅导、职业技能培训、社会关系改善等方面提供必要的帮扶。据此，人民团体、居民委员会、村民委员会、志愿者、社区群众、未成年社区矫正对象的监护人、家庭成员、就读学校、社会工作者等社会力量都可以参与到社区矫正对象教育矫正工作之中。

（5）教育矫正内容的多样性。对社区矫正对象的教育矫正包括多方面的内容。《社区矫正法实施办法》第 43 条第 3 款规定，组织社区矫正对象参加法治、道德等方面的教育活动；根据社区矫正对象的心理健康状况，对其开展心理健康教育、实施心理辅导。有的地区采取"三分矫正"的做法，将教育矫正全过程分为入矫阶段、中期阶段和临解矫阶段，其中入矫集中教育包括社区矫正规定教育课、在刑意识教育课、法律常识教育课、案例警示课、社会认知教育课等；中期集中教育包括爱国主义教育、政治思想教育、安全警示教育、奖惩评审教育，形势政策教育等；临解矫集中教育包括矫正总结指导教育、安置帮教政策解读教育等。[1]据此，社区矫正对象的教育内容丰富多样。

3. 教育矫正的内容

（1）告知教育。告知教育，指社区矫正决定机关告知社区矫正对象需要

---

〔1〕 陈耀鑫主编：《上海市社区矫正"三分矫正"工作实务指南》，上海人民出版社 2019 年版，第 23～60 页。

遵守的相关义务及违反规定的法律后果，并责令其按时报到的教育。

告知教育是刑事司法机关共同参与社区矫正工作的直接体现。社区矫正是一项系统性、综合性工作，仅靠司法行政机关、社区矫正机构及司法所难以完成，需要人民法院、公安机关、监狱、人民检察院等司法机关共同参与。《社区矫正法》第8条第2款规定，人民法院、人民检察院、公安机关和其他有关部门依照各自职责，依法做好社区矫正工作。《社区矫正法实施办法》第15条规定："社区矫正决定机关应当对社区矫正对象进行教育，书面告知其到执行地县级社区矫正机构报到的时间期限以及逾期报到或者未报到的后果，责令其按时报到。"根据上述条款，对社区矫正对象进行告知教育是社区矫正决定机关应当履行的法定职责。

告知教育的内容主要有以下几个方面：一是提示应当守法的概括性规定，如《社区矫正法》第4条第1款规定，社区正对象应当依法接受社区矫正，服从监督管理；第23条规定，社区矫正对象在社区矫正期间应当遵守法律、行政法规，履行判决、裁定、暂予监外执行决定等法律文书确定的义务，遵守国务院司法行政部门关于报告、会客、外出、迁居、保外就医等监督管理规定，服从社区矫正机构的管理。二是《刑法》《刑事诉讼法》《监狱法》等明确的义务性规定，如《刑法》第39条第1款规定，被判处管制的犯罪分子，在执行期间，应当遵守下列规定：①遵守法律、行政法规，服从监督；②未经执行机构批准，不得行使言论、出版、集会、结社、游行、示威自由的权利；③按照执行机关规定报告自己的活动情况；④遵守执行机关关于会客的规定；⑤离开所居住的市、县或者迁居，应当报经执行机关批准。三是法院判处的禁止令、职业禁止等须遵守的规定。四是告知社区矫正对象违规可能会被给予警告、治安管理处罚，严重的可能会被收监执行等法律后果。[1]根据《社区矫正法实施办法》第15条的规定，告知教育的方式是书面形式，这体现了教育的规范性和严肃性。

（2）入矫教育。入矫教育，是指社区矫正机构接收社区矫正对象之后，

〔1〕 王爱立、姜爱东主编：《中华人民共和国社区矫正法释义》，中国民主法制出版社2020年版，第110页。

为帮助其适应社区矫正制度而进行的教育。其包括三个方面：权利义务教育、在刑意识教育和监禁体验教育。①权利义务教育，是指为了让社区矫正对象正确行使公民的基本权利和履行特定的法律义务而进行的教育。权利义务教育是促进社区矫正工作顺利进行的重要途径。尽管社区矫正对象在开放性的社区中接受矫正，但他们仍然是罪犯，仍须遵守国家法律法规，特别要注意遵守社区矫正法的相关规定，如报到、会客、迁居、请销假、保外就医、参加教育学习以及公益活动等规定，因此，开展权利义务教育，有利于社区矫正对象明确其特殊身份，强化其规范养成。在一般情况下，社区矫正机构通过集中教育的方式组织权利义务教育。②在刑意识教育，是指为了让社区矫正对象了解自己的法律身份和矫正状态而进行的教育。开展在刑意识教育可以坚持法治教育与政策教育相结合的原则。社区矫正工作者应通过必要的法治教育，使社区矫正对象明确罪与非罪的界限，认识其犯罪行为的危害性，以及刑事审判的权威性和严肃性，使他们意识到自己虽然没有被关押在监狱中，但仍然是一名罪犯，从而端正其对社区矫正的态度，主动接受监督和教育。③监禁体验教育，是指为了预防和威慑社区矫正对象实施违法犯罪行为而对其实行的短期监禁的教育。监禁体验教育的适用对象为在社区矫正过程中不服从管理、教育，多次违反监督管理规定，说服教育效果不佳的社区矫正对象。监禁体验教育是通过一定时期的监禁，让社区矫正对象体验到监禁的痛苦，监狱刑的严厉性、强制性、惩罚性，对监禁刑产生惧怕心理，再比对社区矫正的相对自由，进而更加珍惜社区矫正的机会，实现使社区矫正对象服从管理，预防、阻止再次违法犯罪发生的目的。

（3）常规教育。常规教育，也称为日常教育，是指社区矫正工作人员对社区矫正对象普遍进行的，以矫正其不良心理和行为恶习为目标的教育。常规教育是教育矫正工作的主体和关键。其主要包括四个方面：①法治教育，是指为了社区矫正对象学习法律知识和增强法律意识而进行的教育。一是法的基本知识的教育；二是现行主要法律法规的教育；三是社区矫正相关法律法规教育。②道德教育，是指为了让社区矫正对象遵守道德规范，增强道德素质，提高道德修养而进行的教育。一是遵守道德规范，即公民道德规范；二是增强道德素质；三是提高道德修养，即按照社会主义道德规范的要求，培养良好的道德品质。道德教育不脱离传统文化，才能契合国民性格，方能实现启发作用。习近平总书记强调："培育和弘扬社会主义核心价值观必须立足中华优秀传统文化。牢固的核心价值观，都有其固有的根本。抛弃传统、丢掉根本，就等于割断了自己的精神命脉。"开展道德教育，社区矫正工作人员要充分挖掘并运用优秀传统文化中的要素，例如，《三字经》《弟子规》《论语》等经典文献中的哲理，更易于获得社区矫正对象认同；利用传统文化的形式表达，如话剧、快板、戏曲、书法等，更易于社区矫正对象接受。③文化教育，是指为了提高社区矫正对象的文化知识水平和自身素质而开展的教育。文化教育应当根据社区矫正对象的年龄和需求灵活进行。对于处于学龄阶段的未成年社区矫正对象，其监护人及社区矫正机构应当帮助他们完成义务教育。《社区矫正法》第55条第1款规定，对未完成义务教育的未成年社区矫正对象，社区矫正机构应当通知并配合教育部门为其完成义务教育提供条件。未成年社区矫正对象的监护人应当依法保证其按时入学接受并完成义务教育。对于初中以下文化程度的成年社区矫正对象，重点加强启蒙教育和文化补课，根据国家中学教育的要求开展教育工作，特别是帮助文盲和半文盲的社区矫正对象达到义务教育的水平。对于高中以上文化程度的社区矫正对象，教育内容重在智力开发，并鼓励他们参加电大、函大、高等教育自学考试等更高层次的学习。④生活教育，是指为了让社区矫正对象掌握必要的生活知识、养成良好的生活方式及适应正常社会生活而进行的教育。其主要包括人际关系教育和生活方式教育。人际关系教育，是指为了帮助社区矫正对象学会如何建立维护良好的人际关系而进行的教育，主要包括交往观念、人际交往技巧及社交礼仪等方面。生活方式教育，是指为了帮助社区矫正对象养成良好的生活方式而进行的教育，主要包括生活规律化、培养爱好、遵守时间、理性消费等内容。

（4）公益活动。公益活动，是指一定的组织或个人向社会捐赠财物、时间、精力和知识等活动。[1]公益活动的形式主要有两种：一是社区矫正机构

---

〔1〕 王爱立、姜爱东主编：《中华人民共和国社区矫正法释义》，中国民主法制出版社2020年版，第214页。

组织的公益活动。为落实公益活动，社区矫正机构需要立足本地资源，加强与企事业单位、社会团体、社会组织等的联系与合作，建立公益活动基地，使社区矫正对象可以充分发挥自己的特长进行公益活动。二是社区矫正对象自发参加的公益活动。社区矫正机构应当鼓励社区矫正对象自发参加公益活动，并对其自发参加的公益活动情况予以统计，作为日常管理的依据。

（5）解矫教育。解矫教育，是指社区矫正工作者对处于解矫前的社区矫正对象进行的，以适应社会生活为主题的，带有总结性、补课性的专项教育活动。其包括两个方面的内容：一是总结指导教育，是指辅导社区矫正对象回顾并总结接受社区矫正以来的思想转变、矫正表现等情况，进一步认识不足，明确努力方向的教育。在矫正期限届满前，社区矫正机构工作人员指导社区矫正对象进行自我总结，填写《社区矫正期满鉴定表》。开展期满总结教育是为了教育引导社区矫正对象客观地总结过去取得的成绩和存在的问题，巩固矫正成果。二是安置帮教教育，是指对即将解矫的社区矫正对象，告知安置帮教工作的性质及相关工作内容的教育。此种教育引导社区矫正对象树立生活信心，全面开始创造新的生活，坚决摒弃错误观点、不良心理及行为习性；有困难、有疑惑及时向安置帮教部门沟通，请求帮助，避免重蹈覆辙。此外，上海市社区矫正系统解矫承诺仪式作为解矫教育的重要内容之一，其程序主要由社区矫正对象发言表态、佩戴黄丝带（可选）、宣誓承诺三个环节组成。解矫承诺仪式具有仪式感，能够达到鼓励、警示以及震撼心灵的作用。这种现场式教育的方式值得借鉴和推广。

4. 教育矫正的方法

社区矫正的开放性决定了教育矫正方法的多样性。教育矫正的方法主要有集中教育、分类教育、个别教育及社会教育。

（1）集中教育。集中教育，是指将社区矫正对象按照一定的组织形式集合起来进行宣传教育、传授和训练，解决他们共同存在的普遍性问题的教育方法。在社区矫正中，集中教育被广泛运用在教育矫正实践之中，集中教育是一种教育组织形式，也是一种教育方法和理念。

集中教育组织形式主要有：课堂式教育、集会式教育及现场式教育。

第一，课堂式教育，是社区矫正机构利用自身资源及整合力量，在规定的时间和地点，按照拟定的教学计划，对相对稳定的社区矫正对象进行的系统授课活动。课堂教育是集中教育最基本和最常见的一种方法，广泛地用于社区矫正对象的思想教育、文化教育、法制教育之中。这种教育的组织形式比较正规，有专业或专门的教师，有明确的教材、教学大纲、时间及场所。在课堂式教育中，教师要充分利用讲述、讲解、演示、提问等方法，调动社区矫正对象的积极性和主动性，以提高课堂教学效果。随着互联网技术的发展与推广，传统"面对面"的课堂式教育也发生了变革。例如，为推进教育矫正精准化，目前，河南省开封市司法局积极推行社区矫正"互联网＋课堂化教育"的新模式，打破了传统课堂式教育的空间限制，其形式更加灵活，打造了社区矫正的"开封模式"。

第二，集会式教育。是指就特定专题或任务而进行的宣讲说教活动。例如，动员大会、奖惩会、分析国内外形势、宣讲政策、法律以及学习文件材料等。此种教育具有时间短、针对性强、教育主题单一等特点。集会式教育需要结合实际，针对社区矫正对象在一个阶段内取得的成绩和存在的突出问题，进行总结和讲评，鼓励先进、鞭策后进，提出希望和要求，以保障和促进教育矫正工作的顺利进行。一些地区规定的专题教育也类似集会式教育。例如，江苏省规定，重点时段、重要节日、重大活动期间或者根据实际需要，县级司法局、司法所应当对社区矫正对象进行专题教育。

第三，现场式教育。是一种组织矫正教育对象直接参与社会实践，以亲身体验为特点的集中教育形式。其特点是使矫正教育对象在实践中学习，比较生动、直观，容易激发矫正教育对象的感情，加深印象和记忆。[1]现场式教育主要通过参观来实现。参观是有计划、有目的地引导社区矫正对象接触实际事物，以增强其感性认识的形象化教育方法。监狱、看守所、部队、爱国主义教育基地等是组织社区矫正对象参观的主要场所。例如，2017年11月，深圳市罗湖区司法局组织社区矫正对象在警示教育基地——罗湖区看守所开展集中教育。在活动现场，由市检察院、区司法局领导分别向全体社区矫正对象讲授法治教育与具体要求，之后，在看守所民警的带领下，社区矫正对象进入看守所参观，实地接受警示教育。除此之外，集中教育还可以通

---

〔1〕 高莹主编，毛一化等编著：《矫正教育学》，教育科学出版社2007年版，第191页

过座谈、讨论、集中咨询等方式开展。

（2）分类教育。分类教育，是指将具有共性的社区矫正对象集中在一起给予同类教育的方法。实施分类教育可以突出重点、有的放矢，合理分配教育力量，节约有限教育资源，提高教育工作的效率与质量。《社区矫正法》第24条规定，社区矫正机构应当根据裁判内容和社区矫正对象的性别、年龄、心理特点、健康状况、犯罪原因、犯罪类型、犯罪情节、悔罪表现等情况，制定有针对性的矫正方案，实现分类管理、个别化矫正。矫正方案应当根据社区矫正对象的表现等情况相应调整。《社区矫正法实施办法》第43条第2款规定，社区矫正机构、司法所应当根据社区矫正对象的矫正阶段、犯罪类型、现实表现等实际情况，对其实施分类教育；应当结合社区矫正对象的个体特征、日常表现等具体情况，进行个别教育。据此，社区矫正工作人员需要区别社区矫正对象的不同特点和情况，分类、分阶段地开展教育矫正工作。

（3）个别教育。个别教育，是指教育工作者为解决社区矫正对象个体存在的特殊问题而采取的一种思想影响或知识、技能传授的教育活动。它是因人施教的具体运用，也是刑事个别化原则的具体体现。《社区矫正法》第36条第2款规定，对社区矫正对象的教育应当根据其个体特征、日常表现等实际情况，充分考虑其工作和生活情况，因人施教。据此，个别教育是教育矫正的重要手段。

个别教育是我国传统的教育方法。我国古代第一部教育专著《学记》中指出："学者有四失，教者必知之。人之学也，或失则多，或失则寡，或失则易，或失则止。此四者，必之莫同也。知其心，然后能救其失也。教也者，长善而救其失者也。"这段话充分阐明了根据教育对象的不同情况因人施教的意义。

个别教育的方法包括：①个别谈话，是教育工作者与社区矫正对象面对面交流思想观点和情况，以解决其思想和实际问题的方法。②个别感化，是指教育工作者以真情实意、满腔热情去影响社区矫正对象，以达到潜移默化目的的教育活动。在个别教育中，感化是一种有效的"催化剂"，是取得良好效果的重要方法。

（4）社会教育。社会教育，是指社区矫正机构运用社会力量开展教育矫正工作的方法。社会教育是专门机关与群众路线相结合的体现。《社区矫正法》第35条第1款规定，县级以上地方人民政府及其有关部门应当通过多种形式为教育帮扶社区矫正对象提供必要的场所和条件，组织动员社会力量参与教育帮扶工作。该条款明确了开展教育帮扶的责任主体，也为组织社会教育提供了法律依据。

　　社会教育的实现形式主要有：①亲属教育，是指运用社区矫正对象的监护人、家庭成员等社会力量对社区矫正对象开展教育的方法。《社区矫正法》第39条规定，社区矫正对象的监护人、家庭成员，所在单位或者就读学校应当协助社区矫正机构做好对社区矫正对象的教育。这是对社区矫正对象进行协助教育的法定义务。②志愿者教育，是指运用志愿者、社区群众等社会力量对社区矫正对象开展教育的方法。《社区矫正法》第38条规定，居民委员会、村民委员会可以引导志愿者和社区群众，利用社区资源，采取多种形式，对有特殊困难的社区矫正对象进行必要的教育帮扶。据此，居（村）民委员会有引导志愿者和社区群众对有特殊困难的社区矫正对象进行必要的帮扶的职责，也为志愿者和社区群众参与教育矫正工作提供了法律依据。有特殊困难的社区矫正对象是社区矫正对象中的弱势群体，除通过合理渠道享有社会保障外，基本生活仍需救助。如丧失劳动能力的残疾人社区矫正对象、患有严重传染病的社区矫正对象、患有精神疾病丧失行为能力的社区矫正对象等。[1]居（村）民委员会应当坚持自愿原则，吸纳并引导志愿者和社区群众走访有特殊困难的社区矫正对象，了解他们的实际需求，通过心理疏导、财物募捐等形式，进行必要的教育和帮助。志愿者和社区群众的职业的多元化、资源的多样化，能够为有特殊困难的社区矫正对象提供不同类型的教育和帮扶，帮助社区矫正机构做好教育矫正工作。③专业人员教育，是指运用社会工作服务或其他社会服务对社区矫正对象开展教育的方法。《社区矫正法》第40条第1款规定，社区矫正机构可以通过公开择优购买社区矫正社会工作服务或者其他社会服务，为社区矫正对象在教育、心理辅导、职业技能培训、社会关系

---

　　〔1〕　王爱立、姜爱东主编：《中华人民共和国社区矫正法释义》，中国民主法制出版社2020年版，第109页。

改善等方面提供必要的帮扶。此规定是国家鼓励引导专业社会组织和社会工作者对社区矫正对象提供教育帮扶的规定，也为社区矫正社会工作服务或其他社会服务参与教育矫正提供了法律依据。自试点以来，以上海为代表的多个城市积极探索政府购买服务等方式，借助专业组织、专业人员的力量，专群结合开展社区矫正工作，取得了良好效果。专业组织、专业人员具有社会工作、心理学、教育学、社会学等专业知识，运用专业方法，针对社区矫正对象认知、行为、心理、社会关系、就学就业等方面的问题实施科学化的个案矫正，提供专业化的教育和帮助，为社区矫正对象顺利回归社会创造条件。④单位及学校教育，是指运用社区矫正对象所在单位、就读学校等社会力量对社区矫正对象开展教育的方法。《社区矫正法》第 37 条规定，社区矫正机构可以协调有关部门和单位，依法对就业困难的社区矫正对象开展职业技能培训、就业指导，帮助社区矫正对象中的在校学生完成学业。第 39 条规定，社区矫正对象的监护人、家庭成员，所在单位或者就读学校应当协助社区矫正机构做好社区矫正对象的教育。根据上述规定，对于已就业的社区矫正对象，其所在单位负有协助社区矫正机构进行教育的义务；对于就读的学生，其就读学校有协助社区矫正机构进行教育的义务。就读的学生需要区分来看：对未成年的社区矫正对象，其监护人、学校、居民委员会、村民委员会要根据《预防未成年人犯罪法》的相关规定，协助做好未成年人的教育工作；对成年的社区矫正对象，除学校根据教育部《普通高等学校学生管理规定》给予开除学籍处分的外，社区矫正机构应当协调学校，共同帮助社区矫正对象完成学业。⑤人民团体教育，是指运用人民团体的力量对社区矫正对象开展教育的方法。《社区矫正法》第 35 条第 2 款规定，有关人民团体应当依法协助社区矫正机构做好教育帮扶工作。此条款是关于有关人民团体协助教育帮扶的规定。人民团体作为党联系群众的桥梁纽带，是参与社会治理、维护社会和谐稳定的重要力量。[1]工会、共青团、妇联、残联等人民团体，充分发挥自身的优势，结合社区矫正对象的特点，依

---

〔1〕 王爱立、姜爱东主编:《中华人民共和国社区矫正法释义》,中国民主法制出版社 2020 年版,第 185 页。

法协助社区矫正机构做好家庭困难、未成年、女性以及身患残疾社区矫正对象的相关教育帮扶工作。

除上述社会教育的实现形式外，村民委员会、居民委员会、未成年人保护组织、学校、科研院校等社会力量都可以参与社区矫正对象的教育矫正工作。社会参与性是社区矫正的优势与特征，要求社区矫正机构解放思想，调动人力、智力、设备、组织等社区资源及政府部门、非政府组织等社会力量，共同开展社区矫正对象的教育矫正工作，以缓解社区矫正机构教育资源紧张的情况，进一步提高教育矫正工作的质量。

二、帮扶制度

（一）社会救助制度

社会救助制度是公力和私力相结合实施救济的一种形式。它是指由于社区矫正对象在生活安置、就业、就学、医疗、住房、职业教育等方面产生困难，社区矫正机构利用社会志愿人员、社会组织以及社区矫正机构整合的其他社会资源，对社区矫正对象给予帮助、救济、安置的活动。这一制度的突出特点是政府和社会力量的有效融合，社区矫正机构在其中扮演的只是中介和整合角色。

这一制度产生于 20 世纪 70 代的美国。当时，美国制定了各种各样的方案帮助罪犯更好地适应从监狱向社会的过渡，特别是制定了为刑满释放人员寻找工作的措施。这种活动遍布美国各地，有的与负责假释的部门相配合完成这些事情，有的把这一活动归属到州立就业服务部门之下，还有一些是按照"综合就业和培训法"的规定施行。[1]美国有学者通过对 257 项这类活动的研究发现，大约 80% 的情况是受助者与帮助者平均接触时间为 1 年或更少。在大约 80% 的活动中，帮助者与受助者平均每周联系 1 次。约有一半的活动坚持了 4 年或 4 年多。大部分活动都有刑释人员充任职员。36% 的活动的平均预算不到 10 美元。60% 的活动的职员少于 10 名。联邦政府是主要的奖金

---

〔1〕〔美〕克莱门斯·巴特勒斯：《矫正导论》，孙晓雳等译，中国人民公安大学出版社1991年版，第140页。

来源，其次是州政府。

还有不少团体受托帮助刑释者。这些具有缓冲性的组织常常对处于假释成功和重返监狱之间的假释犯发挥很重要的作用。纽约市的"幸运社"帮助刑释者适应社会生活，享誉颇高。这个组织为美国国内大部分刑释人员服务，在该组织的通信录上列有 38 000 人的姓名，并收到了 2 万多笔捐款。每年都有 4000 至 5000 人前来求助，并大约有 1500 人最终得到了一些实质性的帮助。[1]

目前，我国的社会救助制度尚未完全建立，除了《社区矫正法》作了原则性规定之外，主要的依据就是国务院 2019 年修订的《社会救助暂行办法》。在社区矫正的一些地方性规定中也有体现，如《河南省社区矫正工作细则》就对这一问题进行了具体规定，其要求民政部门应当孵化培育能够承接社区矫正社会服务的专门社会组织，加强社区矫正专职社会工作者队伍建设，对有需要的社区矫正对象进行临时性救济；人力资源和社会保障部门应当将符合条件的社区矫正对象纳入职业技能培训规划，社区矫正机构协助、配合人力资源和社会保障部门对就业困难的社区矫正对象进行职业技能培训和就业指导；居民委员会、村民委员会应当本着自愿原则引导志愿者和社区群众走访探望特殊困难社区矫正对象，可以通过财物募捐等形式，对其进行必要的教育帮扶。特殊困难的社区矫正对象是指除通过合理渠道享有社会保障外，基本生活仍需救助的社区矫正对象，包括丧失劳动能力的残疾人、患有严重传染病、患有精神疾病丧失劳能力等社区矫正对象。在目前的情况下，我国社区矫正机构对社区矫正对象的救助主要有以下几种：

1. 生活安置救济制度

社区矫正机构对生活困难的社区矫正对象，通过政府救济、社会捐助、社会扶助的形式，帮助其解决困难。

（1）对生活困难、符合最低生活保障条件的社区矫正对象，社区矫正机

---

〔1〕 ［美］克莱门斯·巴特勒斯：《矫正导论》，孙晓雳等译，中国人民公安大学出版社 1991 年版，第 140 页。

构可以协调民政、人力资源与社会保障等部门，依法将其纳入最低生活保障范围。

（2）对生活存在严重困难且难以在短期内落实社会保障措施的社区矫正对象，即无劳动能力、无生活来源且无法定赡养、抚养、扶养义务人或者其法定赡养、抚养、扶养义务人无赡养、抚养、扶养能力的老年人、残疾人以及未满16周岁的未成年人，社区矫正机构可以协调民政等部门给予特困人员供养等临时生活救助。

（3）对受灾社区矫正对象救助，依照国家的自然灾害救助的规定，对基本生活受到自然灾害严重影响的社区矫正对象，提供生活救助。

（4）临时救助，即对火灾、交通事故等意外事件，社区矫正对象及其家庭成员突发重大疾病等原因，导致基本生活暂时出现严重困难，或者因生活必需支出突然增加超出家庭承受能力的社区矫正对象给予临时救助。

（5）医疗救助。社区矫正对象如果属于最低生活保障人员、特困供养人员、县级以上人民政府规定的其他特殊困难人员，可以申请相关医疗救助。

（6）住房救助。社区矫正对象如果属于符合国家规定标准的住房困难的最低生活保障家庭、分散供养的特困人员，可以获得住房救助。

2. 就业就学救济制度

就业就学救济主要包括：

（1）社区矫正对象或社区矫正对象的子女在就学方面有困难的，社区矫正机构要主动与有关部门、学校联系，安排社区矫正对象或社区矫正对象的子女就学以解决社区矫正对象的困难。或者由社会企业、学校主动承接社区矫正对象或社区矫正对象子女的就学事宜。

（2）在党的二十大报告中强调："就业是最基本的民生。……破除妨碍劳动力、人才流动的体制和政策弊端，消除影响平等就业的不合理限制和就业歧视，使人人都有通过勤奋劳动实现自身发展的机会。"社区矫正机构可以根据社区矫正对象的需要，协调人力资源与社会保障部门或教育部门开展职业技能培训和就业指导，帮助落实社会保障措施，为其就业提供帮助。在有条件的地方，社区矫正机构可以协调民政等部门或者有关单位建立社区矫正对象就业基地，或者为社区矫正对象的创业提供必要的资金支持。

（3）对最低生活保障的社区矫正对象家庭，社区矫正对象有劳动能力并处于失业状态的，政府通过贷款贴息、社会保险补贴、岗位补贴、培训补贴、费用税免、公益性岗位安置等办法，给予就业安置。

社会救助制度不仅是对社区矫正对象的一种帮助制度，更重要的是作为感化教育社区矫正对象的手段，把救助活动作为教育感化的切入点。

（二）社会保障制度

社会保障制度是指政府的人力资源和社会保障部门将社区矫正对象放在与社会成员同等的位置，为其提供社会保障方面的服务。在党的二十大报告中强调："社会保障体系是人民生活的安全网和社会运行的稳定器"。社区矫正对象按照国家有关规定申请社会救助、参加社会保险、获得法律援助。遇到困难和问题时，社区矫正机构可以提供必要的协助，告知社会救助、社会保险、法律援助有关法律法规，指导社区矫正对象向相关部门提出申请，告知其在个人权利受到侵害时的救济方式等。依据《社区矫正法》和相关法律法规、地方性规章的规定，救济方式主要体现在以下几个方面：

1. 提供必要的场所和条件

县级以上地方人民政府及有关部门应当通过多种形式为教育帮扶社区矫正对象提供必要的场所和条件；社区矫正机构应当协调、联系企事业单位，推进社区矫正对象就业基地、公益活动基地、教育基地的建设。

2. 购买服务项目

社区矫正机构可以通过公开择优购买或者项目委托的方式，组织社会组织提供社区矫正社会工作服务或者其他社会服务，为社区矫正对象在教育、心理辅导、职业技能培训、社会关系改善等方面提供必要的帮扶。

3. 为有特殊困难的社区矫正对象提供救助

（1）对有特殊困难的、没有自谋职业能力的社区矫正对象，即除通过合理渠道享有社会保障外，基本生活仍需救助的社区矫正对象，包括丧失劳动能力的残疾人和因患有严重传染病、患有精神疾病而丧失劳动能力的社区矫正对象，居民委员会、村民委员会本着自愿原则可以引导志愿者和社区群众，利用社区资源，采取多种形式，提供职业培训的费用、职业培训的场所和职业培训的机会。

（2）可以通过财物募捐等形式，对其进行必要的物质帮扶。

（3）人力资源和社会保障部门将符合条件的社区矫正对象纳入职业技能培训规划，社区矫正机构协助、配合人力资源和社会保障部门对就业困难的社区矫正对象进行职业技能培训和就业指导。

4. 参与企业优惠政策

鼓励企事业单位、社会组织为社区矫正对象提供就业岗位信息和职业技能培训。招用符合条件的社区矫正对象的企业，按照规定享受优惠政策。

【课堂活动 6 – 1】

何某某，男，1990 年 8 月出生，户籍地为 S 省 Z 市 Y 区，居住地为 S 省 Z 市 Z 区。2020 年 2 月 23 日，何某某因犯交通肇事罪被判处有期徒刑 1 年 8 个月，缓刑 2 年，社区矫正期限自 2020 年 3 月 8 日起至 2022 年 3 月 7 日止。2020 年 3 月，何某某到 Z 区社区矫正机构报到并办理接收入矫手续，由执行地社区矫正机构负责对其实施监管教育。在监督管理中，社区矫正机构发现何某某就职于 Z 市一家文化传播有限公司，其公司的注册地在 Z 市 Y 区，实际办公地点在 Z 市 R 县，何某某需每天往返于 Z 市 Z 区和 Z 市 R 县之间。

请同学们讨论：如何对社区矫正对象何某某实施精准的监督管理？

【课堂活动 6 – 2】

讨论：对社区矫正对象进行分类管理、分类矫正有何意义？

【思考题】

1. 如何对社区矫正对象进行信息化管理？

2. 累进处遇制度的含义是什么？

3. 对社区矫正对象进行教育帮扶的措施有哪些？

拓展 学习

浙江省：规范社会力量参与体系[1]

进入新时代，浙江省社区矫正工作呈现出快速发展的良好局面，坚持法治新时代"枫桥经验"，探索形成了以下六种主要参与形式：一是专业社会组织参与。通过政府购买服务或自主培养专业社会组织等方式，协助社区矫正机构开展心理矫治、个案矫正、教育帮扶等社区矫正活动。例如，浙江省现有 25 家青少年社区矫正对象"关心桥驿站"、嘉兴海宁市的"紫薇工作站"、湖州德清县的"晨曦社工"和台州玉环市的"天宜社工"等。目前，浙江省有 103 家专业社会组织参与社区矫正工作。二是基层自治组织参与。2014 年以来，浙江省在有社区矫正对象的村（居）全面建立社区矫正工作站，为村（居）委干部群众参与社区矫正对象帮教帮扶活动搭建平台，并将其融入基层社会治理"网络化管理、组团式服务"体系。三是党团组织参与。2017 年以来，嘉兴市司法局与市委组织部联合启动实施了"先锋助矫"项目，全市3000 多名党员志愿者结对帮教辖区内的社区矫正对象，并纳入基层党建工作和党员先锋模范业绩考核。还有以党员和入党积极分子为主体的社会组织参与，如宁波市北仑区的"红领之家"社会组织，以"去标签化"的帮教理念和"融入式"的活动方式，使社区矫正对象切身感受到了广大党员的思想影响力和帮教正能量。四是社会企业参与。企业参与在职业技能培训、推荐就业、过渡性安置等方面发挥了积极作用。例如，宁波市奉化区探索"政企社"相结合的参与模式，政府出资、企业承接、社区配合、社区矫正机构负责绩效管理与考核。该模式运用企业文化、企业管理和企业经营等理念和方法，对社区矫正帮教帮扶活动实行企业化管理和项目化运作，规模效益十分明显。2019 年 8 月，中央 12 频道以《回归阳光家园》为题作了 36 分钟的深度报道。五是公益组织参与。比如，诸暨市依托"一米阳光"等慈善公益性组织推动建立社区矫正志愿者队伍，以"公益、自愿、无偿"形式协助开展帮教帮扶等活动。目前，全省有社区矫正志愿者 3.02 万人，建有社区矫正对象教育学

---

〔1〕 连春亮：《社区矫正通论》，中国人民公安大学出版社 2021 年版，第 315～316 页。

习基地797个、就业帮扶基地1130个、公益活动基地1998个。六是家庭亲情参与。家庭支持和帮教在社区矫正工作中具有非常重要的作用，负责监督、教育疏导等工作，对社区矫正对象平稳度过社区矫正执行期能够起到较好的促进作用。例如，湖州市长兴县探索建立携手互动、共同参与的"亲亲家园"家庭帮教模式，使社区矫正对象违法违规情况大幅度减少。

第七章

社区矫正工作队伍

学习目标

知识目标：掌握社区矫正工作队伍的构成及其职责；了解社区矫正工作人员的素质、任职资格及其培训的内容。

能力目标：具备开展社区矫正工作能力；具备良好的语言表达和沟通协调能力。

素质目标：具备良好政治素质、思想道德素质和业务素质。

知识树

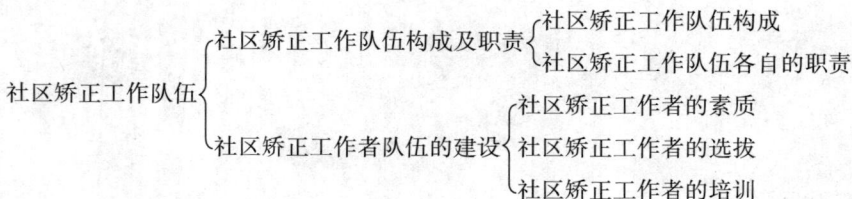

社区矫正工作队伍

- 社区矫正工作队伍构成及职责
  - 社区矫正工作队伍构成
  - 社区矫正工作队伍各自的职责
- 社区矫正工作者队伍的建设
  - 社区矫正工作者的素质
  - 社区矫正工作者的选拔
  - 社区矫正工作者的培训

案例 7-1

李某，男，1997 年 6 月 6 日出生，户籍地、居住地均为 X 自治区 S 市 Q 县。2019 年 12 月 28 日，李某因交通肇事罪被 Q 县人民法院判处有期徒刑 1 年 6 个月，缓刑 2 年，缓刑考验期自 2020 年 1 月 8 日起至 2022 年 1 月 7 日止。李某成为一名社区矫正对象。Q县司法局社区矫正机构委托李某居住地的司法所对李某开展相关的社区矫正工作。

结合所学知识，请问：对社区矫正对象李某进行监督管理和教育帮扶涉及的工作人员有哪些？其具体职责分别是什么？

第一节　社区矫正工作队伍构成及职责

习近平主席指出："积力之所举，则无不胜也；众智之所也，则无不成也""团结奋斗是中国人民创造历史伟业的必由之路"。这为社区矫正工作队伍构成指明了方向。

一、社区矫正工作队伍构成

社区矫正工作队伍，是指由社区矫正机构工作人员和社会力量共同组成的对社区矫正对象进行监督管理和教育帮扶的专群组合的社区矫正工作人员。

《社区矫正法》第10条规定，社区矫正机构应当配备具有法律等专业知识的专门国家工作人员（以下称社区矫正机构工作人员），履行监督管理、教育帮扶等执法职责。第11条规定，社区矫正机构根据需要，组织具有法律、教育、心理、社会工作等专业知识或者实践经验的社会工作者开展社区矫正相关工作。第12条规定，居民委员会、村民委员会依法协助社区矫正机构做好社区矫正工作。社区矫正对象的监护人、家庭成员，所在单位或者就读学校应当协助社区矫正机构做好社区矫正工作。第13条规定，国家鼓励、支持企业事业单位、社会组织、志愿者等社会力量依法参与社区矫正工作。据此，我国现行管理体制中的社区矫正工作队伍由两类人员构成：社区矫正机构工作人员和社会力量（社区矫正社会工作者、居民委员会、村民委员会、企事业单位、社会组织、志愿者、社区矫正对象的监护人、家庭成员、社区矫正对象所在单位或者就读学校等人员）。这为社区矫正工作队伍的组建及提升提供了法律依据。

以北京管理模式的社区矫正队伍的组建为例。北京管理模式的社区矫正工作队伍主要由专业矫正力量和社区矫正力量两部分组成。专业矫正力量由社区矫正机构工作人员、受委托的司法所司法助理员和抽调的监狱、强制隔离戒毒所人民警察组成,是社区矫正的主要力量;社区矫正力量是社区矫正的补充力量,主要由社会志愿者构成,包括专家学者、离退休干部、社区居委会成员、高校的学生、社区矫正对象的近亲属和所在单位人员等。北京管理模式为了弥补受委托的基层司法所无行刑权的问题,专门从监狱和戒毒所抽调了人民警察,以便在社区矫正中对社区矫正对象行使行刑权。而监督管理、矫正教育、危机干预、社会救助等工作是由司法助理员、监狱和戒毒所抽调的人民警察、社会志愿者等共同来完成的。

社区矫正工作是一项严肃的刑事执行活动,需要建立一支分类科学、结构合理、权责明晰的职业化、专业化、规范化的社区矫正工作队伍作为组织保障。社区矫正具有开放性的特点,应充分发挥社会力量开展社区矫正工作,建立以社区矫正机构工作人员为核心、以社会力量为补充的社区矫正工作队伍。

二、社区矫正工作队伍各自的职责

(一)社区矫正机构工作人员的职责

社区矫正机构工作人员是指在社区矫正工作中履行监管、教育帮扶等执法职责,具备法律等专业知识的专门国家工作人员。社区矫正机构工作人员作为国家工作人员,应有国家安全意识,"国家安全是民族复兴的根基,社会稳定是国家强盛的前提。必须坚定不移贯彻总体国家安全观,把维护国家安全贯穿党和国家工作各方面全过程,确保国家安全和社会稳定。"

根据《社区矫正法》第10条的规定,社区矫正机构工作人员具有公职人员身份,是社区矫正执法者,是社区矫正工作的组织者、领导者、参与者。社区矫正机构工作人员应发挥示范带头作用,努力使"尊法学法守法用法"在社区矫正领域蔚然成风。

社区矫正机构工作人员的职责:

1. 在刑事执行中各环节的执法职责

(1)调查评估职责。《社区矫正法实施办法》第9条第1款第1项规定了社区矫正机构工作人员应履行的职责:接受委托进行调查评估,提出评估意见。

（2）接收、解除职责。该项职责的工作内容包括接收社区矫正对象，核对法律文书、核实身份、办理接收登记，建立档案；组织入矫和解矫宣告，办理入矫和解矫手续。

（3）监督管理职责。监督管理职责是社区矫正机构工作人员对社区矫正对象在矫正期间的行为、思想表现等进行日常管理的职责，也是社区矫正机构工作人员的核心职责。《社区矫正法》第四章是关于监督管理的规定，据此规定，社区矫正机构工作人员的监督管理职责主要有：①建立矫正小组，组织矫正小组开展工作，制定和落实矫正方案；②有权要求社区矫正对象定期汇报思想、行为等情况，其目的是避免出现脱管、漏管的现象，避免重新犯罪，促使社区矫正对象更好地融入社会。③在矫正期间有权对社区矫正对象进行会客的限制，其目的是使社区矫正对象免受不良因素的干扰，安心接受社区矫正。④外出审批权。社区矫正对象虽被限制了人身自由，但在法律允许的范围内，经审批后，也可以短期外出。⑤变更执行地审批权。社区矫正对象因工作、居所变化等原因，需要变更执行地的，须经相关社区矫正工作人员审批。⑥对社区矫正对象进行电子定位管理。电子定位管理是现代信息化管理中的一项重要内容，其目的是对一些社区矫正对象进行更精准的监督管理。⑦有权对社区矫正对象进行信息化管理及实地查访。随着司法部的"数字法治，智慧司法"的发展，为了更好地监督管理矫正对象，在社区矫正工作中应充分发挥现代化信息技术手段，了解、掌握社区矫正对象的活动情况和行为表现，通过通讯联络、信息化核查、实地查访等方式核实有关情况。⑧有权根据人民法院对被判处管制、宣告缓刑的社区矫正对象发出的禁止令，禁止其进入某些特定的区域、场所，接触特定的人。⑨可根据社区矫正对象的劳动能力、健康状况等情况，组织社区矫正对象参加公益活动，其目的是培养社区矫正对象的社会责任感、集体观念和纪律意识、劳动意识，帮助其树立正确的人生观、价值观和世界观，使其顺利地回归并融入社会。⑩有权对社区矫正对象进行考核奖惩。根据社区矫正对象在矫正期间的认罪悔罪、遵守法律法规、服从监督管理、接受教育等表现给予考核、奖励或处罚。⑪组织查找失去联系的社区矫正对象，查找后依情形作出处理。提出治安管理处罚建议，提出减刑、撤销缓刑、撤销假释、收监执行等变更刑事执行建议，依法提请逮捕。⑫向有关机关通报社区矫正对象的情况，送达法律文书。⑬协调有关方面开展职业技能培训、就业指导，组织公益活动等事项。

2. 教育帮扶职责

在对社区矫正对象进行监督管理的同时，也需要对其进行教育帮扶，教育帮扶也是社区矫正工作的核心内容。在《社区矫正法》第五章中明确规定了社区矫正机构工作人员对矫正对象开展教育帮扶的规定。

其主要的教育帮扶职责为：

（1）对社区矫正对象的教育矫正：社区矫正机构、受委托的司法所应当充分利用地方人民政府及其有关部门提供的教育帮扶场所和有关条件，按照因人施教的原则，有针对性地对社区矫正对象开展教育矫正活动。社区矫正机构、司法所应当根据社区矫正对象的矫正阶段、犯罪类型、现实表现等实际情况，对其实施分类教育；应当结合社区矫正对象的个体特征、日常表现等具体情况，进行个别教育。社区矫正机构、司法所根据需要可以采用集中教育、网上培训、实地参观等多种形式开展集体教育；组织社区矫正对象参加法治、道德等方面的教育活动；根据社区矫正对象的心理健康状况，对其开展心理健康教育、实施心理辅导。社区矫正机构、司法所可以通过公开择优购买服务或者委托社会组织执行项目等方式，对社区矫正对象开展教育活动。

（2）对社区矫正对象的适应性帮扶：社区矫正机构调动社区资源，整合社会力量，依法对符合条件的社区矫正对象在生活、就业、就学、医保、法律援助及心理等方面开展救助活动，以保证矫正对象安心矫正。对社区矫正对象开展适应性帮扶，是社区矫正工作的重要举措，也是刑事执行工作的重大变革，不仅有利于帮扶社区矫正对象适应社会，实现再社会化，而且可预防社区矫正对象重新犯罪，有利于构建和谐社会。

这些规定为社区矫正机构工作人员依法履行职责指明了方向。

（二）社区矫正社会工作者的职责

社区矫正社会工作者，是指具有法律、教育、心理、社会工作等专业知识或者实践经验，被社区矫正机构通过招聘、公开购买服务或项目委托等方式纳入社区矫正工作队伍，参与开展社区矫正相关工作的人员。

从全国来看，因社区矫正专职工作人员不足，急需补充具有专业知识和技能的社会工作者参与到社区矫正工作中来，以保证社区矫正工作的顺利开展。以浙江省为例，浙江省社区矫正机构工作人员与全年列管社区矫正对象比例为1∶123.5，人少事多、力量不足等问题突出。因此急需发展社区矫正工作者这一社会力量，辅助对社区矫正对象进行监督管理、教育帮扶。2020年12月，浙江省司法厅联合省编办、省民政厅、省财政厅、省人社厅等部门出台《浙江省社区矫正社会工作者管理办法》，明确了社区矫正社会工作者的自身定位、工作范围和保障措施，进一步推进和规范了社会工作者参与社区矫正工作。据统计，2018年至2020年，浙江省社区矫正社会工作者增加了31%，社区矫正对象再犯罪率下降到0.083%，同比下降了29.6%。[1]

《社区矫正法》第11条规定，社区矫正机构根据需要，组织具有法律、教育、心理、社会工作等专业知识或者实践经验的社会工作者开展社区矫正相关工作。这为社区矫正社会工作者参与社区矫正工作提供了根本遵循。至于社区矫正工作者协助开展社区矫正哪些相关工作？在实务当中，社区矫正社会工作者往往帮助社区矫正对象解决心理、生活、就业等方面的问题。上海市社区矫正管理局编制的《上海市社区矫正管理标准》中的"社区矫正工作岗位管理规范"一章中规定了社区矫正社会工作者的职责要求。

社区矫正社会工作者应配合协助做好社区矫正机构、司法所的社区矫正工作。其具体的职责包括：协助开展调查评估工作；参加矫正小组，运用社会工作理念和方法，协助制定矫正方案；协助做好社区矫正对象的日常管理工作；参与组织社区矫正对象进行教育学习、公益活动和技能培训；运用社会工作方法，提供专业化的服务，帮助解决社区矫正对象在就学就业、工作生活和心理健康等方面的困难和问题；掌握和记载社区矫正对象现实表现，为社区矫正对象的日常管理、司法奖惩及期满鉴定提供基本依据。

（三）社会力量的职责

社会力量参与社区矫正工作是社区矫正矫正试点以来一直遵循的原则，

---

〔1〕 率永利、马英："建立高素质、专业化社区矫正工作者队伍——浙江省社区矫正社会工作者队伍建设调研报告"，载《人民调解》2021年第2期。

是贯彻党的十八届三中、四中全会关于健全社区矫正制度的要求，是实现社区矫正目标和任务的实际需要。"只有凝聚全党全国各族人民的智慧和力量，准确识变、科学应变、主动应变，用团结奋斗筑起防范化解各种风险挑战的铜墙铁壁，才能打赢各类遭遇战、攻坚战、持久战"。[1]这为社会力量积极参与社区矫正工作指明了方向。

1. 居民委员会、村民委员会的职责

依据《城市居民委员会组织法》第 2 条第 1 款和《村民委员会组织法》第 2 条第 1 款的规定，居民委员会是居民自我管理、自我教育和自我服务的基层群众性自治组织；村民委员会是村民自我管理、自我教育和自我服务的基层群众性自治组织，实行民主选举、民主决策、民主管理和民主监督。《社区矫正法》第 12 条第 1 款规定，居民委员会、村民委员会依法协助社区矫正机构做好社区矫正工作。社区矫正工作离不开居民委员会和村民委员会，他们在社区矫正工作中发挥着重要的作用。作为基层群众性自治组织，居委会、村委会与群众联系紧密，应发挥其贴近社区矫正对象日常工作、生活的优势，及时反映社区矫正对象的思想动态和行为表现等，应协助基层人民政府和司法所开展工作，这些为社区矫正对象开展社区矫正工作提供了优越便利的条件，更能客观、公正、实事求是地反映社区矫正对象的各方面情况等。居民委员会、村民委员会为社区矫正对象提供有针对性的教育帮扶，使社区矫正工作接地气、聚人气，夯实群众基础。因此，在社区矫正工作中，基层群众性自治组织在促进社区矫正对象融入社会、回归社会方面发挥着重要的积极作用。

居民委员会和村民委员会的职责包括：①协助社区矫正机构或有关组织进行调查评估。《社区矫正法》第 18 条规定，社区矫正决定机关根据需要，可以委托社区矫正机构或者有关社会组织对被告人或者罪犯的社会危险性和对所居住社区的影响，进行调查评估，提出意见，供决定社区矫正时参考。居民委员会、村民委员会等组织应当提供必要的协助。《社区矫正法实施办法》第 14 条第 1 款规定，社区矫正机构、有关社会组织接受委托后，应当对被告人或者罪犯的居所情况、家庭和社会关系、犯罪行为的后果和影响、居

---

[1] 丁薛祥："为全面推进中华民族伟大复兴而团结奋斗"，载《党建研究》2022 年第 12 期。

住地村（居）民委员会和被害人意见、拟禁止的事项、社会危险性、对所居住社区的影响等情况进行调查了解，形成调查评估意见，与相关材料一起提交委托机关。调查评估时，相关单位、部门、村（居）民委员会等组织、个人应当依法为调查评估提供必要的协助。据此，村（居）民委员会应履行协助社区矫正机构或有关组织做好调查评估的工作，应如实告知社区矫正机构或有关组织关于被告人或罪犯的基本情况、一贯表现、家庭和社会关系等内容。②作为矫正小组成员参与社区矫正工作。其主要职责是：按照矫正方案协助社区矫正机构开展个案矫正工作；督促社区矫正对象遵纪守法，遵守社区矫正的相关规定，参与对社区矫正对象的考核评议和教育活动；对社区矫正对象定期走访谈话，了解其思想、工作和生活情况，及时向社区矫正机构报告；协助对社区矫正对象进行帮扶；依法协助做好社区矫正其他工作。③引导志愿者和社区群众参与到社区矫正工作中。《社区矫正法》第38条规定，居民委员会、村民委员会可以引导志愿者和社区群众，利用社区资源，采取多种形式，对有特殊困难的社区矫正对象进行必要的教育帮扶。

2. 社区矫正对象的监护人、家庭成员的职责

社区矫正对象的监护人，是指对未成年社区矫正对象的人身、财产及其他一切合法权益负有监督和保护责任的人。根据《民法典》第27条的规定，父母是未成年子女的监护人。未成年人的父母已经死亡或者没有监护能力的，由下列有监护能力的人按顺序担任监护人：①祖父母、外祖父母；②兄、姐；③其他愿意担任监护人的个人或者组织，但是须经未成年人住所地的居民委员会、村民委员会或者民政部门同意。据此，未成年社区矫正对象的监护人顺序为父母；祖父母、外祖父母；兄、姐；其他愿意担任监护人的个人或者组织，但是须经未成年人住所地的居民委员会、村民委员会或者民政部门同意。社区矫正对象的家庭成员，是指与同一家庭共同生活的成员，如夫妻、父母、子女、兄弟姐妹等。

在社区矫正工作中，家庭扮演着重要的角色，家庭是社会的细胞，在家庭成员中，父母担任着第一角色，家庭教育是启蒙教育、日常教育和终身教育，对社区矫正对象来说，其更需要得到家庭的认可、接纳、关爱和爱抚。监护人、家庭成员有义务对社区矫正对象的健康成长和良性发展提供良好的

教育与帮助，也有义务协助社区矫正机构消除其再犯罪的可能性。历史上的周公训子、孟母三迁、岳母刺字等经典传统文化，应融入现代家庭教育中，继承和发扬我国传统文化精髓，不断完善教育模式，提升家庭教育的质量，促进社区矫正对象更好地融入家庭与社会。

社区矫正对象的监护人、家庭成员的职责：①协助做好监督管理工作。社区矫正对象的监护人、家庭成员经常与社区矫正对象一起生活，最了解其基本情况，所以应发挥其优势，协助社区矫正机构，落实好对社区矫正对象的日常监管，如遇到法定情形或特殊规定，应及时向社区矫正机构报告。《社区矫正法》第51条规定，社区矫正对象在社区矫正期间死亡的，其监护人、家庭成员应当及时向社区矫正机构报告。②协助做好教育矫正工作。《社区矫正法》第39条规定，社区矫正对象的监护人、家庭成员，所在单位或者就读学校应当协助社区矫正机构做好对社区矫正对象的教育。这是监护人、家庭成员应当履行的职责。实践中，社区矫正机构应通过多种渠道同社区矫正对象的监护人、家庭成员保持好良性的沟通关系，利用好、落实好其职责。③协助做好未成年人社区矫正工作。《社区矫正法》第53条第1款规定，未成年社区矫正对象的监护人应当履行监护责任，承担抚养、管教等义务。监护人应当承担抚养、管教等义务，包括对未成年社区矫正对象的生理、心理和行为习惯的关注，还要用健康的思想、良好的品行和适当的方法来教育引导社区矫正对象，预防和制止未成年社区矫正对象吸烟、酗酒、沉迷网络、赌博、吸毒和卖淫等行为；发现未成年社区矫正对象组织或参加实施不良行为团伙的，应当及时制止，若发现该团伙有违法犯罪行为的，应当及时向社区矫正机构或公安机关报告；发现有人教唆、胁迫或引诱未成年社区矫正对象重新实施犯罪的，应当向社区矫正机构或公安机关报告等。《社区矫正法》第53条第2款规定，监护人怠于履行监护职责的，社区矫正机构应当督促、教育其履行监护责任。监护人拒不履行监护职责的，通知有关部门依法作出处理。第55条第1款规定，对未完成义务教育的未成年社区矫正对象，社区矫正机构应当通知并配合教育部门为其完成义务教育提供条件。未成年社区矫正对象的监护人应当依法保证其按时入学接受并完成义务教育。监护人应当做好未成年人的义务教育工作，作为矫正小组中的一名成员，应当做到始终关注未成年社区矫正对象接受义务教育的情况，发现未成年社区矫正对象未完成义务教育的，应当及时向社区矫正机构报告。社区矫正机构将有关情况通知教育部门，在相互配合中确保未成年社区矫正对象按时入学，接受并完成义务教育。

3. 志愿者的职责

志愿者，是指经司法行政部门和志愿者组织登记，自愿无偿参与社区矫正工作的人员。其主要的人员构成包括专家学者、高校师生、企事业单位人员、律师、离退休人员、社区居民等热心参与社区矫正工作的人员。社区矫正志愿者具有自愿性、兼职性、差异性和非官方性的特点，这些特点使其与社区矫正对象更容易交流与沟通。志愿者的差异性，有利于适应不同社区矫正对象的不同需要，拓宽和加深帮教活动的广度和深度。志愿者参与社区矫正工作，首先，一定程度上缓解了司法行政机关缺乏人手、日常监管工作量大等问题；其次，可以充分发挥社区矫正志愿者的差异性，利用他们各自所具有的优势，安排他们从事擅长的社区矫正工作，取得更好效果。

有些地方进行积极探索，拓宽了招募渠道，动员老干部、老战士、老专家、老教师、老模范加入到社区矫正志愿者队伍中来，充分发挥他们的"余热"，无私奉献，得到了大家的尊重和赞赏。

志愿者的职责包括：协助对社区矫正对象进行走访谈话、实施心理测评和个别化矫正；协助做好对社区矫正对象的教育学习和公益活动；记载社区矫正对象的心理测评、个案矫正、走访谈话、公益活动、教育学习等活动情况；及时向社区矫正机构或司法所反馈社区矫正对象的表现情况。

志愿者通过开展各种专业辅导、咨询、"一帮一"、"多助一"结对帮教等形式，参与监督、管理和教育工作，促进社区矫正对象的矫正措施的贯彻落实。

4. 其他社会力量的职责

其他社会力量，是指社区矫正对象所在单位、就读学校、企业事业单位、社会组织等。

其他社会力量的职责包括：①参与协助社区矫正机构做好监督管理和教育帮扶工作。为了促进社区矫正对象能够顺利融入社会，国家鼓励、支持社会力量依法参与社区矫正工作，且社会力量有义务也有责任协助做好社区矫正工作。《社区矫正法》第40条规定，社区矫正机构可以通过公开择优购买社区矫正社会工作服务或者其他社会服务，为社区矫正对象在教育、心理辅导、职业技能培训、社会关系改善等方面提供必要的帮扶。社区矫正机构也可以通过项目委托社会组织等方式开展上述帮扶活动。国家鼓励有经验和资源的社会组织跨地区开展帮扶交流和示范活动。第41条规定，国家鼓励企业事业单位、社会组织为社区矫正对象提供就业岗位和职业技能培训。招用符合条件的社区矫正对象的企业，按照规定享受国家优惠政策。②社会组织可参与调查评估。《社区矫正法》第18条规定，社区矫正决定机关根据需要，可以委托社区矫正机构或者有关社会组织对被告人或者罪犯的社会危险性和对所居住社区的影响，进行调查评估，提出意见，供决定社区矫正时参考。③对未成年社区矫正对象提供必要的帮扶。《社区矫正法》第56条规定，共产主义青年团、妇女联合会、未成年人保护组织应当依法协助社区矫正机构做好未成年人社区矫正工作。国家鼓励其他未成年人相关社会组织参与未成年人社区矫正工作，依法给予政策支持。④为社会组织参与社区矫正工作提供财政保障。《社区矫正法》第6条第2款规定，社会组织依法协助社区矫正机构开展工作所需经费应当按照规定列入社区矫正机构本级政府预算。

第二节　社区矫正工作队伍的建设

党的十八届四中全会通过的《中共中央关于全面推进依法治国若干重大问题的决定》指出，全面推进依法治国，必须大力提高工作队伍思想政治素质、业务工作能力、职业道德水准，着力建设一支忠于党、忠于国家、忠于人民、忠于法律的社会主义法治工作队伍，为加快建设社会主义法治国家提供强有力的组织和人才保障。同时，提出建设高素质法治专门队伍。党的二十大报告强调："全面建设社会主义现代化国家，必须有一支政治过硬、适应新时代要求、具备领导现代化建设能力的干部队伍。坚持党管干部原则，坚持德才兼备、以德为先、五湖四海、任人唯贤，把新时代好干部标准落到实处。树立选人用人正确导向，选拔忠诚干净担当的高素质专业化干部，选优配强各级领导班子。坚持把政治标准放在首位，做深做实干部政治素质考察，突出把好政治关、廉洁关"。《社区矫正法》第16条规定，国家推进高素质的社区矫正工作队伍建设。社区矫正机构应当加强对社区矫正工作人员的管理、监督、培训和职业保障，不断提高社区矫正工作的规范化、专业化水平。因此，建设一支政治素质高、业务能力强、职业道德水平高的社区矫正工作队伍是开展社区矫正工作的重要保障。

各地也非常重视社区矫正工作队伍的建设工作。以上海为例：上海社区矫正工作队伍主要是通过政法选聘与社会招聘两种方式选拔人员。社会招聘的工作人员按1∶50的比例配置。在招聘的人员中，有12%左右的人，具有社会工作与法律的专业背景。上海根据相关规定，通过社会公开招聘和内部在编人员选聘，组建了社区矫正工作人员队伍，并对工作人员的任职条件作了详细的规定，要求任职者必须是大专以上学历、有相关学科背景、有上海户籍，这在一定程度上保障了社区矫正工作者的专业性和稳定性。同时，上海还采取了一些措施保障社区矫正工作人员的质量，例如，40%～50%的社会工作者向社会公开招聘，50%～60%的社会工作者从政法、教育、卫生等国家机关和事业单位在编人员中选聘，应聘者须通过统一考试、面试和政审后择优聘用并进行上岗培训。选聘人员除享有原单位的工资福利待遇外，还适当给予电话补助、交通费用补助和餐饮补助，享有养老保险、工伤保险、生育保险、医疗保险、失业保险以及住房公积金等福利待遇。

一、社区矫正工作队伍的素质

社区矫正工作队伍的素质取决于社区矫正制度设计，特别是为社区矫正工作者提供的工作条件、待遇报酬、晋升机会等。世界上很多国家都非常重视这些制度的建设，以确保社区矫正工作者具备相应的素质和工作能力。关于社区矫正工作队伍的任职资格、培训制度等规定，应当参考《公务员法》《法官法》和《检察官法》的有关规定，以便形成一套以社区矫正工作制度为核心的配套措施体系，提高社区矫正工作队伍的政治素质、专业素质和职业道德素质等各方面的要求。

1. 政治素质

社区矫正工作是全面贯彻落实国家不断改革和完善刑事执行制度，加快司法体制改革进程的迫切需要；是进一步整合社会力量，合理配置基层政法资源，强化社会治安综合治理，维护基层社会稳定，构建社会主义和谐社会的基础工程。习近平总书记强调："把党和人民事业长长久久推进下去，必须增强政治意识，善于从政治上看问题，善于把握政治大局，不断提高政治判断力、政治领悟力、政治执行力"。因此，社区矫正工作者首先应具备的素质是政治素质，要求社区矫正工作者必须坚持四项基本原则，增强"四个意识"、坚定"四个自信"、做到"两个维护"，忠于职守，严守纪律，清正廉洁。坚定正确的政治方向，提高政治觉悟，坚持党的政治路线方针政策，增强法制观念，具有全心全意为人民服务的精神。政治素质直接关系着社区矫正工作的方向。具体来讲就是社区矫正工作队伍须有坚定的政治立场、忠诚于党和国家、忠诚于人民；具有较高的政治理论素养、高度的事业心和责任心、社会主义民主意识和大局意识等。

2. 专业知识素质

社区矫正工作的复杂性决定了社区矫正工作队伍需要拥有渊博的专业知识。社区矫正工作队伍面对的是在性格、背景、职业、生活方式、习惯爱好等方面各有不同的社区矫正对象，需要掌握扎实丰富的专业基础知识，才能实现与社区矫正对象的顺利沟通，处理工作中不断出现的新问题、新情况。专业的社区矫正工作强调科学性和实效性，需要具备法律、心理学、社会工作、社会学、教育学、管理学等有关学科的知识。丰富的知识储备是提高社区矫正工作队伍工作能力的基础。

3. 职业道德素质

职业道德素质是人们职业生活中在职业范围内的道德要求。对于社区矫正工作队伍来说，首先，应热衷于社区矫正工作，具有心态平和、情绪稳定、待人热情、善于交往、诚实守信等良好的性格特征，无神经过敏、暴躁、冲动的控制欲等不良性格特征；其次，应具有一定的工作经验、勇于奉献的精神，能够恰当处理生活中遇到的问题；再次，在社区矫正工作中要不断更新新知识、新理念；最后，要做到廉洁自律，具有良好的职业操守。在社区矫正工作中，应做到尊重人、接纳人和关爱人，同社区矫正对象保持联系，主动了解他们的需求，切实为其排忧解难。

二、社区矫正工作者的选拔

（一）社区矫正机构工作人员的选拔

"要注重培养选拔政治过硬、对党忠诚的干部。""要注重培养选拔业务精通、本领高强的干部。""要注重培养选拔敢于担当、勇于负责的干部。""要注重培养选拔敢于斗争、善于斗争的干部。""要注重培养选拔作风优良、清正廉洁的干部。"社区矫正机构工作人员作为国家工作人员，其任职资格除具备上述选拔条件外，还要符合法律规定。社区矫正机构工作人员是公务员身份，其任职资格必须符合公务员法的规定。《公务员法》第13条规定，公务员应当具备下列条件：①具有中华人民共和国国籍；②年满18周岁；③拥护中华人民共和国宪法，拥护中国共产党领导和社会主义制度；④具有良好的政治素质和道德品行；⑤具有正常履行职责的身体条件和心理素质；⑥具有符合职位要求的文化程度和工作能力；⑦法律规定的其他条件。除符合公务员的招录条件之外，基于社区矫正机构工作人员是社区矫正工作的主导力量，其还需要至少具备以下条件：①获得大学本科以上学历，具有法律、心理学、教育学、社会学等方面的专业知识；②具有一定的工作经验和管理能力；③社区矫正机构在上岗之前须接受一定期限的专业培训。在偏远落后的地区，因难以招募到符合理想条件的社区矫正机构工作人员，可以适当放低对文化程度的要求。

（二）社会工作者的选拔

1. 社会工作者的基本素质

获得社会工作者资格认证证书或获得社会工作专业的本科及以上学历，或者虽未获得社会工作专业的学历但从事社会服务工作多年，具有社会工作经验和专业技能。

2. 社会工作者的专业素质

其一，树立社区矫正的基本理念。例如，人本主义理念、再社会化理念、罪犯是"弱势群体"理念等。其二，要掌握专业工作方法开展社区矫正工作。社会工作者能运用个案方法、小组工作、社区工作等社会工作方法，帮助社区矫正对象解决心理障碍、行为表现等方面的多重问题。其三，具备相应的专业知识。

3. 志愿者的选拔

关于志愿者任职资格的标准，目前暂无专门的法律法规规定。从符合中国社会的实际情况出发，志愿者的任职资格至少应符合以下条件：①拥护共产党的领导，遵守宪法和法律，品行端正。②具有一定的学历，有一定的专业知识或工作技能。就学历而言，可采取城乡有别的做法。在农村地区，因文化程度普遍较低，可将学历设定为"初中以上文化程度"；在城镇地区，因文化程度较高，可将学历设定为"高中以上文化程度"。③有爱心和奉献精神，有志愿服务社区矫正工作的愿望。④有较充足的时间从事志愿服务工作。

三、社区矫正工作者的培训

（一）社区矫正机构工作人员的培训

建设高素质的社区矫正工作队伍，需要对社区矫正机构工作人员开展以下培训：①加强思想政治和法律知识的培训。社区矫正机构工作人员作为国家工作人员，"领导干部必须带头尊崇法治、敬畏法律，了解法律、掌握法律，遵纪守法、捍卫法治，厉行法治、依法办事，不断提高运用法治思维和法治方式深化改革、推动发展、化解矛盾、维护稳定的能力"。把法治教育纳入社区矫正机构工作人员初任培训、任职培训的必训内容，进一步加强社区矫正机构工作人员教育培训，增强其专业执法能力，努力建设一支德才兼备的高素质执法队伍，更好担当职责使命。在培训中，应以习近平法治思想为指导，坚定理想信念，树立社会主义法治理念，系统学习《刑法》《刑事诉讼法》《行政法》《行政处罚法》《社区矫正法》《公务员法》等法律法规及规范性法律文件，以提升社区矫正机构工作人员的法律素养和知识储备。②有针对性地提升社区矫正机构工作人员的业务能力。《社区矫正法》第 5 条规定，国家支持社区矫正机构提高信息化水平，运用现代信息技术开展监督管理和教育帮扶。社区矫正工作相关部门之间依法进行信息共享。据此，社区矫正机构工作人员需要通过不断地培训，学习并掌握社区矫正信息化和智能化建设中的新技术，将学习到的新技术应用到实际工作当中，以全面提升业务工作能力。③加强社区矫正机构工作人员的道德素养。将社会主义核心价值观、《公民基本道德纲要》《职业道德规范》等作为培训的重要内容。培养社区矫正机构工作人员清正廉洁、履职尽责的良好的道德品质。"一个人廉洁自律不过关，做人就没有骨气。要牢记清廉是福、贪欲是祸的道理，树立正确的权力观、地位观、利益观"。

（二）社会工作者的培训

社会工作者是参与社区矫正工作的非常重要的辅助力量，因此，在上岗之前，应对其加强与社区矫正工作有关的培训。可从以下几方面进行培训：

1. 让社区矫正社会工作者了解社区矫正相关法律知识

这是社区矫正工作培训中的必备内容，具体包括《社区矫正法》《社区矫正法实施办法》《刑法》《刑事诉讼法》等相关规定。结合司法实践，其培训材料还应包括典型案例，让社会工作者更具体、更直观地了解社区矫正工作的工作流程。

2. 在培训内容上，应注重对社会工作者的心理学、社会工作、社会学等方面的相关专业知识类与技能类的培训

针对社区矫正对象的心理问题，需要加强心理社会治疗模式、焦点解决模式和赋能理论等专业知识以及个案、小组、社区等工作方法的培训；[1]对于社区矫正对象的行为矫正问题，可开展运用强化归因理论、社会行动理论等知识和赞赏激励法、间接建议法、双向沟通法等工作方法的培训。

3. 培训内容还包括政治素质和职业道德素质

社会工作者要保持正确的政治方向、传播正能量，应在助人自助的理念下，不断提升自身的政治素质和职业道德素质，对获取的社区矫正对象的基本信息应当予以保密。

以上海社区矫正管理模式的体制建设为例。上海市新航社区服务总站设有社工站，各个街道都设有社工点。社区矫正工作者在正式上岗前，需要进行 120 个课时的集中封闭式培训，授课教师为高校社会工作专业与法学专业

---

〔1〕 张昱主编：《更生时代：社区矫正社会工作案例研究》，华东理工大学出版社 2017 年版，第 121～138 页。

的专家与教授，分别进行法律知识、社会工作理论与实务、矫正业务与流程等课程的培训。另外，每人每年至少要进行 48 个课时的再培训，主要包括新的政策规定的学习，具体工作中的一些方法、技巧等。

（三）志愿者的培训

社区矫正工作的一个重要特征就是社会力量的参与，社会志愿者作为辅助人员参与到社区矫正工作中来就是该特征的一个重要体现。为了高质量地完成社区矫正工作，有必要对社会志愿者进行相关培训。

志愿者的培训分为岗前培训和在岗培训。岗前培训，是要让社区矫正志愿者了解社区矫正的基本情况，掌握从事社区矫正志愿工作的基本知识和技能等。在岗培训，是让志愿者了解法律、政策等方面的新变化、更新相关知识，学习新的技能等。

【课堂活动 7 - 1】

如果以后你有幸成为一名社区矫正机构工作人员，你认为应具备哪些素质？

【课堂活动 7 - 2】

大学毕业后，你会以志愿者身份加入到社区矫正工作队伍中吗？

【思考题】

1. 社区矫正工作人员由哪些人员组成？
2. 哪些社会力量参与社区矫正工作？其具体职责有哪些？
3. 如何构建高素质的社区矫正工作队伍？
4. 你认为社区矫正工作有执法风险吗？

拓展 学习

美国社区矫正工作者构成[1]

美国的社区矫正工作者主要指缓刑和假释工作者，绝大多数是政府或者

---

〔1〕 肖乾利、熊启然：《社区矫正基本问题研究》，法律出版社 2022 年版，第 76 ~ 77 页。

法院的工作人员，列入公务员序列。一般社区矫正官须经过公务员考试和筛选录取。要想成为一名州、县或市级社区矫正官，申请者首先必须满足下列条件：①美国公民；②未满 37 周岁（有相关工作经历的申请者可以以他们开始相关工作的年龄为准）；③已通过社区矫正官的相关笔试、身体素质检查及其他必要检查；④具有良好道德品质。[1] 在美国，社区矫正工作者的准入标准一般都高于公安和监狱警察的标准，公安和监狱警察的准入学历标准在绝大部分州仅要求高中学历，而社区矫正工作者一般要求是本科以上学历，有的州甚至还要求研究生学历。美国矫正协会在关于缓刑假释工作者准入资格方面提出了如下标准："至少需要有学士学位或者完成了一个职业的发展项目，这个项目包括与缓刑假释工作相关的经历、训练和学院的学分足以说明其学习的程度相当于学士学位。"[2] 同时所有的缓刑和假释机构均要求社区矫正工作者的专业是刑事司法执法、犯罪学、心理学、社会学等方面；鼓励和引导公民积极参与到社区矫正工作中，使社区罪犯感受到社会和公众的接纳、支持和温暖。美国缓刑官、假释官的社会地位和待遇均高于治安警察，并享有工作 25 年可提前退休的待遇。[3] 在美国，缓刑官多由地方政府或法院任命，而假释官都是由州假释委员会或矫正局任命。缓刑官的主要职责包括审前调查和日常监督，前者往往要占去缓刑官更多的时间。假释官的职责则主要是监管，就针对监管对象的权力而言，假释官要比缓刑官大得多。如假释官可以对假释犯的个人生活的诸多方面施加限制。在有些州，假释官可以不经通知，随时搜查假释犯人的住所，可以将行为不端但尚不构成违法的假释犯在看守所关上一两天，以警告其不要挑战假释官的权威。在美国，除强化监督一般是一个缓刑官或假释官监管 30 个左右的社区罪犯外，大体是一个缓刑官监管 100 个左右，一个假释官监管 80 个左右的社区罪犯。[4]

---

〔1〕 江山河："美国社区矫正官制度对中国的启示"，载《青少年犯罪问题》2020 年第 5 期。

〔2〕 夏文忠："我国社区矫正发展的路径选择——以美国为借鉴"，载《延边党校学报》2018 年第 1 期。

〔3〕 邓中文、肖乾利主编：《社区矫正理论与实务研究》，中国政法大学出版社 2019 年版，第 11 页。

〔4〕 梅义征：《社区矫正制度的移植、嵌入与重构——中国特色社区矫正制度研究》，中国民主法制出版社 2015 年版，第 47～48 页。

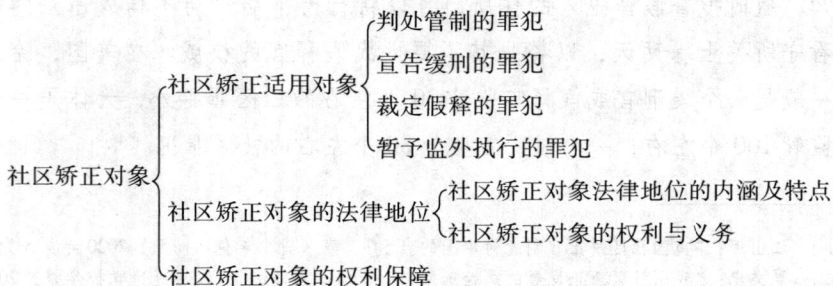

第八章

社区矫正对象

学习目标

知识目标：掌握社区矫正适用对象的类型；理解社区矫正对象法律地位的内涵及特点；掌握社区矫正对象的权利与义务。

能力目标：具备严格遵守国家法律法规，正确行使权利，履行义务的能力。

素质目标：具备守法意识，增强法制观念，提升自身素质。

知识树

社区矫正对象
- 社区矫正适用对象
  - 判处管制的罪犯
  - 宣告缓刑的罪犯
  - 裁定假释的罪犯
  - 暂予监外执行的罪犯
- 社区矫正对象的法律地位
  - 社区矫正对象法律地位的内涵及特点
  - 社区矫正对象的权利与义务
- 社区矫正对象的权利保障

案例 8－1

社区矫正对象赵某某，男，1946 年 10 月出生，户籍地为 S 市 H 区，居住地为 S 市 G 区。赵某某因犯非法吸收公众存款罪于 2020 年 2 月 23 日被上海市 Y 区人民法院依法判决有期徒刑 9 个月，缓刑 1 年，社区矫正期限自 2020 年 3 月 6 日起至 2021 年 3 月 5 日止。2020 年 3 月 12 日，赵某某到 S 市 G 区社区矫正中心入矫报到，由执行地受委托的司法所负责其社区矫正期间的监督管理与教育帮扶。

这个案例说明了缓刑犯是社区矫正对象之一，除此外，还有哪些类型的罪犯是社区矫正对象呢？这就是本章要解决的问题。

第一节　社区矫正适用对象

社区矫正对象是指为了执行刑事判决、刑事裁定和暂予监外执行的决定而在社区接受监督管理、教育帮扶的罪犯。《刑法》《刑事诉讼法》和《社区矫正法》对社区矫正适用的对象进行了明确规定，主要有四类，分别是被判处管制的罪犯、宣告缓刑的罪犯、裁定假释的罪犯和决定暂予监外执行的罪犯。对社区矫正对象，"弘扬社会主义法治精神，传承中华优秀传统法律文化，引导全体人民做社会主义法治的忠实崇尚者、自觉遵守者、坚定捍卫者"。

一、判处管制的罪犯

1. 管制犯的概念

管制犯是指依法被人民法院判处刑罚，不予关押，但限制其一定自由，由社区矫正机构负责执行的罪犯。管制属于我国独创的一种刑罚方法，是我国刑罚中最轻的主刑，也是唯一的开放性主刑。

2. 管制犯适用的对象

从刑法相关条文上看，管制只能适用于犯罪情节轻微，对社会危害性较小的犯罪分子。

3. 管制犯的刑期

根据《刑法》第 38 条第 1 款和第 69 条第 1 款的规定，管制的期限为 3 个月以上 2 年以下，数罪并罚时不得超过 3 年。管制犯社区矫正的期限与管制刑执行的期限相同。

根据《刑法》第41条的规定，管制刑期从判决执行之日起计算，判决执行以前先行羁押的，羁押1日折抵刑期2日。

4. 管制犯的执行

根据《刑法》第38条第3款的规定，对判处管制的犯罪分子，依法实行社区矫正。被判处管制的罪犯，在执行期间如果符合减刑条件的，依照减刑程序，可缩短刑期，社区矫正期限也相应缩短。

根据《刑法》第40条的规定，被判处管制的犯罪分子，管制期满，执行机关应即向本人和其所在单位或者居住地的群众宣布解除管制。

基于对管制犯不予关押，《刑法》第39条对管制犯规定了必须遵守的特殊规定，被判处管制的犯罪分子，在执行期间，应当遵守下列规定：①遵守法律、行政法规，服从监督；②未经执行机关批准，不得行使言论、出版、集会、结社、游行、示威自由的权利；③按照执行机关规定报告自己的活动情况；④遵守执行机关关于会客的规定；⑤离开所居住的市、县或者迁居，应当报经执行机关批准。除遵守上述规定之外，根据罪犯犯罪情况，依据《刑法》第38条第2款规定，可同时对罪犯宣布禁止令，禁止其从事特定活动，进入特定区域、场所，接触特定的人。违反该禁止令的，由公安机关依照《治安管理处罚法》的规定处罚。

二、宣告缓刑的罪犯

1. 缓刑的概念

刑法中的缓刑包括两种：一般缓刑和战时缓刑。实践中适用一般缓刑居多，此处重点介绍一般缓刑。一般缓刑是指人民法院对于判处拘役、3年以下有期徒刑的犯罪分子，根据其犯罪情节较轻，有悔罪表现，没有再犯罪的危险，宣告缓刑对所居住的社区没有重大不良影响的，规定一定的考验期，暂不执行原判刑罚的制度。缓刑不是独立的刑种，它是附条件的不执行原判刑罚的刑罚裁量制度。

2. 缓刑适用的条件

此处重点介绍一般缓刑的适用条件。

（1）对象条件。被判处拘役或 3 年以下有期徒刑的犯罪分子。

（2）实质条件。犯罪分子的犯罪情节较轻，有悔罪表现，没有再犯罪的危险，宣告缓刑对所居住的社区没有重大不良影响。缓刑的适用除了符合对象条件之外，还需要同时符合犯罪情节较轻，有悔罪表现，没有再犯罪的危险，宣告缓刑对所居住的社区没有重大不良影响这四个条件，缺一不可。所谓"犯罪情节较轻"，是指犯罪人的行为性质不严重、犯罪情节不恶劣。所谓"有悔罪表现"，是指犯罪人对于其犯罪行为能够认识到错误，真诚悔悟并有悔改的意愿和行为。如积极向被害人道歉、赔偿被害人的损失、获取被害人的谅解等。所谓"没有再犯罪的危险"，是指对犯罪人适用缓刑没有再犯罪的可能，这是对犯罪分子将来再犯的预测，可根据其犯罪前的一贯表现，犯罪中的犯罪情节，犯罪后的认罪悔罪表现，综合判断其社会危险性。所谓"宣告缓刑对所居住的社区没有重大不良影响"，是指对犯罪人适用缓刑不会对其所居住的社区的安全、秩序和稳定带来重大的、现实的不良影响，具体情形由法官根据个案情况来判断。

（3）禁止条件。犯罪分子不是累犯和犯罪集团的首要分子。这体现了对累犯和犯罪集团的首要分子从严惩处的精神。

（4）特殊规定。对于不满 18 周岁的人、怀孕的妇女和已满 75 周岁的人，只要符合缓刑适用条件的，应当宣告缓刑。这体现了国家对这三类特殊群体的人道主义精神。

3. 缓刑的考验期限

拘役的缓刑考验期限为原判刑期以上 1 年以下，但是不能少于 2 个月。有期徒刑的缓刑考验期限为原判刑期以上 5 年以下，但是不能少于 1 年。缓刑考验期限，从判决确定之日起计算。判决前先行羁押的日期不能折抵缓刑考验期。

4. 对宣告缓刑的罪犯的考察

（1）对缓刑犯的考察机关。在社区矫正期间，对犯罪分子进行考察的机关是县级社区矫正机构。

（2）缓刑犯应当遵守的规定。根据《刑法》第 75 条的规定，被宣告缓刑的犯罪分子，应当遵守下列规定：①遵守法律、行政法规，服从监督；②按照考察机关的规定报告自己的活动情况；③遵守考察机关关于会客的规定；④离开所居住的市、县或者迁居，应当报经考察机关批准。

（3）遵守禁止令的规定。被人民法院同时宣告禁止令的缓刑犯，在社区矫正期间应当遵守禁止令的有关内容。禁止令由执行地县级社区矫正机构负责执行。禁止令的期限既可以短于缓刑考验期限，也可以等同于缓刑考验期限，但不能少于 2 个月。禁止令的执行期限，从缓刑执行之日起计算。

5. 对宣告缓刑的罪犯的处理

根据缓刑犯在缓刑期间的不同表现，其处理结果有所不同：

（1）撤销缓刑，实行数罪并罚。根据《刑法》第 77 条第 1 款的规定，被宣告缓刑的犯罪分子，在缓刑考验期限内犯新罪或者发现判决宣告以前还有其他罪没有判决的，应当撤销缓刑，对新犯的罪或者新发现的罪作出判决，把前罪和后罪所判处的刑罚，依照《刑法》第 69 条的规定，决定执行的刑罚。

（2）撤销缓刑，执行原判刑罚。根据《刑法》第 77 条第 2 款的规定，被宣告缓刑的犯罪分子，在缓刑考验期限内，违反法律、行政法规或者国务院有关部门关于缓刑的监督管理规定，或者违反人民法院判决中的禁止令，情节严重的，应当撤销缓刑，执行原判刑罚。这里的"情节严重"包括 3 次以上违反禁止令的；因违反禁止令被治安管理处罚后，再次违法禁止令的；违反禁止令，发生较为严重危害后果的；其他情节严重的情形。若没有达到情节严重的程度，由公安机关依照《治安管理处罚法》第 60 条第 4 项的规定处罚。

（3）缓刑考验期满，原判刑罚不再执行。根据《刑法》第 76 条的规定，对宣告缓刑的犯罪分子，在缓刑考验期限内，依法实行社区矫正，如果没有《刑法》第 77 条规定的情形，缓刑考验期满，原判的刑罚就不再执行，并公开予以宣告。此外，《刑法》第 72 条第 3 款规定，被宣告缓刑的犯罪分子，如果被判处附加刑，附加刑仍须执行。这就意味着，缓刑的效力不及于附加刑。

三、裁定假释的罪犯

1. 假释的概念

假释，是指对于被判处有期徒刑、无期徒刑的犯罪分子，在执行一定刑期之后，因其认真遵守监规，接受教育改造，确有悔改表现，不致再危害社会，而附条件地将其提前释放的制度。

2. 假释的适用条件

（1）对象条件。假释适用的对象为被判处有期徒刑、无期徒刑的犯罪分子，但也有例外。对累犯和因犯故意杀人、强奸、抢劫、绑架、放火、爆炸、投放危险物质或有组织的暴力性犯罪被判处 10 年以上有期徒刑、无期徒刑的犯罪分子不得假释；对于生效裁判中的财产性判项，罪犯确有履行能力而不履行或者不全部履行的，不予假释。

（2）限制条件。假释只适用于已经执行了一定期限的犯罪分子。根据《刑法》第 81 条的规定，被判处有期徒刑的犯罪分子，执行原判刑期 1/2 以上，被判处无期徒刑的犯罪分子，实际执行 13 年以上，如果认真遵守监规，接受教育改造，确有悔改表现，没有再犯罪的危险的，可以假释。但有特殊情况的，经最高人民法院核准，可以不受上述执行刑期的限制。所谓"特殊情况"，是指有国家、国防、外交等方面特殊需要的情况。

（3）实质条件。犯罪分子必须认真遵守监规，接受教育改造，确有悔改表现，没有再犯罪的危险。所谓"确有悔改表现"，是指认罪悔罪，遵守法律法规及监规，接受教育改造，积极参加思想、文化、职业技术教育，积极参加劳动，努力完成劳动任务。所谓"没有再犯罪的危险"，是指除符合《刑法》第 81 条规定的情形外，还应当根据犯罪的具体情况、原判刑罚情况，在刑罚执行中的一贯表现，罪犯的年龄、身体状况、性格特征、假释后生活来源以及监管条件等因素综合考虑。

可以从宽适用假释的罪犯：过失犯罪的罪犯；中止犯罪的罪犯、被胁迫参加犯罪的罪犯；因防卫过当或者紧急避险过当而被判处有期徒刑以上刑罚的罪犯；犯罪时未满 18 周岁的罪犯；基本丧失劳动能力、生活难以自理，假释后生活确有着落的老年罪犯、患严重疾病罪犯或者身体残疾罪犯；服刑期间改造表现特别突出的罪犯；具有其他可以从宽假释情形的罪犯。这里的"老年罪犯"，是指报请减刑、假释时年满 65 周岁的罪犯。"患严重疾病"，是指因患有重病，久治不愈，而不能正常生活、学习、劳动的罪犯。"身体残疾罪犯"，是指因身体有肢体或者器官残缺、功能不全或丧失功能，而基本丧失生活、学习、劳动能力的罪犯，但是罪犯犯罪后自伤致残的除外。

可以优先适用假释的罪犯：一是罪犯既符合法定减刑条件，又符合法定假释条件的，可以优先适用假释；二是年满 80 周岁、身患疾病或者生活难以自理、没有再犯罪危险的罪犯，既符合减刑条件，又符合假释条件的，优先适用假释。

（4）程序条件。《刑法》《最高人民法院关于减刑、假释案件审理程序的规定》及《监狱法》等对假释规定了严格的程序，非经法定程序不得假释。《监狱法》第 32 条规定，被判处无期徒刑、有期徒刑的罪犯，符合法律规定的假释条件的，由监狱根据考核结果向人民法院提出假释建议，人民法院应当自收到假释建议书之日起 1 个月内予以审核裁定；案情复杂或者情况特殊的，可以延长 1 个月。假释裁定的副本应当抄送人民检察院。第 33 条第 1 款规定，人民法院裁定假释的，监狱应当按期假释并发给假释证明书。

3. 假释的考验期限

因假释是附条件地将罪犯提前释放，因而需设立一定的考验期限，以便对罪犯继续进行监督管理和教育矫正。《刑法》第 83 条规定了假释的考验期限，有期徒刑的假释考验期限为没有执行完毕的刑期；无期徒刑的假释考验期限为 10 年。假释考验期限，从假释之日起计算。

在确定罪犯的考验期时，应考虑以下因素：

（1）被判处有期徒刑的罪犯假释时，执行原判刑罚 1/2 的时间，应当从判决执行之日起计算。判决执行以前先行羁押的，羁押 1 日折抵刑期 1 日。

（2）被判处无期徒刑的罪犯假释时，实际执行刑期不得少于 13 年的时间，应当从判决生效之日起计算。判决生效以前先行羁押的时间不予折抵。

（3）被判处死刑缓期执行的罪犯减为无期徒刑或者有期徒刑后，实际执行 15 年以上，方可假释，该实际执行时间应当从死刑缓刑执行期满之日起计算。死刑缓刑执行期间不包括在内，判决确定以前先行羁押的时间不予折抵。

4. 对裁定假释的罪犯的考察与处理

《刑法》第 84 条规定，被宣告假释的犯罪分子，应当遵守下列规定：①遵守法律、行政法规，服从监督；②按照监督机关的规定报告自己的活动情况；③遵守监督机关关于会客的规定；④离开所居住的市、县或者迁居，应当报经监督机关批准。

5. 对裁定假释的罪犯的处理

（1）假释考验期满，认为原判刑罚执行完毕。《刑法》第85条规定，对假释的犯罪分子，在假释考验期限内，依法实行社区矫正，如果没有《刑法》第86条规定的情形，假释考验期满，就认为原判刑罚已经执行完毕，并公开予以宣告。

（2）撤销缓刑，收监执行。根据《刑法》第86条的规定，假释犯有下列情形之一的，应撤销假释，分别作出处理：①被假释的犯罪分子，在假释考验期限内犯新罪，应当撤销假释，依照《刑法》第71条的规定实行数罪并罚。②在假释考验期限内，发现被假释的犯罪分子在判决宣告以前还有其他罪没有判决的，应当撤销假释，依照《刑法》第70条的规定实行数罪并罚。③被假释的犯罪分子，在假释考验期限内，有违反法律、行政法规或者国务院有关部门关于假释的监督管理规定的行为，尚未构成新的犯罪的，应当依照法定程序撤销假释，收监执行未执行完毕的刑罚。

四、暂予监外执行的罪犯

1. 暂予监外执行的概念

暂予监外执行是指对于被判处无期徒刑、有期徒刑或者拘役的罪犯，由于符合法定情形，决定暂不收监或者收监以后又决定改为暂时监外服刑，由社区矫正机构负责执行的刑罚执行制度。这里的"被判处有期徒刑"也包括从无期徒刑减刑为有期徒刑的情形。这里的"法定情形"，是指《刑事诉讼法》第265条第1、2款规定的情形。

2. 暂予监外执行的适用条件

《刑事诉讼法》第265条第1～3款规定了暂予监外执行的适用条件：

（1）被判处有期徒刑或者拘役的罪犯，有下列情形之一的，可以暂予监外执行：①有严重疾病需要保外就医的；②怀孕或者正在哺乳自己婴儿的妇女；③生活不能自理，适用暂予监外执行不致危害社会的。

其中"严重疾病"，是指按照医学界的标准所界定的病情程度严重、继续监禁难以维系其生命或对其身体健康带来不可逆转的重大损害的疾病；"正在哺乳自己婴儿"，是指罪犯哺乳自己出生后未满 1 周岁的婴儿。

（2）对被判处无期徒刑的罪犯，有"怀孕或者正在哺乳自己婴儿的妇女"这一情形的，可以暂予监外执行。

（3）限制性规定：对适用保外就医可能有社会危险性的罪犯，或者自伤自残的罪犯，不得保外就医。"社会危险性"，包括可能重新犯罪或者打击报复等严重违法犯罪行为；"自伤自残"，是指罪犯为逃避服刑，故意伤害自己肢体、吞食异物等行为。

另外，《暂予监外执行规定》第 6 条第 1 款还规定了不配合治疗的罪犯，也不得暂予监外执行。第 6 条第 2 款规定，对职务犯罪、破坏金融管理秩序和金融诈骗犯罪、组织（领导、参加、包庇、纵容）黑社会性质组织犯罪的罪犯适用保外就医应当从严审批，对患有高血压、糖尿病、心脏病等严重疾病，但经诊断短期内没有生命危险的，不得暂予监外执行。

3. 暂予监外执行的决定或批准机关

根据《刑事诉讼法》第 265 条第 5 款的规定，在交付执行前，暂予监外执行由交付执行的人民法院决定；在交付执行后，暂予监外执行由监狱或者看守所提出书面意见，报省级以上监狱管理机关或者设区的市一级以上公安机关批准。

对有关职务犯罪罪犯适用暂予监外执行，还应当依照有关规定逐案报请备案审查。

4. 对暂予监外执行的罪犯的处理

在社区矫正中，根据不同的法定事由终止暂予监外执行，收监执行刑罚。

（1）《社区矫正法实施办法》第 49 条规定，暂予监外执行的社区矫正对象有下列情形之一的，由执行地县级社区矫正机构提出收监执行建议：①不符合暂予监外执行条件的；②未经社区矫正机构批准擅自离开居住的市、县，经警告拒不改正，或者拒不报告行踪，脱离监管的；③因违反监督管理规定受到治安管理处罚，仍不改正的；④受到社区矫正机构两次警告的；⑤保外就医期间不按规定提交病情复查情况，经警告拒不改正的；⑥暂予监外执行的情形消失后，刑期未满的；⑦保证人丧失保证条件或者因不履行义务被取消保证人资格，不能在规定期限内提出新的保证人的；⑧其他违反有关法律、行政法规和监督管理规定，情节严重的情形。

人民法院一经作出收监执行决定书，立即生效。如果没有上述行为，在刑期届满时，认为原判刑罚已经执行完毕，暂予监外执行犯应当在矫正期满前 30 日由本人作出书面总结，由社区矫正机构出具考核鉴定材料，依法定程序解除社区矫正。

（2）暂予监外执行的罪犯因犯新罪或发现漏罪被追究刑事责任的，自羁押之日起，社区矫正自动终止。

（3）暂予监外执行的情形消失后，罪犯刑期未满的，应当及时收监。自罪犯被收监执行刑罚之日起，社区矫正终止。

（4）社区矫正对象在社区矫正期间死亡的，自死亡之日起，社区矫正终止。

第二节　社区矫正对象的法律地位

一、社区矫正对象法律地位的内涵及特点

社区矫正对象法律地位，是指社区矫正对象在国家确立的特定法律关系中所处的位置，具体来讲是指在矫正期间是否享有权利、承担义务，以及其权利和义务的范围和程度。[1]

社区矫正对象作为一类特殊的群体，享有与普通公民诸多相同的权利与履行的义务，但基于其法律地位的特殊性，与普通公民相比，其权利义务又具有特殊性：

1. 社区矫正对象享有的权利具有不完整性

依照《宪法》《社区矫正法》等法律的规定，社区矫正对象享有广泛的权利，如就业权、就学权和享受社会保障等方面的权利，但这些权利是应然的权利，而不是实然的权利。在社区矫正期间，社区矫正对象仍然是罪

---

〔1〕　吴宗宪主编：《社区矫正导论》，中国人民大学出版社 2020 年版，第 95 页。

犯身份，导致其享有的权利处于缺损状态。具体表现为：①社区矫正对象享有的部分权利被依法剥夺。例如，被剥夺政治权利的社区矫正对象不享有选举权和被选举权等宪法规定的政治权利；不享有参加教师、警察、律师、公证员、公务员等考试的权利。②社区矫正对象享有的部分权利被依法限制，或者是被禁止在一定时间内不得行使，如担任保险公司的董事、监事、高级管理人员，担任国有独资企业、国有独资公司、国有资本控股公司的董事、监事、高级管理人员，担任会计和注册会计师等；又如，社区矫正对象离开所居住的市、县或迁居的权利，必须经特定程序才可行使。因此，社区矫正对象的权利具有不完整性。

2. 权利与义务之间的不对等性

社区矫正对象依法享有的权利与应尽的义务不对等。社区矫正对象依法应尽的特定的义务有报告、接受监督管理、参加教育学习、公益活动的义务；接受法治、道德、思想、文化和技术教育的义务；遵守禁止令的义务；等等。这些义务与享有的权利之间具有不对等性。

3. 社区矫正对象行使权利具有局限性且权利易受侵犯

社区矫正对象行使权利具有局限性，具体表现在社区矫正对象行使权利的范围及方式受到限制。社区矫正对象享有会客、迁徙、外出等权利，但在会客时，应遵守关于会客的一些规定，未经社区矫正机构批准，不得会见特定的人；在外出时，也必须按照法定程序履行外出的手续。

社区矫正对象的权利易受侵犯，具体表现为社区矫正对象属于一类特殊的弱势群体，其日常生活基本不会受影响，但因其毕竟具有罪犯身份，会产生标签效应，更容易使社区矫正对象受到社会的歧视，导致其权利被忽略或受到侵犯。

4. 社区矫正对象履行义务具有强制性

社区矫正对象依法应无条件地履行特定的义务，如果不履行其义务，则应承担相应的法律后果。例如，社区矫正对象应履行按时报告，接受信息化监管，参加教育学习、公益活动等义务，若社区矫正对象不履行上述义务，将会受到警告、治安管理处罚，甚至被收监执行。

二、社区矫正对象的权利与义务

（一）社区矫正对象的权利

社区矫正对象的权利，是指法律对社区矫正对象能够作出或者不作出一定行为，以及其要求他人相应作出或不作出一定行为的许可与保障。[1]

社区矫正对象作为公民，享有与普通公民相同的一般权利，以及享有在社区矫正期间的特殊权利。

1. 社区矫正对象的一般权利

（1）生命健康权。生命健康权，是指公民对自己的生命、自身肢体、器官、组织的完整性和正常生理机能所享有的权利。生命健康权是每个公民享有的最基本、最重要的权利，也是社区矫正对象享有的最基本的生存权。在社区矫正工作中，社区矫正机构要确保社区矫正对象的生命健康权，不得随意虐待、变相体罚社区矫正对象，否则要承担相应的法律责任。

（2）人身自由权。人身自由权，是指公民按照自己的意愿支配其外在的身体行动，不受非法限制、剥夺、妨碍的权利。[2]我国《宪法》37 条规定，中华人民共和国公民的人身自由不受侵犯。任何公民，非经人民检察院批准或者决定或者人民法院决定，并由公安机关执行，不受逮捕。禁止非法拘禁和以其他方法非法剥夺或者限制公民的人身自由，禁止非法搜查公民的身体。《社区矫正法》第 34 条第 1 款规定，开展社区矫正工作，应当保障社区矫正对象的合法权益。社区矫正的措施和方法应当避免对社区矫正对象的正常工作和生活造成不必要的影响；非依法律规定，不得限制或者变相限制社区矫正对象的人身自由。据此，社区矫正对象的人身自由权具体包括不受非法逮捕、拘禁或限制，不受非法剥夺或限制自由等权利，对社区矫正对象的人身自由权的限制或剥夺，必须在法律允许的范围内且经法定的程序进行。

（3）人格权。人格权，是指公民为维护主体的独立人格所必备的人格尊严、姓名、肖像、名誉、荣誉、隐私等方面的权利。人格权是人身权的重要

---

〔1〕　吴宗宪主编：《社区矫正导论》，中国人民大学出版社 2020 年版，第 97 页。
〔2〕　吴宗宪主编：《社区矫正导论》，中国人民大学出版社 2020 年版，第 98 页。

组成部分，人格权是权利主体自出生取得，终身专属享有的权利。社区矫正对象的人格权不可剥夺，在社区矫正工作中应当予以特别重视和关注。《宪法》第 38 条规定，中华人民共和国公民的人格尊严不受侵犯。禁止用任何方法对公民进行侮辱、诽谤和诬告陷害。同时，《社区矫正法》第 26 条第 2 款规定了社区矫正机构开展实地查访等工作时，应当保护社区矫正对象的身份信息和个人隐私。第 54 条规定，社区矫正机构工作人员和其他依法参与社区矫正工作的人员对履行职责过程中获得的未成年人身份信息应当予以保密。除司法机关办案需要或者有关单位根据国家规定查询外，未成年社区矫正对象的档案信息不得提供给任何单位或者个人。依法进行查询的单位，应当对获得的信息予以保密。据此，社区矫正对象的人格权具体包括人格尊严、姓名、肖像、名誉、荣誉、隐私等方面的权利。

（4）住宅权。住宅权，是指公民居住、生活的场所不受非法侵入或搜查的权利。社区矫正对象的住宅权具体包括两个方面：一是社区矫正对象有权获得基本的居住条件的权利，尤其对居无定所、无家可归的社区矫正对象，相关部门应提供必要的帮扶，如提供"中途之家"；二是根据《宪法》第 39 条的规定，中华人民共和国公民的住宅不受侵犯。禁止非法搜查或者非法侵入公民的住宅。社区矫正对象的住宅也不受他人侵犯，同时也禁止他人非法搜查或者非法侵入住宅。在社区矫正工作中，社区矫正机构工作人员在走访社区矫正对象家庭时，须经其本人同意方可进入。

（5）通讯权。《宪法》第 40 条规定，中华人民共和国公民的通讯自由和通讯秘密受法律的保护。除因国家安全或者追查刑事犯罪的需要，由公安机关或者检察机关依照法律规定的程序对通讯进行检查外，任何组织或者个人不得以任何理由侵犯公民的通讯自由和通讯秘密。据此，通讯权包括了通讯自由和通讯秘密。社区矫正对象同样享有通讯自由权和通讯秘密权。通讯自由，是指公民有按其意愿进行通讯而排除他人干涉的自由；通讯秘密，是指公民通讯的内容受国家保护，任何人不得隐匿、私拆、偷阅、毁弃他人信件。在一个民主、文明的社会，对个人私生活的尊重和隐私权的保障，应受到高度重视。为了适时了解社区矫正对象的行动轨迹，对社区矫正对象可进行信息化监控，依法使用电子定位装置，但不能妨碍其通讯权。

（6）政治权利。政治权利亦称参政权，是指公民依照宪法规定，参与国家政治生活方面的权利和自由。根据《宪法》第34条和第35条的规定，政治权利包括了选举权和被选举权，言论、出版、集会、结社、游行、示威的自由的权利。除了被剥夺政治权利的罪犯，社区矫正对象依法仍享有上述权利。

（7）批评、建议、申诉、控告、检举的权利。根据《宪法》第41条第1款规定，中华人民共和国公民对于任何国家机关和国家工作人员，有提出批评和建议的权利；对于任何国家机关和国家工作人员的违法失职行为，有向有关国家机关提出申诉、控告或者检举的权利，但是不得捏造或者歪曲事实进行诬告陷害。《社区矫正法》第34条第2款规定，社区矫正对象认为其合法权益受到侵害的，有权向人民检察院或者有关机关申诉、控告和检举。据此，社区矫正对象也享有批评建议权、申诉权、控告权和检举权。批评建议权，是指社区矫正对象有权指出并评论国家机关及其工作人员工作中存在的问题、不足与失误，以及就改进和完善相关工作提出合理意见的权利。申诉权是指社区矫正对象不服人民法院已经生效的刑事、民事及行政裁判的，可以提出申诉。控告权，是指社区矫正对象在接受矫正的过程中，认为自己的合法权益受到侵害时，向有关机关揭发并要求处理的权利。检举权，是指社区矫正对象在接受矫正的过程中对一切违法和犯罪行为向有关国家机关举报的权利。

（8）获得国家赔偿权。获得国家赔偿权，是指公民因国家机关及其工作人员行使职权而受到损害的，依法取得国家赔偿的权利。《宪法》第41条第3款规定，由于国家机关和国家工作人员侵犯公民权利而受到损失的人，有依照法律规定取得赔偿的权利。社区矫正对象的合法权益遭受国家机关和国家工作人员侵犯的，社区矫正对象有取得国家赔偿的权利。

（9）获得物质帮助。获得物质帮助权，是指公民在丧失或暂时失去劳动能力的特殊情况下，不能以自己的劳动获得物质生活资料时，享有从国家和社会获得生活保障的权利。《宪法》第45条第1款规定，中华人民共和国公民在年老、疾病或者丧失劳动能力的情况下，有从国家和社会获得物质帮助的权利。国家发展为公民享受这些权利所需要的社会保险、社会救济和医疗卫生事业。《社区矫正法》第 38 条规定，居民委员会、村民委员会可以引导志愿者和社区群众，利用社区资源，采取多种形式，对有特殊困难的社区矫正对象进行必要的教育帮扶。同时，第 43 条规定，社区矫正对象可以按照国家有关规定申请社会救助、参加社会保险、获得法律援助，社区矫正机构应当给予必要的协助。据此，社区矫正对象也同样享有获得物质帮助权。对社区矫正对象进行社会适应性帮扶，有利于预防社区矫正对象重新犯罪，促使其顺利融入社会。

除此之外，社区矫正对象还享有诸多的权利，如劳动权、受教育权、知识产权、财产权和继承权以及诉讼上的权利等。

2. 社区矫正对象的特殊权利

（1）社区矫正对象享有依法接受刑事处罚的权利。所谓依法接受刑事处罚的权利，是指对社区矫正对象剥夺或限制权利的措施，必须由法定机构依照正当程序作出，且有关执行机构在执行中，不得超出原裁决所确定的剥夺或限制权利的范围和程度。对此，《联合国非拘禁措施最低限度标准规则》（《东京规则》）第 3.10 条规定，"对罪犯权利的限制不应超过原判决主管当局所规定的程度"；第 11.1 条规定，"非拘禁措施的期限不得超过主管当局根据法律确定的时间"。《欧洲社区制裁与措施规则》第 27 条则将此项权利表述为"社区制裁与措施的执行，不应当使用加重其痛苦特征的方式"。在我国，虽然现行立法中没有直接规定此项权利，但从罪刑法定和行刑法治原则的要求出发，社区矫正对象也应享有此项权利。[1]

（2）社区矫正对象享有对相关矫正信息的知情权。知情权，是指社区矫正对象在矫正过程中知悉、获取相关信息的权利。例如，在《社区矫正法》第 19 条第 2 款中规定，社区矫正决定机关应当对社区矫正对象进行教育，告知其在社区矫正期间应当遵守的规定以及违反规定的法律后果，责令其按时报到。同时第 22 条规定，社区矫正机构应当依法接收社区矫正对象，核对法律文书、核实身份、办理接收登记、建立档案，并宣告社区矫正对象的犯罪事实、执行社区矫正的期限以及应当遵守的规定。据此，在实践中，社区矫

---

〔1〕 吴宗宪主编：《社区矫正导论》，中国人民大学出版社 2020 年版，第 103 页。

正机构应当履行相应的告知义务，除告知上述内容之外，还应当告知社区矫正对象其矫正期限、被禁止的事项及违反规定的法律后果等。

除此之外，社区矫正对象也有权获取对自身的考核、奖惩、评估、处遇等信息，有权了解教育矫正、公益活动的情况等。

（3）社区矫正对象有权享有获得减刑的权利。获得减刑的权利，是指社区矫正对象在矫正期间具有良好的表现，依法获得减轻其原判刑罚的权利。《社区矫正法》第33条规定，社区矫正对象符合《刑法》规定的减刑条件的，社区矫正机构应当向社区矫正执行地的中级以上人民法院提出减刑建议，并将减刑建议书抄送同级人民检察院。《社区矫正法实施办法》第42条第1款规定，社区矫正对象符合法定减刑条件的，由执行地县级社区矫正机构提出减刑建议书并附相关证据材料，报经地（市）社区矫正机构审核同意后，由地（市）社区矫正机构提请执行地的中级人民法院裁定。据此，对社区矫正对象依法进行减刑既是一种刑事奖励，又是一项特殊的权利。

（4）特殊类别的社区矫正对象享有的特殊权利。这里的"特殊类别的社区矫正对象"是指女性、未成年人、老年人和残疾人等。这类主体之所以成为特殊类别的社区矫正对象，是因其在生理、心理和生活习惯等方面有别于一般社区矫正对象，且其权利较易受侵犯，由相关的特别法——《未成年人保护法》《妇女权益保障法》《老年人权益保障法》《残疾人保障法》等加以特别规定。社区矫正法赋予了特殊类别的社区矫正对象特殊的权利。如《社区矫正法》赋予了未成年社区矫正对象一些特殊权利：未成年社区矫正对象在复学、升学、就业等方面依法享有与其他未成年人同等的权利，任何单位和个人不得歧视。有歧视行为的，应当由教育、人力资源和社会保障等部门依法作出处理。此外，还规定了为未成年人制定有针对性的矫正措施；矫正小组中应吸收熟悉未成年人成长特点的人员参加；对未成年人的社区矫正，应当与成年人分别进行；对未成年人的身份信息与档案信息应当保密等。又如，《社区矫正法》赋予了女性社区矫正对象一些特别权利：社区矫正对象为女性的，矫正小组中应有女性成员。这些规定基于特殊类型的社区矫正对象的特点，对其赋予了特别的权利，有利于提高教育矫正质量，也体现了对特殊类别的社区矫正对象予以特别保护的精神。

（二）社区矫正对象的义务

社区矫正对象的义务，是指社区矫正对象依法应当遵守的事项或者应尽的责任。社区矫正对象作为公民，依法享有权利的同时，也应依法履行其义务，其权利和义务是统一的。

1. 社区矫正对象的一般义务

社区矫正对象作为公民，理应履行其法律义务。例如，依法履行纳税的义务、保守国家秘密的义务等，但社区矫正对象因接受刑事处罚而无法正常履行一些义务，如服兵役的义务。

2. 社区矫正对象的特殊义务

社区矫正对象的特殊义务，是指与其身份相适应的，在矫正期间应当履行的特别义务。

根据《刑法》《社区矫正法》和《社区矫正法实施办法》等规定，社区社矫正对象的特定义务可概括为以下内容：①遵守国家法律、行政法规的义务；②履行判决、裁定、暂予监外执行决定等法律文书确定的义务；遵守司法行政部门关于报告、会客、外出、迁居、保外就医等监督管理规定，服从社区矫正机构管理的义务；③接受佩戴电子定位装置的义务；④参加教育学习，接受思想、法治、道德、技术教育的义务；⑤参加公益活动的义务；⑥爱护国家财产，保护公共设施的义务；⑦维护正常矫正秩序，自觉接受改造的义务；⑧检举违法犯罪活动的义务；⑨履行法律法规规定的其他义务，如被宣告禁止令的管制犯、缓刑犯负有遵守禁止令的义务。

第三节　社区矫正对象的权利保障

社区矫正对象的权利保障，是指保证社区矫正对象行使其法律权利的制度和措施。现代社会普遍认为，人权保护的精髓在于保护少数人的权利，法律的天平应当向弱势群体倾斜。社区矫正对象属于权利易受侵犯的弱势群体，在社区矫正工作中，应当特别关注社区矫正对象的权利保障问题。

我国《宪法》已确立了"国家尊重和保障人权"（第33条第3款）的重要原则。《社区矫正法》《社区矫正法实施办法》的颁布实施，贯彻了行刑社会化和恢复性司法的理念，高度关注社区矫正对象的权利保障问题。社区矫正工作实践一直重视对社区矫正对象的权利保障。经过多年的试点、实践，目前我国已初步形成多层次、较完整的社区矫正对象权利保障机制。

1. 生存保障

生存保障，是指为帮助社区矫正对象解决生存困难而制定的一系列制度和措施。大多数社区矫正对象是社会中的弱势群体，他们在生活中会面临多方面的困难。特别是经过长期监禁矫正后回归社会的社区矫正对象，可能面临无处投靠、无家可归、无力自养的窘境；还有一些患有严重疾病保外就医的社区矫正对象，可能面临无人照顾、病情恶化、无力支付高额医疗费用等困难。在上述情况下，应从人道主义出发，充分调动社会资源，整合社会力量，为社区矫正对象提供救助，以利于他们适应社会生活，预防和减少他们因生活困难而重新违法犯罪。

《社区矫正法》第五章教育帮扶一章对社区矫正对象的生活、就业等方面作了细致的规定；各级政府、有关机构、人民团体等负有教育帮扶责任，并倡导整合社会各方面资源和力量，为社区矫正对象提供职业技能培训、就业指导、心理辅导、社会关系改善等帮扶措施，且赋予社区矫正对象申请社会救助、参加社会保险、获得法律援助的权利，这有助于提高其就业谋生的能力，能解决其在基本生活保障等方面面临的困难和问题。

2. 制度保障

制度保障，是指为了促使社区矫正对象实现其权利而建立的相关制度和措施。《社区矫正法》《社区矫正法实施办法》等法律及规范文件都明确规定了保障社区矫正对象权利的制度，如社区矫正的报到与接收制度、监督管理制度、教育帮扶制度、解除制度等，形成了较为规范的社区矫正工作制度和工作流程。再如《社区矫正法》第四章监督管理规定中，具体规定了一系列的监督制度：报告、会客、外出、迁居、保外就医等。这些工作制度、工作流程以及法律责任为社区矫正对象的权利实现提供了完善的制度保障。

3. 组织保障

组织保障，是指为了促使社区矫正对象实现其权利而重视社区矫正工作队伍建设的制度和措施。

《社区矫正法》规范了社区矫正工作队伍的人员构成，按照"职业化、专业化、社会化"的要求，建立以社区矫正机构工作人员为核心，以其他社会力量为辅助的工作队伍。社区矫正工作队伍的人员不仅应具备过硬的政治素质、专业知识素质和职业道德素质，还要具备法学、心理学、社会学等方面的专业知识，不仅要有爱心、热心、耐心、责任心，还要具备良好的沟通、组织与协调能力。社区矫正工作队伍通过严格的准入条件、明确的工作纪律、健全的规章制度、定期的业务培训和职业保障等措施，不断加强和提高社区矫正工作队伍的素质，为社区矫正对象的权利实现提供有力的保障。

4. 司法保障

司法保障，是指为了保障社区矫正对象权利的实现而建立的相关司法救济制度和措施。在社区矫正对象的权利受到侵害时，可根据《宪法》《刑事诉讼法》《民事诉讼法》《行政诉讼法》等法律的规定，通过起诉、申诉、控告等各种途径寻求司法救济。对于侵权性质的行为，根据《民事诉讼法》《行政诉讼法》的规定，通过民事诉讼、行政诉讼等各种程序来主张和维护自己的权利；对于严重侵害社区矫正对象权利，构成犯罪的行为，可启动刑事诉讼程序，根据《刑法》中的相关罪名追究刑事责任。因此，公正司法，就是矫正对象的权利受到侵害一定得到保护和救济。在法治的各个环节中，司法决定具有终局性的作用，权利的最终救济、纠纷的最终解决是在司法环节。习近平总书记曾引用英国哲学家培根的一段话说明司法不公的危害性："一次不公正的审判，其恶果甚至超过十次犯罪。因为犯罪虽是无视法律——好比污染了水流，而不公正的审判则毁坏法律——好比污染了水源。"公正司法事关矫正对象的切身利益，事关社会公平正义，事关社会和谐和国家稳定。而完善的司法救助制度和程序是保障社区矫正对象权利实现的关键。

5. 监督保障

监督保障，是指为了保障社区矫正对象实现其权利的相关监督制度和措施。根据这类监督制度和措施，发挥检察机关、人大代表、政协委员、新闻媒体及社会舆论等各方面的监督作用，促使社区矫正工作依法规范地运行，以强化社区矫正对象的权利保障。如《社区矫正法》第 8 条第 2 款规定了人民检察院具有法律监督权。第 62 条规定了人民检察院发现社区矫正工作违反法律规定的，应当依法提出纠正意见、检察建议。有关单位应当将采纳纠正意见、检察建议的情况书面回复人民检察院，没有采纳的应当说明理由。《社区矫正法实施办法》第6条规定了人民检察院依法应履行的职责。此外，在信息化时代，社会监督成为监督公权力运行和保障人权实现的强大力量，应充分发挥这股力量在社区矫正对象权利保障中的作用。因此，多样化的监督制度是保障社区矫正对象权利的前提。

【课堂活动 8-1】

　　社区矫正对象郭某，女，1985年10月出生，户籍地、居住地均为 L 省 A 市 T 区。2016年12月，郭某因犯组织卖淫罪被 S 省 D 县人民法院判处有期徒刑5年，并处罚金人民币30万元。因其系怀孕、哺乳期妇女，分别于2017年9月12日、2018年9月10日、2019年4月30日被 D 县人民法院决定暂予监外执行。从2017年9月19日起，郭某在执行地受委托的司法所接受社区矫正。在社区矫正期间，郭某分别于2017年、2018年两次怀孕，生下两个孩子，2019年第三次怀孕。2019年12月1日，郭某到受委托的司法所报到，工作人员与其沟通确认预产期是2019年12月份。12月18日工作人员与郭某联系询问其身体情况，郭某口述12月5日已经在家把孩子生下。工作人员要求其提供与孩子合影的照片时，郭某说孩子刚出生就送人了，并且已经找不到抱养人。受委托的司法所工作人员认为郭某口述情况的真实性值得怀疑，立即报告 T 区社区矫正机构，决定开展调查取证工作。对郭某进行正式询问时，其改口说12月5日孩子刚出生时就已经死亡，放在黑色塑料袋里扔进垃圾箱，但是上述情况无人能够证明。工作人员带郭某到 T 区人民医院进行妇科彩超、妇科内检、HCG 验血等一系列检查，医生根据检查结果得出结论，郭某体内未检测出自然分娩的相关指标。

　　经查，从2019年5月开始，郭某每月向执行地受委托的司法所提交妊娠检查的医学材料，出具材料的医院为居住地医院和居住地某镇卫生院。12月22日至12月23日，T 区司法局和司法所工作人员到居住地医院、居住地某镇卫生院进行走访调查，没有发现郭某在2019年期间的彩超检查记录。12月25日，居住地医院和居住地某镇卫生院分别出具证明材料，证实郭某向受委托的司法所提供的 7 张超声医学影像报告单系伪造材料。此外，工作人员对郭某的丈夫、母亲、姐姐、表哥等利害关系人进行了询问，了解到郭某 2018 年已经流产的事实。

在这些有力的证据面前，郭某承认其在 2018 年 7 月份就已经流产，交给司法所的体检报告都是伪造的，目的是逃避刑罚的执行。

请同学们根据案例讨论：对郭某的行为应如何处理？

【课堂活动 8 – 2】

讨论：对于想就学和就业的未成年社区矫正对象，如何保障其权利的实现？

【思考题】

1. 根据《社区矫正法》的规定，社区矫正的适用对象范围能否扩大？
2. 如何保障社区矫正对象的权利？

拓展 学习

完善社区矫正对象权利保障的思考[1]

对罪犯的权利保护是否充分是一个国家法治水平的重要标志。"如何正确惩罚犯罪而又不致造成对新的社会秩序的破坏，就成为国家最基本的价值追求，相应地，保障人权便成为与惩罚犯罪同等重要的价值目标"。[2]

一、牢固确立社区矫正对象权利保障的观念

"一个国家的人民只有从心理、态度和行为上与法治现代化的历史进程相互协调，这个国家的法制现代化才能真正得以实现。"[3]在社区矫正领域也是如此，既要树立社区矫正工作人员的管理权威，让社区矫正对象服从规则，实现内心唤醒，又应该保障社区矫正对象的相关权利。在此，应特别注意对

---

〔1〕 肖乾利、熊启然：《社区矫正基本问题研究》，法律出版社 2022 年版，第 135～139 页。

〔2〕 肖乾利、赵剑："论和谐社会语境下刑事法律理念变革"，载《社会主义研究》2007 年第 5 期。

〔3〕 张文显主编：《法理学》，高等教育出版社、北京大学出版社 1999 年版，第 171 页。

相关国际公约的学习，这可以成为社区矫正对象权利保护的参照。国际上先后达成了一系列关于罪犯权利的国际协议和公约，这些国际协议和公约主要有 1955 年的《囚犯待遇最低限度标准规则》、1979 年的《执法人员行为守则》、1984 年的《禁止酷刑和其他残忍、不人道或有辱人格的待遇或处罚公约》、1990 年的《联合国非拘禁措施最低限度标准规则》（东京规则）等。这些文件是联合国人权法律制度的重要组成部分，表明了对罪犯人权的尊重和对罪犯人格尊严的维护，对罪犯所应享有的权利形成了较为广泛的一致意见，对于推动世界范围内罪犯权利的保障起到了标示作用。一个国家一旦加入上述国际条约或公约，则该国际条约或公约就对该国产生约束力，并要求在该国的国内立法中得到体现，对一些规则性文件则要求参照执行。我国已签署或者批准加入许多有关罪犯权利保护的国际条约或公约。因此，我国不但要在法律中体现这些国际条约或公约的精神，而且要在司法实践包括社区矫正工作中予以贯彻和体现。当然，还要在全社会范围内宣传和普及法治理念与人权保障观念，推进民众的观念进步，为社区矫正对象权利的实现营造良好的社会氛围。

二、完善社区矫正对象权利的立法规定

用"陈旧"的规范来约束、限制"新时代的公民"，显得不合适宜，相关规范性文件有待梳理与修缮。如部分法律法规将受到刑事处罚作为特定职业的禁入条件，将社区矫正对象从该种职业人员范围之中予以排除，使矫正对象的就业范围变得狭窄。又如，教育部制定的《高考报名条件》部门规章，与《社区矫正法》"就业……不受歧视"（第 4 条第 2 款）的规定冲突，导致部分成年社区矫正对象难以实现其大学梦。社区矫正对象在受到刑罚处罚后还要背负着一生的"延伸刑罚"的制约，是无形的再次处罚。让一个已经受到过刑罚处罚的人在合法的情况下，继续承受该犯罪行为带来的种种不利，也有失公正。[1] 为此，需要对相关规范性文件实施梳理与变革。

此前，2012 年《社区矫正实施办法》以及各省出台的配套细则等系列文件中只有类似"对社区矫正对象有殴打、体罚、虐待、侮辱人格、强迫其参

---

〔1〕 刘小楠主编：《反就业歧视的策略与方法》，法律出版社 2011 年版，第 148 页。

加超时间或超体力社区服务等侵犯其合法权利行为的"这样粗放的条文，并未对社区矫正对象的权利保护进行详细规定，也让社区矫正对象的权利受到侵害后不易获得救济。为此，《社区矫正法》明确规定，开展社区矫正工作，应当减少对社区矫正对象工作、生活造成不必要的影响。由于社区矫正对象社会身份的多样性以及权利范围的广泛性，立法上很难列举穷尽，而且没有必要。在此问题上，有学者提出："对受刑人人权的确定必须坚持权利推定的原则，法律没有规定的权利并不表明受刑人不享有。"[1]推定原则有利于扩大受刑人权利的外延，防止公权力对受刑人权利的随意克减。为此，应适时取消对矫正对象就业地域的限制，确需外出务工的社区矫正对象提交就业情况证明、担保证明与务工地监管人的联系方式等，即可外出就业。

三、改进社区矫正对象权利救济机制

《社区矫正法》实际上是一部社区矫正对象权益保障法。依据该法精神，不允许穿着制服去开展社区矫正工作，要求社区矫正工作人员进行"查访"，不是"走访"；要求社区矫正对象定期向社区矫正机构"报告"，而非"报到"；社区矫正机构可以组织"公益活动"，而非"社区劳动"；支持运用现代信息技术开展监督管理和教育帮扶，但限制使用电子定位装置。

没有救济就没有权利，权利救济机制是权利保障制度的核心。《社区矫正法》第34条第1款规定，开展社区矫正工作，应当保障社区矫正对象的合法权益。社区矫正的措施和方法应当避免对社区矫正对象的正常工作和生活造成不必要的影响；非依法律规定，不得限制或者变相限制社区矫正对象的人身自由。《社区矫正法》第34条第2款规定："社区矫正对象认为其合法权益受到侵害的，有权向人民检察院或有关机关申诉，控告和检举。受理机关应当及时办理，并将办理结果告知申诉人、控告人和检举人。"

但《社区矫正法》在社区矫正对象权利保护立法方面，还有不足之处，一些立法规定笼统，可以借鉴国外立法对社区矫正对象权利的维护，分门别类加以规定。如可以效仿美国一些州针对社区矫正机构及其人员进行的专门立法。美国《俄勒冈州社区矫正法》规定了由州长任命调查者，并严格规定

---

[1] 徐显明："从罪犯权利到受刑人人权"，载《学习与探索》2005年第3期。

了矫正调查者的任职条件和行为要求，设立了专门程序以维护矫正对象的合法权利，他们可以根据人们的投诉或调查者自己的动议，对矫正部门的任何雇员做出的行为进行调查，通过调查完成调查报告，以行使对矫正执法行为的监督、维护矫正对象权利的职能。[1]在我国，为完善社区矫正对象权利救济的程序，应强化权利实现的监督机制。在未来修法时，可以增加一条：社区矫正对象对矫正过程中的决定和处罚不服的，社区矫正机构应当给予提供听证申请、司法复核等救济程序。同时还应当设立专门机构，负责接收和处理社区矫正对象的申诉，并明确流程和处理时限，使权利的行使落到实处。

自《社区矫正法》施行以来，全国各地不少社区矫正机构、检察机关、人民法院对社区矫正对象外出请假、执行地变更、考核奖惩等事项，针对社区矫正对象的申请，通过组织召开听证会的方式广泛听取各方意见，维护申请人的合法权益，以实际行动贯穿落实《宪法》"尊重和保障人权"的基本理念，实现了法律效果和社会效果的共赢。当然，这些探索，还有待于上升到制度与法律层面。

---

〔1〕 刘强主编：《各国（地区）社区矫正法规选编及评价》，中国人民公安大学出版社2004年版，第110~120页。

第九章

社区矫正的质量评估

学习目标

知识目标：熟练掌握社区矫正质量评估的过程和内容。

能力目标：具备组织开展社区矫正质量评估工作的能力。

素质目标：具备严格执法、规范执法、公正执法的法治意识，具备认真负责、耐心细致的工作态度。

知识树

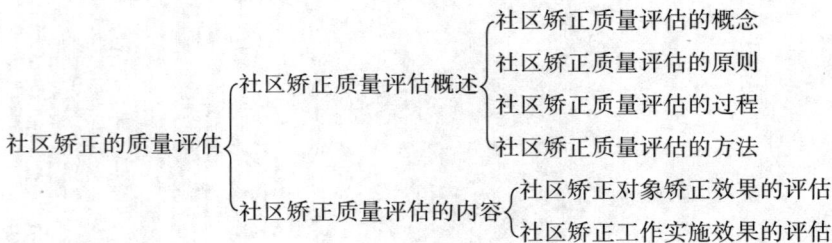

案例 9-1

一、社区矫正对象基本情况

李某，男，1989 年 11 月出生，户籍地、居住地均为 S 省 B 市 A 区。2019 年 12 月，李某因犯开设赌场罪被判处有期徒刑 1 年 6 个月，缓刑 1 年 6 个月，缓刑考验期自 2020 年 4 月 23 日起至 2021 年 10 月 22 日止。2020 年 4 月 23 日，李某到执行地社区矫正机构报到，正式进入了社区矫正的执行程序。由执行地受委托的司法所负责其社区矫正期间的日常管理。

二、对社区矫正对象依法实施教育帮扶情况

（一）思想教育化心结，消除心理阴影

在日常管理中，司法所工作人员及时深入李某家中了解其基本情况、现实表现、思想动态等，在开展谈心谈话活动中对其进行思想教育和心理疏导，帮助他重塑自食其力的信心。司法所工作人员在不给李某造成精神压力的前提下，循序渐进地与李某谈心，使他正视过去的错误，勇于认错、改错，树立信心和勇气积极踏上正途。司法所日常走访时还会赠阅他一些法律和创业就业技术培训有关的书籍，鼓励他先多学习、多思考，积极帮助他走出思想困境，寻找正确的人生方向。

（二）就业帮扶促创业，强化自谋生路观念

司法所工作人员在走访中了解到李某父亲之前擅长养猪，考虑到 2020 年前后当地猪市行情很好，就与其父亲及李某沟通帮助其发展养猪产业，同时还积极联系了一家闲置猪场租赁给李某。通过司法所积极沟通协调，李某办起了养猪场，为了帮助其规范养殖、扩大规模养殖，司法所工作人员又联系镇畜牧兽医站、养殖专家王某等机构和人员，这些机构和人员在防疫和养殖知识信息方面给予了李某大力帮助。前养猪场的主人也定期探望并传授养猪方面技巧，让李某深深感受到了来自社会各方面的关怀。当年年底，李某养猪场出栏生猪 400 多头，获利 60 余万元。养殖产业的成功使李某充分认识到自己也是社会有用之人，完全有能力通过勤劳致富。

（三）成功创业树信心，热心公益促回归

李某通过自身创业，结交了更多勤劳致富的成功人士，也逐渐由被家庭、周围人疏远排斥到用自己的行动改变他人的态度。他还坚持为村里的公益活动作贡献，积极参加防火队、防汛抢险队等公益活动。李某的积极转变也赢得了他人的认可与尊重。

三、案例评析

此案例中，司法所认真履行《社区矫正法》第五章教育帮扶及《社区矫正法实施办法》第 45 条等法律规定赋予的工作职责，积极开展个性化的教育帮扶工作，取得了良好效果。依据《社区矫正法》第 36 条之规定，切实根据社区矫正对象个体特征、日常表现开展送法上门、谈心谈话等多种教育方式，增强其法治观念，提高其道德素质和悔罪意识；依据第 37 条之规定，积极协调畜牧站等对社区矫正对象提供技能培训和养殖技术指导，帮助其解决养殖产业发展中的困难和问题；依据第 42 条之规定，鼓励社区矫正对象积极参加公益活动，修复社会关系，培养社会责任感。[1]

请思考，在矫正过程中，社区矫正机构对李某应当如何开展社区矫正质量评估？

第一节　社区矫正质量评估概述

二十大报告中指出："从现在起，中国共产党的中心任务就是团结带领全国各族人民全面建成社会主义现代化强国、实现第二个百年奋斗目标，以中国式现代化全面推进中华民族伟大复兴。""中国式现代化的本质要求是：坚持中国共产党领导，坚持中国特色社会主义，实现高质量发展，发展全过程人民民主，丰富人民精神世界，实现全体人民共同富裕，促进人与自然和谐共生，推动构建人类命运共同体，创造人类文明新形态。"社区矫正制度在化解社会矛盾、促进公共安全、减少重新犯罪、维护社会和谐稳定方面发挥了积极作用。社区矫正质量评估是社区矫正工作的一项重要内容，是检验社区矫正工作成效的重要手段。通过社区矫正质量评估，既能及时发现社区矫正工作中存在的诸多问题，不断进行修正完善，又能正确引导社会成员正确评价社区矫正工作，实现动态化矫正，提升社区矫正工作质量。这为我国中国式现代化建设提供了基础性、战略性的支撑，也为我国现代化进程阻断了部分风险，保障社会的和谐稳定发展。

---

[1] "社区矫正教育帮扶案例——陕西省宝鸡市陈仓区对开设赌场罪社区矫正对象李某依法实施教育帮扶案例"，中国法律服务网司法行政（法律服务）案例库，http://alk.12348.gov.cn/Detail? dbID = 82&dbName = SJJXBF&sysID = 2362，最后访问时间：2022 年 8 月 24 日。

一、社区矫正质量评估的概念

社区矫正质量评估，又称为社区矫正效果评估，是指有关人员运用科学的评估方法对社区矫正工作的实际效果进行评价的活动。矫正质量评估既包括社区矫正工作产生的整体效果，即在预防和减少犯罪、节约国家司法资源、维护社会稳定方面是否达到刑事执行的预期目的；也包括社区矫正工作对社区矫正对象产生的效果，即对社区矫正对象心理和行为的改善，是否达到守法公民标准的预期目的。

《社区矫正法》在社区矫正质量评估方面没有作出专门规定，我国的社区矫正质量评估工作远远滞后于工作需要，各地区的社区矫正工作尚未形成一套规范统一、成熟完整的社区矫正质量评估制度，各地对社区矫正质量评估的内容、程序、指标体系、各指标的权重、评估结果的应用等问题仁者见仁，智者见智。本书在借鉴各地区的实践经验和学者研究成果的基础上进行概括介绍。

我国的社区矫正质量评估工作远远滞后于工作需要，各地区的社区矫正工作尚未形成一套规范统一、成熟完整的社区矫正质量评估制度，各地对社区矫正质量评估的内容、程序、指标体系、各指标的权重、评估结果的应用等问题仁者见仁，智者见智。本书在借鉴各地区的实践经验和学者研究成果的基础上进行概括介绍。

二、社区矫正质量评估的原则

二十大报告中指出："深化司法体制综合配套改革，全面准确落实司法责任制，加快建设公正高效权威的社会主义司法制度，努力让人民群众在每一个司法案件中感受到公平正义。"实现公平正义是深化司法体制综合配套改革、加快建设公正高效权威的社会主义司法制度的重要目标和着力点。体现在社区矫正质量评估工作上，这就要求坚持党的领导，坚持正确政治方向，全面准确落实司法责任制，规范司法权力运行，提高司法公信力，依法公正对待人民群众的诉求，解决好损害群众权益的突出问题，让人民群众切实感受到公平正义就在身边更好发挥社会主义司法制度的优越性。因此，在实施

矫正质量评估的过程中，必须坚持以下原则：[1]

1. 客观性原则

客观性原则是指在评估过程中，无论是工作者还是机构都必须坚持客观、公正、公平的原则，实事求是地完成评估工作，评价信息要真实、准确，不能因人而异、主观臆断或掺杂个人的好恶等感情色彩。

2. 系统性原则

系统性原则又称全面性原则，是指社区矫正质量评价的内容、指标必须是系统、全面的，不能只注重某一个或某几个方面。这就要求我们把矫正项目及其实施过程视为一个系统，在评价中对社区矫正工作过程中的每个环节、每个可能影响社区矫正质量的要素进行认真筛选和考察，以防止出现片面的评价结论。

3. 科学性和可操作性原则

社区矫正质量评估是对社区矫正的效果进行调查、评价和总结的过程，需要依赖于科学合理的评估程序和方法。同时，评估指标必须明确具体，简捷有效，具有可操作性，才能被人们接受和认可。无论是社区矫正工作者，还是研究者或各类机构，在实施评估时，都应当确定科学、明确、具体的评估指标，按照矫正质量评估特有的程序和方法进行评估，否则，将会直接影响到矫正评估的效果。

4. 定量与定性相结合的原则

在矫正质量评估过程中，对信息资料既要进行定量分析，又要进行定性分析，把二者有机结合起来。定量分析就是把由测验或其他途径得到的具有一定数量指标的资料，运用一定的数学方法加以统计处理，以使评估的结论更具有可靠性和精确性。定性分析是对信息资料的质的方面进行分析，找出这些资料中隐藏的规律性。只有进行定量和定性相结合的分析，我们才能全面认识被评估矫正对象的特征及其发展规律。

5. 全面参与原则

在社区矫正质量评估中，由于矫正对象的弱势地位，人们难以认识到矫

---

[1] 前两个原则借鉴于张昱、费梅苹：《社区矫正实务过程分析》，华东理工大学出版社 2005 年版，第 270 ~ 271 页。

正对象参与评估的必要性，容易忽略矫正对象参与评估。矫正项目实质上是一种政府提供的公共服务项目。作为公共服务项目，其根本目的是让服务对象获得与社会发展相一致的发展。矫正项目的实施必须有利于矫正对象的发展，促进矫正对象的发展，因此，缺少矫正对象参与的质量评估，必然难以体现社区矫正的意义，也难以体现矫正效果。

三、社区矫正质量评估的过程

科学合理的社区矫正质量评估应当有一个完整有序的评估过程，这个过程应当包含先后相继的步骤和程序，具体如下：

（一）设计评估方案

评估方案是评估工作具体开展的指导性文案，是开展评估工作的依据。矫正质量评估是科学的活动，因而实施矫正质量评估不能凭借经验或一时的兴趣，而是要在全面准备的基础上，经过严格、科学的设计后进行。因此，评估者在接受了评估任务后，需要设计评估方案，明确需要评估的问题，确定解决问题的方法、程序，制定评估的一级指标和二级指标，确定各项指标的权重，明确评估成果的主要表现形式等方面的问题。评估方案设计得是否科学合理，直接影响到评估的准确性和实效性。社区矫正质量评估方案应当包括以下内容：

1. 明确评估目的

评估目的是开展评估工作的原因，即为什么评估。评估目的不同，评估的范围、方法和标准也会不同。一般来讲，评估的目的主要有两个方面：一是改进工作，即社区矫正工作者通过对社区矫正对象矫正质量的评估来发现问题，进而提高工作质量。二是深化工作，即社区矫正机构通过对社区矫正工作质量的评估来总结经验，寻找深化工作的方向和目标。因此，明确评估目的是评估方案首先要包含的内容，也是整个评估的基础性工作。

具体到社区矫正不同阶段的两种质量评估类型：矫正过程中的阶段性质量评估的目的，主要是评估社区矫正对象心理和行为的变化，根据矫正评估结果，调整社区矫正对象的矫正级别；解矫前的终结性质量评估的目的，主要是评估即将解矫的社区矫正对象的矫正效果、行为和心理改善程度、有无再犯风险和其社会适应性等。

2. 确定评估时间

社区矫正过程中的阶段性评估建议每年开展 2 次，时间安排在每年的第二季度和第四季度较为合适；解矫时的终结性评估的对象是社区矫正期满前 1~2 个月的社区矫正对象。在矫正过程实施中某个阶段还没有完成时，不能实施阶段性评估；在矫正过程本身尚未完成时，不能进行终结性评估。

3. 制定评估指标体系及其权重

设计评估方案主要涉及制定评估指标体系和确定指标权重。社区矫正评估的指标体系指的是若干个相互联系的统计指标所组成的有机体。一个完整的指标体系，除了有系统的项目指标外，还必须科学地确定每一个项目指标在体系中所占的比重。[1]

（1）制定评估指标体系。指标是构建评估体系的重要组成部分，评估指标体系是指对社区矫正对象的矫正状况进行评估的各项指标组成的指标体系，是一个有机的指标整体。社区矫正质量评估的指标选择应建立在对全国社区矫正对象进行大样本的调查基础之上。效果评估的指标选择应当以社区矫正对象再社会化为中心，以他们经过矫正后自身素质的改善状况为内容。转化社区矫正对象的不良心理及行为恶习，促进其再社会化是社区矫正工作的根本目标，因此效果评估的指标应当围绕这一根本目标来设定。[2]

社区矫正质量评估指标在不同的评估中有交叉也有不同，其一级指标一般有：个体风险程度；遵纪守法情况；心理健康情况；道德素质情况；社会适应情况；外界评价情况等。在此基础上根据一级指标所包含的要素以及要素之间的关系，对一级指标进行细化，形成二级指标和三级指标。

（2）确定评估指标的权重。权重是表示指标重要程度的系数。构建完整的评估体系需要根据各个一级指标在评估体系中的重要性和作用大小，分别对它们在总指标体系中所占的比例进行确定，赋予不同的权重。各项指标权重的分配，要根据大样本的实测和统计科学分析来确定。

---

〔1〕 刘诗嘉："社区矫正评估对象的选择——一种刑事司法评估方法的运用"，载《中国刑事法杂志》2005 年第 3 期。

〔2〕 吴宗宪主编：《社区矫正导论》，中国人民大学出版社 2020 年版，第 310 页。

权重分配的方法有层次分析法、比较法、德尔斐法、经验判断法等。①层次分析法是先按要求建立一个具有系统描述功能特征的层次结构，通过两两比较评价因素的相对重要性，按照相应的比例标度，构成对应的因素判断矩阵，得出各因素的权重系数。②比较法是通过比较指标的重要性确定指标权数的一种方法。由专家根据指标的重要性进行指标排序，并将后一指标与前一指标进行比较，计算其相对重要比，由此计算出各项指标的权数。③德尔斐法是一种利用专家系统对指标权数进行确定的方法。首先，把待定权数的指标和有关资料及统一的规则发给选定的专家，由他们独立地给出各项指标的权数值；其次，在此基础上计算各指标权数的均值和标准差；再次，将计算结果及补充资料返还专家，要求他们在第一轮征询结果的基础上进一步研究和思考，重新确定权数，并给出确定权数的理由；最后，反复进行上面的步骤，直至专家们的意见趋于收敛、稳定或基本一致，然后计算各指标的均值作为该指标的权数。

权重的取值范围在0~1之间，各指标权重之和应为1，在测评过程中按100分计。上一级指标权数确定后，再分摊至下一级，并按上述原理逐级进行。

社区矫正质量评估可以使用五级制评估等级，如"很好、较好、一般、较差、很差"。为使人为因素减少到最低程度，必须制定与第三级指标相对应的参照标准评语，确定从"很好"到"很差"的不同等级的内涵。

在评估因素中可以设定特别否定程序，即如果社区矫正对象在社区矫正期间出现了重新犯罪的情况，就不需再评估，直接作出不合格的评估结论。

4. 评估方法的使用

社区矫正质量评估的方法多种多样，有通过资料的查阅、收集、分析、使用来评估的资料评估法，有观察法，有使用各种量表、问卷调查表进行测量、分析的问卷评估法，也有访谈评估法等方法。不同的质量评估可能用到不同的方法，也可能会在一次评估中交叉使用到多种方法。

（二）实施评估方案

实施评估方案实际上是按照评估设计的基本程序具体进行评估的过程，是把评估方案化为具体的行动。

1. 收集评估资料信息

评估资料是指评估人员依照评估方案收集的有关资料。真实、准确的评估资料是科学评估的前提。收集资料的人员应当接受必要的培训，并遵循标准化的程序，这样才能保证资料信息的可靠性和有效性。资料信息的收集必须以报告的形式加以说明，以备分析、解释资料时查询。

（1）查阅档案。主要查阅起诉、判决、裁定等法律文书资料，掌握社区矫正对象的身份信息和犯罪、逮捕、判决等信息。

（2）摄入性面谈。通过面谈，建立与社区矫正对象的信任关系，同时收集评估所需要的信息。面谈的内容应包括社区矫正对象家庭结构及模式、生活成长、接受教育、从业和犯罪等历史以及当前的所思、所想、所需。

面谈时应选择安静、整洁、明亮，双方距离较近的场所，最好有专门的谈话室。要应用面谈技术，采用尊重、热情等沟通技术，并贯穿面谈全过程，尤其是面谈初期，要注重营造宽松、真诚、融洽的沟通氛围，形成有效的评估关系。也可以采用倾听、开放式或封闭式询问，启发、引导社区矫正对象的自我表述，控制谈话方向，摸清有关问题，收集真实有效的评估信息。

评估人员应把握好专业角色，保持态度相对中立，尽量避免在面谈过程中进行道德性价值评价或直接指导。同时，面谈前尽量使用礼貌用语，简要介绍面谈的目的，承诺隐私保密，使罪犯解除顾虑，放松情绪，主动配合和积极表述。

面谈时，评估人员还应细心敏锐地观察社区矫正对象的目光、面部表情和身体姿势等非语言信息，分析理解其背后隐藏的真实的实质性内容。

在整理面谈内容摘要时，应侧重于重要生活事件，尤其是社区矫正对象的主要情况、对社区矫正对象的影响、社区矫正对象对重要生活事件尤其是犯罪的认识和评价、社区矫正对象主要思想和价值观念、行为倾向特征、人格特征和未来预期等方面。

需要加以注意的是，人身危险性信息的搜集，应置于面谈末尾，以免提问过多，妨碍社区矫正对象表达，避免其过早地产生自我防卫心理。

2. 心理评估测验

（1）人格测验。在量表选用中，可以选用卡特尔16种人格因素问卷（16PF），艾森克人格因素问卷（EPQ）和明尼苏达人格测验（MMPI）等。在测验形式上，可以进行个别测验，也可以进行团体测验。为保证测验结果的准确性，团体测试每次的测试人数不应超过20人，并至少有两名具有三级心理咨询师资格的人员担任主测，最好配备专门的心理测验室，在软硬件配置上符合心理测验要求。

（2）人身危险性检测。依据社区矫正对象的基本信息和摄入性面谈采集的信息，在了解罪犯犯罪状态、心理、生理状态、犯罪归因、恶习程度、涉毒状况和自然状况等情况的基础上，由评估人员综合罪犯前科次数、本次判刑年龄、刑种刑期（适用于假释罪犯）、犯罪形态、犯罪类别、是否属于黑恶势力成员或共同犯罪成员、犯罪前居住状况、受教育状况、婚姻状况、与家庭成员关系、家庭经济状况、犯罪前3年内的就业经历、接受社区矫正前掌握的劳动技能情况、接受社区矫正前的交往情况、犯罪前在娱乐场所消费或工作经历、接受社区矫正前赌博情况、接受社区矫正前酗酒情况、性行为情况、是否有过吸食或贩卖毒品经历、情绪稳定情况、精神或心理状况、身体健康状况等多方面的因素，形成综合的量表，对罪犯人身危险性进行预测。检测评定结果应标明罪犯人身危险程度。

3. 评估信息处理

（1）筛选整理评估材料。一是对收集信息资料进行整理，包括对社区矫正对象自述、摄入性面谈、行为观察、访谈等资料作全面分析，获取有诊断意义的非常态信息和有鉴别意义的常态信息，做到化繁就简，去粗取精。二是验证信息资料。将归纳获取的信息资料，包括心理测验结果，互相对比印证，去除虚伪信息。

（2）综合分析信息资料。在分析中应当注意：一是按时序排列已筛选的信息。将筛选出的资料依照前后发生的顺序排列，明确先前信息、后继信息和派生信息，把握信息在时间上的有机联系。二是按关联性梳理已筛选的信息。按信息间的因果关系或相关关系，明确原因信息和结果信息、主导信息和关联信息、表象信息和本质信息，把握信息在逻辑上的有机联系。三是要突出重点，兼顾一般。将与社区矫正对象恶劣品行密切联系、妨碍教育矫治、具有人身危险性和可能导致再犯罪的信息资料作为分析重点，兼顾一般资料。四是综合归纳，形成印象。将社区矫正对象心理健康状况、人格特征、人身危险性等情况进行综合归纳，形成初步印象；将其存在的具体问题及诊断依据进行综合归纳，并进行归因分析，形成综合印象。[1]

（三）撰写评估报告

评估报告是指评估人员在分析资料的基础上，详细陈述评估发现的书面报告。通过实施评估方案，评估人员获得了大量信息和资料，此时，评估人员需要进一步分析综合评估信息处理的结果，对形成的综合印象进行修正完善，明确社区矫正对象犯罪归因，综合概括出评估结论，最终形成评估报告或评估总结。

评估报告一般应当包括以下内容：评估主体；评估时间；评估对象的基本情况；评估的方法与工具；评估结论。

形成评估报告后，应有至少3名专业评估人员进行会审，对评估报告的客观性、规范性进行审核。通过审核的报告进入下一流程，未通过审核的评估报告由原评估人员或重新安排其他评估人员重新进行评估，修正完善。

（四）通知和公示评估结果

社区矫正质量评估结果出来后，评估人员应当将评估结论扼要反馈给社区矫正对象本人及其家属，并作出适当的解释，了解矫正对象对评估结论的反映，并在社区内进行公示。

（五）跟进调整矫正工作

评估结果是调整矫正工作的依据。社区矫正质量评估的最终目的是为社区矫正机构或社区矫正工作者提供经验借鉴。对社区矫正工作者而言，如果评估的结果未达到预期的目标，则需要从评估报告中总结经验，寻找矫正工作中的偏差，并加以改进；对社区矫正机构而言，可以通过评估进行经验总

---

〔1〕 张向东："关于在社区矫正工作中罪犯改造质量评估的思考"，百度文库，http://wenku.baidu.com/view/b915d1d1fbfc77da2b9250520058bd69018.html？_wkts_=1681182565120，最后访问时间：2020年3月12日。

结，探索社区矫正工作的创新思路。[1]同时，社区矫正质量评估结果要与刑释解教人员安置帮教工作紧密衔接。解矫后，矫正对象的终结性质量评估结果应当及时移交给社区，以利于有关机关和社区对解矫人员的管理和帮扶，从而巩固社区矫正效果。

四、社区矫正质量评估的方法

二十大报告中指出："坚持党管人才原则，坚持尊重劳动、尊重知识、尊重人才、尊重创造，实施更加积极、更加开放、更加有效的人才政策，引导广大人才爱党报国、敬业奉献、服务人民"。当前，世界百年未有之大变局加速演进，我国正处于实现中华民族伟大复兴的关键时期，改革发展稳定任务艰巨繁重，面临前所未有的机遇和挑战，既需要以坚定的理想信念筑牢精神之基、把稳思想之舵，又需要以虔诚的态度对待自己所从事的职业，兢兢业业地工作、刻苦钻研业务与技能；忠于职守，克己奉公，服务人民，服务社会，充分体现社会主义职业精神。体现在社区矫正质量评估中，必须采取严谨、科学、与评估对象相适应的评估方法，否则就不可能有科学的评估结果。就会使评估失去意义，更严重者会误导社区矫正工作，甚至将其引入歧途。在社区矫正质量评估中，可以选择使用以下几种评估方法。[2]

1. 观察法

观察法是指评估人员通过感官或者借助于一定的科学仪器，有目的、有计划地考察、描述和评价社区矫正对象行为表现的方法。

观察是有意识地关注犯罪人的言行举止的活动。科学的观察具有下列特点：有一定研究目的或者研究方向；预先有一定的理论准备和较系统的观察计划；有较系统的观察或者测量记录；观测结果可以被重复验证；观察者受过一定的专业训练。

在社区矫正质量评估中，可以使用观察法研究社区矫正对象在学习、活动、日常生活中的行为表现：

---

〔1〕　吴宗宪主编：《社区矫正导论》，中国人民大学出版社 2020 年版，第 306 页。
〔2〕　吴宗宪主编：《社区矫正导论》，中国人民大学出版社 2020 年版，第 317～319 页。

（1）评估教育矫正措施的效果。评估人员可以通过观察社区矫正对象在集体教育中的积极性、主动性与完成作业情况等行为表现，评估教育矫正内容或方法的有效性。

（2）评估公益活动的效果。评估人员可以通过观察社区矫正对象参加公益活动的积极性、主动性，以及完成公益活动的数量、质量等方面，评估公益活动的有效性。

（3）评估社区矫正对象的道德自律性。评估人员可以通过观察社区矫正对象在日常生活中的行为表现，评估其遵守基本道德规范的能力。

（4）评估社区矫正对象的生活技能情况。评估人员通过观察社区矫正对象的言谈、举止、仪表以及接人待物方面的表现，评估其掌握生活技能的情况。

评估人员在观察中应当做好记录，手工记录应达到以下要求：①详细注明观察的时间、地点，这是表明原始观察记录的重要凭证；②观察内容应该具体、详细，应尽可能将观察内容数量化，这样可以使观察结果更具说服力；③观察员必须签名，以明确责任，并备查。同时，评估人员也可利用照相、摄像、录音等先进技术进行记录，但运作这些方式必须慎重。

评估人员在观察评估过程中要注意减少误差。评估人员的观察活动都会产生一定误差，进而影响评估结果。从评估人员的角度来讲，观察误差与他们的态度、主观倾向、经验以及责任心有关。评估人员不能有"先入为主"的倾向，应当保持价值中立，否则，观察的结果会偏重于其先前的"假设"。从评估对象的角度来讲，他们为获取满意的评估结果，往往会掩饰其真实想法，从而导致评估结果的失真。

2. 面谈法

面谈法是指评估人员通过面对面谈话了解有关情况的评估方法。

面谈是一种很常用，也很难掌握的一种评估手段。面谈法可分为非结构性面谈和结构性面谈。在非结构性面谈中，允许评估人员自由地重复问题、引入新问题、改变问题顺序等，这种灵活性便于评估人员运用适合评估对象的评估方法。但是，此种面谈对评估人员要求较高，评估人员需要具备足够的经验以及较高的技能。为了增强面谈的效果和减少非结构性面谈的不可靠性，人们发展了结构性面谈。结构性面谈是根据标准化的问题清单进行的面谈。在编制问题清单时，可以根据面谈的侧重点，设计不同的问题。

在社区矫正质量评估中，可以使用面谈法了解社区矫正对象在法制观念、道德水平、就业能力等方面的矫正效果：

（1）评估社区矫正对象的法制观念。评估人员以与法制观念相关的题目为切入点，与社区矫正对象进行面谈，进而对其法制观念进行评估。评估人员可以询问与法制观念相关的题目，例如，"你被安排进行社区矫正是因为……""通过学习你是否知道遇到麻烦要通过法律途径解决"，等等。

（2）评估社区矫正对象的道德水平。评估人员可以向社区矫正对象询问能够反映他们道德水平的题目，例如，"金钱的多少是成功的唯一标准吗""你认为'善有善报，恶有恶报'吗""你觉得家庭是一种约束吗""如果没有外部强制，你会遵守社会规则吗"，等等。

（3）评估社区矫正对象的就业能力。评估人员可以向社区矫正对象询问一些与其就业能力相关的题目，对其就业能力进行评估。例如，"如何给自己找一份工作""你有什么能够解决自己生活问题的技术""你如何看待'技多不压身'这句话"，等等。

3. 心理测验法

心理测验法是根据客观的、标准化了的程序来测量个体的某种行为，以便判定个别差异的一种方法。

在社区矫正质量评估中，可以使用心理测验法评估社区矫正对象的心理健康等状况及其变化情况。心理测验的内容主要包括智力测验、人格测验和心理健康状况测验，常用的测量工具主要有：韦克勒斯智力测验量表、艾森克个性问卷（EPQ）、卡特尔16种人格因素量表（16PF）、明尼苏达多项人格调查表（MMPI）、症状自评量表（SCL‑90）等通用量表。在国外，研究者根据矫正工作的需要，编制了一些专门的心理测验量表，例如，矫正态度测验、矫正行为测验、矫正人格评价测验、矫正环境评价测验，等等。

为了实现测验标准化，应注意以下几个方面：其一，选用的测验工具应当与所要评估的内容相一致；其二，主持测验的人应当具备使用测验的基本条件，如口齿清楚，了解测验的实施程序和指导语，有严格控制时间的能力，并严格按测验手册说明的实施程序进行测验等；其三，要严格按照测验手册规定的方法记分和处理结果；其四，对测验分数的解释应有一定的依据，不能随意解释。

第二节　社区矫正质量评估的内容

二十大报告中指出："统筹维护和塑造国家安全""提高公共安全治理水平""推动公共安全治理模式向事前预防转型"。这些论述提出了提高公共安全治理水平的战略要求，部署了推动公共安全治理模式，由事后处置为主向事前预防为主转型的战略任务，充分体现了新时代新征程国家安全工作的主动性，进取性，创造性。推动公共安全治理模式转型，要加强重点行业、重点领域的安全监管。其中，着力健全社区矫正质量评估制度，确保社区矫正工作达到预期的目的，尽可能的将突发事件和重新违法犯罪等扼杀在摇篮中。社区矫正质量评估的内容应当包含社区矫正对象矫正效果的评估和社区矫正工作实施效果的评估。

一、社区矫正对象矫正效果的评估

社区矫正对象矫正质量评估是指社区矫正工作者利用科学的评估方法对社区矫正对象的矫正状况进行评价的活动。社区矫正对象矫正质量评估的对象是社区矫正对象。其内容主要包括社区矫正对象的法治观念、心理健康状况、道德素质以及社会适应性等方面，同时也涉及社区矫正工作者的工作成效以及矫正项目的有效性。不仅包含社区矫正过程中的阶段性评估，还包含社区矫正结束前的总结性评估。

社区矫正对象矫正效果评估的主要内容包含：①个体风险程度（个体风险评估可以借鉴《社区矫正对象危险评估测评表》）。②遵纪守法情况。社区矫正效果的直接体现就是社区矫正对象是否遵纪守法、服从管理。具体包括：对罪行和社区矫正的认识；接受社区矫正机关的日常管理；按规定参加教育学习和公益活动；遵守请销假制度；定期进行思想汇报和沟通；有无违规违纪、违法犯罪情况；是否受到奖惩；法律意识；等等。③心理健康情况。这是矫正效果评估体系⊏的重要内容之一。具体应包括：认知方式的修正；自我控制能力的提高；心理态度、行为归因；心理问题的自我调适；违法犯罪心理的消除；守法心理及其他积极心理和行为习惯的建立；不良人格的矫治情况；等等。④道德素质情况。包括：金钱观、是非善恶观、荣辱观；自我责任感，家庭责任感等道德认知和道德情感；道德行为表现和道德自律性；等等。⑤社会适应情况。包括：劳动观念、择业观念；劳动技能；文化知识；人际交往和社会适应能力；等等。⑥外界评价情况。外界评价的主体应当包括社区矫正对象的监护人、家庭成员、被害人、邻居、村（居）委会成员、社会工作者、社会志愿者、同学或同事、亲戚、朋友等，应充分考虑其意见，具体评价内容包括：矫正对象是否悔罪认错；能否正确处理各种人际关系；是否有稳定的职业；是否有酗酒、吸毒等不良恶习；是否有越轨、违法行为；等等。

二、社区矫正工作实施效果的评估

社区矫正工作实施效果的评估是指评估人员对社区矫正制度的实际运作状态和结果进行的评价工作。评估的对象是社区矫正制度及其运行状况，其主要内容包括重新犯罪率、刑罚执行成本、矫正措施的有效性以及社会公众态度等方面。[1]评估的主要内容如下：

1. 再犯罪率

再犯罪率是指一个期间内，社区矫正对象再犯罪人数与列管人数的比率。[2]社区矫正制度最根本的目的是预防和减少犯罪，维护社会稳定。而矫正对象再犯罪则与社区矫正工作的目的相违背，同时也说明社区矫正"无效"。因此，社区矫正对象再犯罪率是评价社区矫正实施效果的重要指标之一。评估再犯罪率既可以考察矫正对象在社区矫正期间的再犯罪率，也可以

---

〔1〕　吴宗宪主编：《社区矫正导论》，中国人民大学出版社 2020 年版，第 313 页。

〔2〕　参见司法部："中华人民共和国司法行政行业标准：社区矫正术语（SF/T 0055 – 2019）"，福建省司法厅官网，http://sft.fujian.gov.cn/sfyw/jzbj/tzl_5357/201910/po20191014563920857123.pdf，最后访问时间：2023 年 3 月 1 日。

考察解除矫正后的再犯罪率。我国自社区矫正工作试点以来，社区矫正对象再犯罪率都保持较低水平。这就直接反映了社区矫正工作的实施效果良好，实现了预期的刑事政策价值。

【表9-1】 2016～2020年河北省社区矫正对象再犯罪情况[1]

年度	年度列管人数	年度再犯罪人数	年度再犯罪率
2016	64 777	60	0.093%
2017	67 036	72	0.107%
2018	68 687	54	0.079%
2019	75 228	62	0.082%
2020	73 352	51	0.070%

2. 刑罚执行成本

刑罚执行成本是指国家开展刑罚执行活动所付出的费用，这种费用主要体现为直接支出的资金，也包括可以折合为资金的人力资源等。[2]相对于监禁刑而言，社区矫正具有刑罚执行成本低的优势，这也是社区矫正能够得到支持并迅速推广的重要因素。据统计，社区矫正的人均执行成本只有监狱的1/10。[3]在社区矫正效果评估中的刑罚执行，成本是国家为了开展社区矫正工作而直接支出的费用。在评估过程中，可以比较本地区社区矫正对象每人每年的平均费用和监狱在押犯每人每年的平均费用，也可以比较本地区用于刑罚执行（监狱矫正和社区矫正）的总费用，通过了解总费用的增减、比较两者的投入比例来评估社区矫正的价值。

3. 矫正措施效果[4]

矫正措施效果是指社区矫正工作者实施的矫正措施对社区矫正对象产生

---

〔1〕 表格数据来源于：乔新月："河北省高质量实施《社区矫正法》的实践与思考"，载《中国司法》2022年第5期。

〔2〕 吴宗宪主编：《社区矫正导论》，中国人民大学出版社2020年版，第315页。

〔3〕 王爱立、姜爱东主编：《中华人民共和国社区矫正法释义》，中国民主法制出版社2020年版，第49页。

〔4〕 吴宗宪主编：《社区矫正导论》，中国人民大学出版社2020年版，第316～317页。

的影响和作用。我国社区矫正工作中的主要措施有监督管理、教育矫正和帮困扶助三大类，每类中包含多种具体措施，评估内容具体如下：

（1）监督管理。监督管理是社区矫正刑事制裁性的具体体现，主要包括报到制度、请销假制度、迁居制度、会客制度、电子定位管理制度、信息化管理及实地查访制度、保外就医特殊要求等。

对监督管理有效性的评估方法主要包括以下方面：①评估人员可以通过社区矫正对象的脱管率、脱管时间、违法/违纪情况以及是否体验惩罚、感受威慑等方面，考察上述监管制度的有效性；②评估人员可以通过社区矫正对象与不应当接触的人员进行接触、从事禁止从事的活动等情况，对会客制度、禁止令制度的有效性进行评估。若在评估过程中，如果发现某项制度存在问题，社区矫正工作者需要查明原因然后加以改进。

（2）教育矫正。教育矫正是实现社区矫正对象再社会化目标的关键，其主要包括法治教育、道德教育、文化教育、职业技能教育和社会技能教育等。

对教育矫正有效性的评估方法主要包括以下方面：①评估人员可以对比分析社区矫正对象入矫后和解矫前在法律知识和意识、道德修养和素质、文化知识、职业技术水平以及生活技能等方面的变化情况，评估教育矫正的内容和方式的有效性。②评估人员可以通过考察社区矫正对象参加公益活动的主动性、参与性以及相应活动的完成情况等，评估其是否具有社会责任感，以及社会关系修复情况，进而得知公益活动的有效性。

（3）帮困扶助。帮困扶助是实现社区矫正对象再社会化目标的保障，其主要内容包括临时救助、最低生活保障、心理帮助、就学帮助、就业帮助、法律帮助以及技能培训等。

对帮困扶助有效性的评估方法因帮助类型和重点的不同而有所变化。评估人员可以通过考察帮助解决入学、就业的成功率，来评估入学、就业帮助的有效性；通过考察社区矫正对象联系法律援助的成功率，来评估法律帮助的有效性；通过考察社区矫正对象的不良心理和行为的转变情况，掌握心理健康知识以及心理调适技能情况，来评估心理帮助的有效性；通过考察社区矫正对象的人际交往技能、闲暇管理技能、理财技能等方面的变化情况，来评估技能培训的有效性。

（4）社会公众态度。社会公众态度是指社会公众对社区矫正的看法和评价。社会公众的态度是衡量社区矫正实施效果的重要指标之一。评估人员可以通过考察社会公众对社区矫正的认知程度、价值判断、参与度以及趋势预测等方面，来评估社区矫正实施对社会公众的效果。

【课堂活动 9 - 1】

结合所学知识，对开展科学的社区矫正质量评估的必要性进行分析。

【课堂活动 9 - 2】

结合本地社区矫正工作的实践，你认为当前社区矫正质量评估工作存在哪些问题？

【课堂活动 9 - 3】

请思考并讨论，如何将信息化运用到社区矫正质量评估工作中，以提高评估工作的质量和效率？

【思考题】

1. 目前我国社区矫正工作中的矫正措施有哪些？如何评估其有效性？
2. 你认为应如何完善我国社区矫正质量评估工作？

拓展 学习

我国社区矫正效果评估的现状

自 2003 年社区矫正工作试点以来，我国各地的司法行政机关开始重视对社区矫正效果评估的探索和研究，例如，2005 年，北京市司法局委托独立的专业性调查研究机构——零点公司，对北京市 20 名各界人士进行访谈调查，对 8 个城区、4 个郊区（县）的 1025 名居民以及 18 个区县的 107 名社区服刑人员进行定量调查，得出了比较肯定的结果。同时，一些司法行政机关开始探索建立矫正效果评估本系，例如，上海市卢湾区司法局开发设计"社区服刑人员矫正效果评估量表"，该量表从个体风险（15分）、刑罚执行情况（10分）、矫正期间表现（24分）、矫正期间奖惩情况（15分）、矫正阶段反应（24分）、外界综合评价（12分）六个方面（总共100分）评价社区服刑人员的矫正效果。山东省出台的《社区矫正阶段性效果评估表》的内容包括社区矫正对象个体风险、矫正期间表现、矫正期间奖惩、矫正成效和外界综合评价5个项目、22个子项目，如【表9–2】所示。社区矫正机构可以采取查阅资料、调查核查、心理测试、结构性谈话、综合分析等方式，认真填写《社区矫正对象阶段矫正效果评估表》，逐项测评打分，并根据评估得分确定社区矫正对象的阶段矫正效果：

　　评估得分≤55分的，一般为"差"；评估得分56～75分的，一般为"一般"；评估得分≥76分的，一般为"好"。

　　社区矫正机构应当根据社区矫正对象的阶段矫正效果，结合其日常表现，及时调整社区矫正对象的管理等级：阶段矫正效果"好"的，一般应调整到管理较宽松的等级；阶段矫正效果"一般"的，一般应维持原来的管理等级；阶段矫正效果"差"的，一般应调整到管理较严格的等级。

【表9–2】　　社区矫正对象阶段矫正效果评估表[1]

姓　　名		性　　别		出生日期		评估日期	
项　　目	子　　　　项　　　　目					分值	得分
个体风险 （15分）	管理等级	宽管类				15	
		普管类				10	
		严管类				5	

----

　　〔1〕　参见山东省司法厅：《社区矫正制度规范汇编（2003～2014）》，山东人民出版社2014年版第354～355页。

项　目	子　　项　　目		分值	得分
矫正期间表现(26分)	遵守法律法规情况	严格遵守，无违法行为	4	
		偶尔违反，经教育能改正	2	
	对社区矫正的认识和接受程度	认识正确，积极接受	2	
		认识模糊，有一定抵触	1	
		缺乏认识，拒绝接受	0	
	遵守报告情况	严格遵守	4	
		消极应付，经教育能改正	2	
		偶尔违反，经教育不改正	0	
	接受教育情况	积极接受，态度认真	4	
		态度一般，经教育能改正	2	
		消极应付，经教育不改正	0	
	遵守请销假情况	严格遵守	4	
		消极应付，经教育能改正	2	
		偶尔违反，经教育不改正	0	
矫正期间表现(26分)	完成社区服务情况	正常完成，态度认真	4	
		应付，基本完成，态度不认真	2	
		未完成	0	
	思想汇报	按规定认真完成，善于接受规劝	2	
		应付完成或很难接受规劝	1	
		基本未完成	0	
	参加就业技能培训	积极参加或无需参加培训	4	
		被动参加且未完成培训计划	2	
		不愿意参加培训	0	

项　目	子　项　目		分值	得分
矫正期间奖惩（10）	日常行为奖惩	有立功表现	7	
		被评为社区矫正积极分子	5	
		获得日常行为表扬	3	
		未获得任何日常行为奖励或处罚	0	
		被处以警告	−3	
		被处以行政拘留	−5	
	司法奖励	获得减刑	3	
		未获得司法奖励	0	
矫正成效（37）	思想教育效果	罪错认识和法律意识		
		认罪悔罪诚恳，具备一定法律意识	3	
		罪错认识、法律意识较为模糊	2	
		不认罪悔罪、法律意识淡薄	0	
		对被害人和社会的反应		
		愧疚，愿意主动进行补偿	3	
		一般，可以被动进行补偿	2	
		无视，坚决不愿进行补偿	0	
		人生态度		
		积极乐观	3	
		消极气馁	2	
		自暴自弃	0	
	人际关系改善效果	婚姻家庭关系		
		和睦稳定	3	
		轻微冲突	2	
		重大冲突、纠纷或无亲属	0	
		交友状况		
		社交健康、正常	3	
		比较孤立、无朋友	2	
		与不良人有交往	0	
		社区邻里关系		
		和睦、友善	3	
		较为淡漠	2	
		紧张、存在冲突	0	

续表

项　目	子　　项　　目			分值	得分
矫正成效 （37）	生活状况改善效果	经济来源	正常就业收入	3	
			低保救助或家庭资助	2	
			无稳定经济来源	0	
		住房条件	有独立居所	3	
			有居住地但不独立	2	
			居无定所	0	
		就业能力	较强，竞争上岗或自主创业	3	
			一般，推荐上岗或过渡性就业基地	2	
			弱，无法就业	0	
	心理矫正效果	艾森克人格测试效果	心理健康状况良好	10	
			心理健康状况一般	5	
			心理健康状况差	0	
外界综合评价（10 分）	矫正小组意见	有悔改表现，认真接受矫正，适应社会生活	是	10	
			不能确定	5	
			否	0	
评估得分			阶段矫正效果		
原管理等级			现管理等级		
评估人			社区矫正机构审核意见		

238

参考文献

著作类:

1. 张建明、吴艳华主编:《社区矫正实务》,中国政法大学出版社 2021 年版。

2. 张建明主编:《社区矫正理论与实务》,中国人民公安大学出版社 2008 年版。

3. 中央司法警官学院社区矫正研究中心编,张凯等著:《社区矫正问题前沿研究》(一),法律出版社 2022 年版。

4. 肖乾利、熊启然:《社区矫正基本问题研究》,法律出版社 2022 年版。

5. 魏平雄等总主编:《中国预防犯罪通鉴》(上卷),人民法院出版社 1998 年版。

6. 连春亮主编:《社区矫正理论与实务》,中国人民大学出版社 2021 年版。

7. 王爱立主编:《中华人民共和国社区矫正法解读》,中国法制出版社 2020 年版。

8. 王爱立、姜爱东主编:《中华人民共和国社区矫正法释义》,中国民主法制出版社 2020 年版。

9. 连春亮、张峰主编:《社区矫正概论》,法律出版社 2006 年版。

10. 吴宗宪主编:《社区矫正导论》,中国人民大学出版社 2020 年版。

11. 连春亮:《社区矫正通论》,中国人民公安大学出版社 2021 年版。

12. 张凯、姜祖桢主编:《社区矫正概论》,法律出版社 2022 年版。

13. 高铭暄、马克昌主编：《刑法学》，北京大学出版社、高等教育出版社 2019 年版。

14. 潘家永主编：《刑法原理与实务》，中国政法大学出版社 2019 年版。

15. 张文显主编：《法理学》，高等教育出版社 2018 年版。

16. 吴艳华、李明宝主编：《社区矫正对象个案矫正》，中国人民公安大学出版社 2020 年版。

17. 吴宗宪：《西方犯罪学史》（第四卷），中国人民公安大学出版社 2010 年版。

18. 许章润主编：《犯罪学》，法律出版社 2016 年版。

19. 刘强主编：《各国（地区）社区矫正法规选编及评价》，中国人民公安大学出版社 2004 年版。

20. ［美］克莱门斯·巴特勒斯：《矫正导论》，孙晓雳等译，中国人民公安大学出版社 1991 年版。

21. 张明楷：《外国刑法纲要》，清华大学出版社 1999 年版。

22. ［美］爱德华·劳森编：《人权百科全书》，汪浼、董云虎等译，四川人民出版社 1997 年版。

23. 王平：《中国监狱改革及其现代化》，中国方正出版社 1999 年版。

24. 杨宇冠、杨晓春编：《联合国刑事司法准则》，中国人民公安大学出版社 2003 年版。

25. 吴宗宪等著：《非监禁刑研究》，中国人民公安大学出版社 2003 年版。

26. 刘强、姜爱东主编：《社区矫正评论》（第四卷），中国人民公安大学出版社 2014 年版。

27. 刘强、武玉红主编：《社区刑罚执行评论》（第九卷），中国人民公安大学出版社 2019 年版。

28. 张东平：《监禁行刑与社区矫正的互动衔接研究》，中国法制出版社 2017 年版。

29. ［意］切萨雷·龙勃罗梭：《犯罪及其原因和矫治》，吴宗宪等译，中国人民公安大学出版社 2009 年版。

30. 周娟等编著：《社区矫正对象警示教育》，中国人民大学出版社 2021

年版。

31. ［德］李斯特：《德国刑法教科书》，徐久生译，法律出版社 2006 年版。

32. 陈耀鑫主编：《上海市社区矫正"三分矫正"工作实务指南》，上海人民出版社 2019 年版。

33. 高莹主编，毛一化等编著：《矫正教育学》，教育科学出版社 2007 年版。

34. 张昱主编：《更生时代：社区矫正社会工作案例研究》，华东理工大学出版社 2017 年版。

35. 马克昌主编：《近代西方刑法学说史略》，中国检察出版社 1996 年版。

36. 王琪：《社区矫正研究》，知识产权出版社 2007 年版。

37. 冯卫国：《行刑社会化研究——开放社会中的刑罚趋向》，北京大学出版社 2003 年版。

38. 张庆方："恢复性司法"，载陈兴良主编：《刑事法评论》（第 12 卷），中国政法大学出版社 2003 年版。

39. 严励、岳平主编：《犯罪学论坛》（第四卷·下册），中国法制出版社 2018 年版。

期刊摘要类：

1. 姜爱东："《社区矫正法》具有里程碑意义"，载《人民调解》2020 年第 2 期。

2. 司法部社区矫正制度研究课题组："改革和完善我国社区矫正制度之研究（上）"，载《中国司法》2003 年第 5 期。

3. 王顺安："社区矫正理论研究"，中国政法大学 2007 年博士学位论文。

4. 金碧华："社区矫正假释人员回归社会的障碍分析及破解策略"，载《犯罪研究》2020 年第 3 期。

5. 叶泽雄："论人文社会科学研究中的滞后性与超前性"，载《河北学刊》2002 年第 1 期。

6. 陈晓明："引发犯罪的社会结构因素分析"，载《甘肃政法学院学报》

2007 年第 1 期。

7. 王维："社区矫正制度研究"，西南政法大学 2006 年博士学位论文。

8. 顾鲁琛：《社会治理视角下北仑区社区矫正研究》，西北师范大学 2021 年硕士学位论文。

9. 率永利、马英："建设高素质、专业化社区矫正工作者队伍——浙江省社区矫正社会工作者队伍建设调研报告"，载《人民调解》2021 年第 2 期。

10. 刘诗嘉："社区矫正评估对象的选择——一种刑事司法评估方法的运用"，载《中国刑事法杂志》2005 年第 3 期。

11. 乔新月："河北省高质量实施《社区矫正法》的实践与思考"，载《中国司法》2022 年第 5 期。

12. 陈伟："教育刑与刑罚的教育功能"，载《法学研究》2011 年第 6 期。

13. 张向达、王克馨、张家平："从社会结构理论探析刑事犯罪的影响因素"，载《中国国情国力》2015 年第 5 期。

14. 郑艳："社区矫正工作风险及防控策略"，载《河南司法警官职业学院》2016 年第 2 期。

15. 马宜生："我国社区矫正的理论与实践问题研究"，载《黑河学刊》2015 年第 2 期。

网络资源类：

1. 王顺安、敖翔：《从刑罚执行到刑事执行 ——谈谈对社区矫正性质的初浅认识》，社区矫正宣传网（chjzxc.com），2020 年 1 月 6 日。

2. 敖翔：《雄关漫道真如铁 而今迈步从头越——以社会复归视角看社区矫正法》，社区矫正宣传网（chjzxc.com），2019 年 12 月 31 日。

3.《社区矫正法》八大亮点解读，社区矫正宣传网（chjzxc.com），2020 年 1 月 4 日。

4. 荆龙：《监管为回归：社区矫正以法律刚性彰显柔性治理》，社区矫正宣传网（chjzxc.com），2019 年 12 月 30 日。

外文类：

1. Julian V. Roberts, *The Virtual Prison—Community Custody and the Evolu-*

tion of Imprisonment, Cambridge University Press, 2004.

2. E. Durkheim. *The Rules of Sociological Method*, London: M acmillan, 1982.

3. F. Cullen, *Rethinking Crime and Deviance Theory*: *the Emergence of a Structuring Tradition*, NJ: Rowman & Allanheld, 1984.